북한투자
법제해설

법무법인(유한) 바른 북한투자팀
최재웅 외 5인 공저

INVESTING
IN NORTH KOREA

박영사

간행사

2000년대 중반까지 개성공업지구, 금강산관광지구를 중심으로 활발하게 진행되었던 남북교류협력은 2008년 관광객 피격사건으로 인한 금강산관광 중단과 2016년 북핵 갈등으로 인한 개성공업지구 전면 폐쇄 이후 현재까지 단절되어 있는 상황입니다.

하지만 최근 북한의 평창올림픽 참가, '사회주의 경제건설'의 전략적 노선채택, 남북 정상회담 및 판문점 선언, 그리고 북미 정상회담으로 이어지는 급격한 흐름 속에 경색됐던 한반도 정세가 빠르게 변화하고 있습니다.

법무법인(유한) 바른은 2018년 평창동계올림픽 참가를 계기로 기존의 북한팀을 대대적으로 정비하여 북한투자팀을 신설하였습니다. 법무법인(유한) 바른 북한투자팀의 가장 큰 강점은 법무부 등 정부 유관 부처에서 풍부한 경험을 가진 시니어 변호사를 구심점으로 주니어 변호사들이 자발적으로 관련 분야를 연구하고 왕성하게 대내외 활동을 하고 있다는 점입니다. 이 책의 발간 역시 최재웅 변호사를 비롯한 젊은 변호사들의 열정과 노력이 없었다면 불가능했을 것입니다.

북한에는 기본적인 법제도조차 마련되어 있지 않은 분야가 부지기수입니다. 형식적으로는 법이 있더라도 하위규정 등의 미비로 그 내용이 매우 추상적이거나 그 자체로 완결성이 부족한 경우가 많고, 법이 존재하더라도 지켜지지 않는 경우도 많습니다. 하지만 향후 지속적인 투자유치의 선순환 궤도에 오르고, 남북교류협력이 더욱 활성화되기 위해서는 북한의 법제도적인 인프라 구축 및 정비가 반드시 필요합니다. 이를 위해서는 북한과 언어적 공통점이 있고 투자법제가 완비된 한국과 한국 법률가들의 적극적인 역할이 매우 중요합니다. 법무법인(유한) 바른 북한투자팀은 단순히 국내외 기업, 기관들에 대한 서비스를 제공하는 수준을 넘어서 새로운 남북관계 형성에 필요한 제반 여건을 마련하는데 기여하기 위하여 주어진 역할을 담당해 나갈 것입니다.

　이 책은 법무법인(유한) 바른 북한투자팀의 첫 번째 성과물입니다. 아직 북한의 법제도가 완비되어 있지 않고 일부 경제특구를 제외하고는 투자 선례가 많지 않은 현 상황에서는 북한의 일반투자법제에 대한 해설서 형식이 적합할 것이라고 판단하였습니다. 하지만 향후 남북교류협력과 북한투자가 활발해지면 북한의 법제도도 보완되고 관련 사례들도 축적될 것입니다. 그 때 이를 반영한 증보판을 출판하는 것을 계획하고 있습니다. 또한 전반적인 투자법제 해설서의 특성상 깊이 있게 연구하지 못한 세부주제에 대하여는 다른 형식의 결과물로 선보이는 것도 역시 계획하고 있습니다.

　이 책의 발간을 위해 수고해 주신 최재웅, 한태영, 김용우, 최지훈, 장은진, 이지연 변호사의 노고를 치하하면서, 아무쪼록 법무법인(유한) 바른 북한투자팀이 남북교류협력 및 북한투자에 있어서의 선도적인 실무팀으로 더욱 발전하기를 기원합니다.

2018년 11월
법무법인(유한) 바른
대표변호사 **문 성 우**

▮ 머리말

본 해설서의 집필은 2018년 4월 27일 제3차 남북정상회담과 함께 시작되어 2018년 6월 12일 북미정상회담과 함께 마무리 되었다. 연구회 차원에서 북한투자와 관련된 자료를 사전에 확보하고 있었고, 이와 관련된 선행 연구가 있었기에 비록 한 달 반의 짧은 기간이었지만 밀도 있게 집필을 진행할 수 있었다. 법무법인(유한) 바른은 북한의 2018년 평창동계올림픽 참가를 계기로 기존의 북한팀을 대대적으로 정비하여 북한투자팀을 신설하였고, 북한투자팀의 첫 성과물이 바로 본 해설서이라고 할 수 있다.

북한은 1984년 외국인투자를 촉진하기 위해 합영법을 제정한 이후 지속적으로 경제개발을 위한 자구적 조치를 취해 왔지만 아직 뚜렷할 만한 성과를 거두지 못하고 있다. 그러나 최근 남북정상회담과 북미정상회담의 개최를 통해 UN 대북제재 해제와 5·24 조치 등의 해제가 기대되면서 북한투자는 새로운 국면을 맞이하게 되었다.

남한과 북한 사이의 교류와 협력을 통해 한반도의 평화와 번영을 이루고 궁극적으로 통일에 이러야 한다는 민족적 당위성의 문제는 별론으로 하더라도, 순수한 투자 측면에서도 북한은 우리 기업들에게 새로운 투자처를 제공하는 혁신적인 이머징마켓이 될 수 있다. 북한은 다른 이머징마켓들이 가지고 있는 저렴한 노동력과 임대료라는 장점 이외에도 동일한 언어를 사용하여 원활한 의사소통이 가능하고 인구의 대부분이 중고등교육 이상을 수료하여 양질의 노동력 공급이 용이하다는 등의 장점을 가지고 있다. 또한 북한은 2,500만의 북한 시장뿐만 아니라 1억 4천만 명에 이르는 중국 동북 3성 시장 및 러시아 연해주 및 중앙아시아 시장 등으로 진출하는 교두보가 될 수 있다. 실제로 문재인 정부가 추진하고 있는 '한반도 신경제지도'에는 중국 동북지역, 러시아 극동지역의 적극적인 협력을 얻어 남북 경제공동체를 구현하고 새로운 성장 동력을 창출하겠다는 구상이 담겨 있다.

본 해설서는 북한에 실제로 투자하기를 원하는 국내외 기업들에게 북한의 외국인투자 법제를 개략적으로 소개하기 위한 목적으로 제작되었다. 이러한 이유로 본 해설서에서는 학술적인 내용이나 분석, 평가, 입법제안 등과 관련된 설명은 가능한 자제하였다. 다른 사회주의 국가들의 법령에서도 일반적으로 나타나는 현상이지만 북한의 법령들 역시 매우 추상적으로 규정되어 있어 정확한 투자절차나 투자요건 등을 파악하는 데 어려움이 있다. 다시 말해, 북한투자 관련 법제는 법설계상의 미비성, 불완전한 법적 구조 등으로 인하여 투자자들의 입장에서는 예측가능성이 낮은 반면, 해당 제도를 운영하는 북한의 감독기관들에게는 많은 재량을 부여하고 있다. 따라서 북한이 적극적으로 외국인투자를 유치하기 원한다면 추후 지속적으로 관련 법제를 정비할 필요가 있다.

과거 한국기업들은 주로 개성공업지구와 금강산관광지구에 직접 투자하는 방식을 취하였다. 위와 같은 투자방식은 북한투자가 다시 활성화될 경우 다수의 한국기업들이 동일하게 채택할 방식이라고 예상된다. 그러나 남한과 북한 사이의 특수성으로 인하여 남북관계가 악화될 경우 지난 5·24 조치와 같은 남북교류의 전면적인 금지조치가 또 다시 취해질 가능성을 완전히 배제할 수 없다. 이러한 경우에 대비하여 한국기업들은 중국에 합작투자회사를 설립한 후 북한에 투자하는 아웃바운드 업무를 포함한 북한투자 방식 등을 통해 리스크를 최소화하는 방안도 고려해 볼 수 있다.

한편, 남한과 북한 사이의 특수성이 긍정적인 방향으로 이어져 북한이 한국기업에게 다른 외국투자자들보다 더 많은 투자혜택을 부여하는 상황도 가정해 볼 수 있다. 실제로 북한은 한국기업들이 북한에 투자하는 경우 일반적인 외국인투자법이 아닌 북남경제협력법이라는 별도의 법률을 적용하고 있다. 또한 한국기업들이 주로 진출할 것으로 예상되는 개성공업지구나 금강산국제관광특구에 더 많은 혜택을 부여하는 상황도 생각해 볼 수 있다. 이러한 경우 외국기업은 북한에 직접 투자하는 것보다 이미 관련 인프라가 구축되어 있고 국제적인 신뢰를 받고 있는 한국에 합작투자회사를 설립한 후 이를 통해 북한에 투자하는 인바운드 업무를 포함한 북한투자 방식도 고려해 볼 수 있다. 실제로 한국정부는 개성공업지구 지원에 관한 법률에 근거하여 한국에 투자한 외국인투자기업들이 개성공업지구에 투자하는 경우 한국기업과 동일하게 다양한 혜택을 부여하고 있다.

본 해설서에서는 우선 제1장에서 한국기업이 북한에 직접 투자하는 경우 사전에 검토해야 하는 북한의 법률과 한국의 법률을 살펴보도록 한다. 이후 제2장에서는 외국기업이 북한에 직접 투자하는 경우에 검토하여야 하는 북한의 법률을 살펴보겠다. 만일, 한국기업이 중국 등을 거쳐 북한에 투자하기를 원한다면 제2장의 내용도 유념하여야 할 것이며, 반대로 외국기업이 한국을 거쳐 북한에 투자하기를 원한다면 제1장의 내용 역시 유념하여야 할 것이다. 마지막으로 제3장에서는 북한투자시 고려하여야 하는 세금, 관세, 토지임대, 노동, 계약, 분쟁해결 등에 관한 내용을 살펴보도록 한다.

"어떤 일이 잘되기를 원한다면 가장 바쁜 사람에게 일을 부탁하라"라는 말이 있다. 바쁜 사람들은 무작정 일을 하는 것이 아니라 창의력을 발휘해 일을 훌륭하게 마무리하는 방법을 찾아 우선순위를 정해 놓고 일을 하기 때문에, 일 처리 속도가 빠를 뿐만 아니라 그 결과물도 탁월하다. 바로 이러한 인재들인 북한투자팀의 한태영, 김용우, 최지훈, 장은진, 이지연 변호사의 헌신적인 노력이 없었다면 본 해설서는 절대로 세상에 나올 수 없었을 것이다.

법무법인(유한) 바른 북한투자팀은 관련 쟁점에 대한 연구결과와 실무경험 등을 본 해설서에 반영하기 위하여 지속적으로 관련 정보를 업데이트하고 발견된 문제점을 수정해 나갈 것이다. 본 해설서가 북한투자에 관심이 있는 국내외 기업들에게 작은 도움이 되기를 바라며, 북한과의 교류와 협력을 통해 우리 한국인들에게 우리가 살고 있는 이 한반도가 더 이상 외딴 섬이 아니라 유라시아 대륙으로 나아가는 출발점으로서 인식될 수 있기를 희망한다.

2018년 11월
집필진을 대표하여
변호사 **최 재 웅**

법무법인(유한) 바른

　　법무법인(유한) 바른은 1998년 설립된 이후 눈부신 속도로 성장하여 현재는 한국을 대표하는 7대 로펌이 되었습니다. 법무법인(유한) 바른의 이러한 성장과 발전은 역량 있는 전문인력의 지속적인 충원과 법무법인(유한) 바른의 법률서비스를 경험한 고객들의 전폭적인 신뢰에 바탕을 두고 있습니다.

　　법무법인(유한) 바른은 법률문제를 단순히 의뢰인의 요구에 따라 처리하는데 그치지 않고, 분쟁의 예방에서부터 사후적 해결에 이르기까지, 이미 쟁점이 된 법률문제에서부터 잠재적·부수적 법률문제에 이르기까지, 의뢰인에게 최선의 결과를 가져올 수 있는 가능한 모든 해법을 적극적으로 모색하고 제시함으로써 의뢰인에게 최상의 법률서비스를 제공하는 것을 목표로 하고 있습니다. 이러한 최상의 법률서비스 제공을 위해 최고의 전문성으로 무장한 각 분야 최정예 변호사들과 전문인력들이 개별 사건에 가장 적합한 방식으로 효율적이고 능동적으로 협업하여 업무처리를 처리하고 있습니다.

　　법무법인(유한) 바른은 오랜 재조(在曹) 경력을 가진 실력 있고 명망 있는 변호사들을 통해 국내 최고 수준의 송무 관련 법률서비스를 제공해 왔으며, 이러한 송무 관련 법률서비스의 경쟁력을 바탕으로 분쟁의 예방을 비롯한 각종 기업자문 법률서비스 분야에서도 괄목할 만한 성장을 하였고, 현재는 모든 분야에서 업계 최고 수준의 법률서비스를 제공하고 있습니다.

　　어떠한 분야의 법률문제에서든지 가장 탁월하고, 신속하며, 효율적인 법률서비스를 제공받고 싶으시다면 법무법인(유한) 바른을 찾아 주십시오. 최고의 선택이 될 것입니다.

법무법인(유한) 바른 북한투자팀

법무법인(유한) 바른 북한투자팀 소개

　남북정상회담과 북미정상회담이 연이어 개최되면서 한반도 정세가 새로운 국면을 맞이하고 있는 가운데 북한 투자에 대한 관심이 날로 증가하고 있습니다. 민족적인 통일의 당위성 문제를 떠나 투자의 측면에서도 북한은 지정학적 위치, 풍부한 천연자원, 숙련된 노동력, 동일한 언어, 동일한 문화 등의 측면에서 한국에게는 잠재력이 무궁무진한 새로운 시장으로 평가 받고 있습니다.

　법무법인(유한) 바른의 북한투자팀은 한반도 평화분위기 조성 이전부터 다년간 북한투자에 대한 실제적인 경험을 가장 많이 보유하고 있는 중국의 로펌들과의 협력을 통해 북한의 외국인투자 관련 법령 등에 관한 연구를 진행해왔습니다. 이를 통해 법무법인(유한) 바른은 과거의 방식이 아닌 현재 시점에서 북한투자를 고려하고 있는 고객들에게 가장 적합하고 효율적이면서도 안정적인 북한투자방식을 제안해 드릴 수 있습니다.

　법무법인(유한) 바른의 북한투자팀은 위와 같은 전문성 및 유관기관과의 긴밀한 협조를 바탕으로 북한에 관심이 있는 국내외 기업·기관들에게 맞춤형 서비스를 제공하고 있습니다.

바른 북한투자팀의 자문 분야

• 북한의 법률과 투자제도 등에 관한 일반적 자문
• 남북교류, 남북협력사업, 남북교역 관련 자문
• 개성공단 등 경제특구 특별법 관련 자문
• 북한의 인프라 자원 개발 및 금융 관련 자문
• 북한과의 교역, 출입국, 세제, 통관, 투자설비 면세 등에 관한 자문
• 외국기업과의 합작투자법인 설립을 통한 북한투자 관련 자문
• 외국기업의 북한 내 외국인투자기업 설립을 통한 북한투자 관련 자문 등

북한 진출에 뛰어난 전문성을 지닌 바른 북한투자팀

바른 북한투자팀은 문성우 대표변호사(11기)와 한명관 변호사(15기)를 주축으로 최재웅 변호사(38기), 오희정 외국변호사, 한태영 변호사(41기), 김용우 변호사(41기), 최지훈 외국변호사, 장은진 변호사(변시 6회), 이지연 변호사(변시 7회) 등이 포진해있습니다. 바른 북한투자팀 인적 구성은 정부 유관 부처 고위직 출신 및 중국과 아세안 등 북한의 개방모델에 참고가 될 만한 국가의 전문가들로 구성했습니다.

법무부 차관을 역임한 문성우 대표변호사와 법무부 법무실장을 거친 한명관 변호사는 통일과 남북교류협력 등에 대한 법제를 마련하는 법무부 통일법무과의 업무를 관장한 경험을 통해 북한투자팀의 구심점을 맡습니다.

특히, 최재웅 변호사는 중국인민대학교에서 석사학위를 받고, 중국 현지 로펌에서 근무한 경력이 있는 '중국통'입니다. 북한투자팀의 실무책임을 맡고 있는 최 변호사는 다년간 M&A와 국제거래 및 중국업무를 수행해온 경험을 바탕으로 법무부 해외진출 중소기업법률자문위원으로 활동하고 있는 등 우리 기업들의 해외진출에 대한 전문성이 출중합니다. 또한 최 변호사는 통일부 교류협력 법제도 자

문회의 자문위원으로 활동하며 남북교류협력에 관한 법제도 개선을 위한 업무도 수행하고 있습니다.

2016년부터 싱가포르 현지 로펌인 QWP에 파견근무 중인 오희정 외국변호사는 국내 기업의 아세안국가 투자와 관련한 자문 경험이 많습니다. 김정은 위원장이 직접 베트남 모델을 언급하는 등 북한의 경제 개방 시 아세안 국가들의 사례가 적용될 것으로 예상되는 가운데, 가장 적합하고 유용한 투자자문이 가능합니다.

이외에도 서울지방 국세청장을 역임한 조세전문가 조현관 고문과 KTB자산운용 대표이사 및 부회장을 역임하면서 수많은 M&A와 투자자문을 수행한 장인환 고문 등의 전문위원들도 북한투자와 관련된 최상의 세무 및 금융 자문 서비스를 제공하고 있습니다.

‖ 북한투자팀 담당 변호사

문성우 대표변호사

[학력]

1974 광주제일고등학교 졸업

1979 서울대학교 법과대학 졸업

1979 제21회 사법시험 합격

1981 사법연수원 제11기 수료

1984 서울대학교 법과대학 대학원 졸업(조세법 전공, 법학석사)

1992 미국 University of Washington School of law, Visiting Scholar

[경력]

1981~1984   육군법무관

1984~1991   서울지방검찰청 및 광주지방검찰청, 순천지청 등 검사

1991~1993   대검찰청 검찰연구관, 해남지청장

1993~1995   광주지방검찰청 및 부산지방검찰청, 동부지청 부장검사

1995~2000   대검찰청 기획과장, 법무부 검찰 제1, 2, 3과장

2000~2004   서울지방검찰청 및 수원지방검찰청 등 차장검사, 대통령직인수위원회
　　　　　　파견근무

2004~2005   대검찰청 기획조정부장, 사법개혁위원회 및 사법개혁추진위원회 위원

2005~2006   청주지방검찰청 검사장, 국가수사개혁단장

2006~2008   법무부 검찰국장

2008~2009   법무부 차관

2009~2009   대검찰청 차장검사

2009~현재   법무법인(유한) 바른 대표 변호사

한명관 변호사

[학력]

1977 서울성동고등학교 졸업

1982 서울대학교 법과대학 졸업

1983 제25회 사법시험 합격

1984 서울대학교 대학원 법학과

1986 사법연수원 제15기 수료

1995 프랑스 국립사법관학교 국제학부 수료

[경력]

1986~1989 육군법무관

1989~1995 서울지방검찰청, 대전지검천안지청, 부산지검동부지청 검사

1995~1998 법무부 법무심의관실, 검찰국 검사

1998~1999 대전지검 서산지청장

1999~2003 대검찰청 기획과장, 공안제3과장, 기획연구관

2003~2005 서울중앙 및 동부지방검찰청 각 부장검사

2005~2006 법무부 공보관

2006~2008 광주지검, 수원지검, 서울동부지검 차장검사

2009   대검찰청 기획조정부장

2009~2010 대전지방검찰청 검사장

2010~2011 법무부 법무실장

2011~2012 수원지방검찰청 검사장

2012   대검찰청 형사부장

2012~2013 서울동부지방검찰청 검사장

2013~2014 프랑스 법무성 부패방지국 초청 특별연수

2014~현재   법무법인(유한) 바른 구성원 변호사

오희정 외국변호사

[학력]

1997 미국 Boston College 졸업(B.S., summa cum laude)

2003 미국 The University of Texas at Austin School of Law 졸업(J.D.)

2003 미국 뉴욕주 변호사 자격 취득

2016 싱가포르 외국변호사 등록

[경력]

2004~2005 법무법인 세종 외국변호사

2016~현재 국민연금 기금운영본부 대체투자위원회 외부의원

2016~현재 싱가포르 Quahe Woo & Palmer LLC 파견

2005~현재 법무법인(유한) 바른 외국변호사

최재웅 변호사

[학력]

1998 대일외국어고등학교 중국어과 졸업

2006 제48회 사법시험 합격

2008 고려대학교 법과대학 졸업

2009 사법연수원 제38기 수료

2012 고려대학교 일반대학원 법학과 수료(상법/금융법 전공)

2013 서울대학교 전문분야 법학연구과정 수료(공정거래의 새로운 지평)

2017 서울대학교 금융법무과정 수료(M&A의 이론과 실무)

2017 중국인민대학교(中国人民大學学)법학원 졸업(법학석사, 중국법)

[경력]

2009~2017 법무법인(유한) 바른 소속 변호사

2014~2015 北京德和衡律师事务所 근무

2016~현재 스페셜경제신문 자문위원

2016~현재 법무부 해외진출 중소기업법률자문 자문위원

2018~현재 통일부 교류협력 법제도 자문회의 자문위원

2018~현재 법무법인(유한) 바른 구성원 변호사

한태영 변호사

[학력]

2000 명덕외국어고등학교 러시아어어과 졸업

2008 고려대학교 법과대학 졸업

2009 제51회 사법시험 합격

2012 사법연수원 제41기 수료

[경력]

2012~2017   CJ 주식회사 법무실/재경실 변호사

2017~현재   법무법인(유한) 바른 소속 변호사

김용우 변호사

[학력]

2002 경기평촌고등학교 졸업

2008 제50회 사법시험 합격

2010 성균관대학교 법과대학 졸업

2012 사법연수원 제41기 수료

[경력]

2012~2015   법무부(대한법률구조공단) 공익법무관

2015~현재   법무법인(유한) 바른 소속 변호사

최지훈 외국변호사

[학력]

2003 대원외국어고등학교 중국어과 졸업

2008 서강대학교 영미어문·영미문화학과 졸업

2012 한동국제법률대학원 졸업(J.D.)

2013 미국 워싱턴 D.C. 변호사시험 합격

[경력]

2014~현재 법무법인(유한) 바른 외국변호사

장은진 변호사

[학력]

2006 경기여자고등학교 졸업

2014 연세대학교 법과대학 졸업

2017 연세대학교 법학전문대학원 졸업

2017 제6회 변호사시험 합격

[경력]

2017~현재 법무법인(유한) 바른 소속 변호사

이지연 변호사

[학력]

2008 사직여자고등학교 졸업

2014 고려대학교 법과대학 졸업

2018 서울대학교 법학전문대학원 졸업

2018 제7회 변호사시험 합격

[경력]

2018~현재 법무법인(유한) 바른 소속 변호사

‖ 북한투자팀 담당 전문위원

조현관 세무전문가

[학력]

1977 경북고등학교 졸업

1981 제25회 행정고시 합격

1982 영남대학교 법정대학 졸업

2009 고려대학교 정책대학원 졸업(경제학 전공)

[경력]

1998～1999 헌법재판소 파견

1999～2000 목포세무서장

2000～2002 중부지방국세청 조사2국과장

2002～2003 서울지방국세청 법무2과장 · 조사3국과장

2003～2005 국세청 납세자보호과장

2005～2006 국세청 감사담당관

2006～2008 대구지방국세청 조사2국장

2008   서울지방국세청 조사3국장

2010   국세청 개인납세국장

2011～2012 중부지방국세청장

2012～2013 서울지방국세청장

2013～2014 한국조세재정연구원 초빙연구위원

2014～2015 이현세무법인 회장

2015～현재   법무법인(유한) 바른 상임고문(세무사)

장인환 금융전문가

[학력]

1977 광주제일고등학교 졸업

1981 서울대학교 졸업(일반사회 전공/경제학 부전공)

1994 연세대학교 경영대학원 경제학과 졸업(석사)

[경력]

1981~1985 공군장교 복무(76기 관제)

1985~1987 삼성생명 근무(영업기획)

1987~1997 동원증권 근무(상품운용실, 국제영업팀)

1997~1999 현대투자신탁운용 운용팀

1999~2013 KTB자산운용(주) 대표이사 사장

2014~2016 KTB자산운용(주) 부회장

2016~현재 법무법인(유한) 바른 상임고문

차 례

제2장　외국기업의 북한투자

제3장 기타 투자관련 북한법

부록

01

한국기업의 북한투자

제1장
한국기업의 북한투자

1. 서론

　남한[1]기업 등(남한기업 및 개인)이 북한에 투자할 때에는 북남경제협력법을 우선적으로 검토하여야 한다. 북남경제협력법은 남한기업 등의 북한 투자에 대한 기본법으로서 남북한경제협력관계에 관해서 일반적, 포괄적으로 규정하고 있다. 한편, 개성공업지구나 금강산국제관광특구 관련법은 북남경제협력법의 특별법으로서 경제특구법과 그 하위규정이 우선 적용된다. 참고로 개성공업지구의 경우에는 이미 상세한 시행규정과 사업준칙이 마련되어 있다.

　남한기업 등이 북한에 투자할 때에는 항상 남북경제협력관계를 염두에 두고 투자를 진행하여야 한다. 외국기업의 경우 외국인투자와 관련된 외국인투자법이나 해당 경제특구에 적용되는 법률만을 준수하면 되지만, 남한기업 등이 북한에 투자하는 경우에는 북한의 관련 법률뿐만 아니라 남북 교류와 관련된 다양한 한국의 법률도 준수하여야 한다. 대표적인 예로, 남한기업 등이 남북협력사업을 진행하려면 사전에 한국 정부의 남북교류협력시스템(https://www.tongtong.go.kr/)을 통하여 승인을 얻어야 한다. 참고로 남한기업 등이 개성공업지구에 투자하는 경우에는 한국의 개성공업지구 지원에 관한 법률에서 이와 관련된 상세한 규정을 별도로 두고 있다.

---

1) 본 해설서에서는 남북교류협력에 관한 법률 제2조 제2호에 따라 '남한'이라는 용어와 '한국'이라는 용어를 혼용하기로 한다.

남북 사이에 체결된 4대 경제협력 합의서, 개성공업지구 관련 합의서, 기타 합의서들 역시 남북한의 법률 등과 함께 고려되어야 한다. 참고로 개성공업지구와 관련하여 남북 사이에 체결한 합의서의 내용은 개성공업지구법과 동일한 효력을 가진다.

2. 북남경제협력법[2]

가. 총론

1988년 7·7 선언 이후 남북경제협력이 시작되고 2000년 6월 남북정상회담이 개최된 이후 개성공업지구 및 금강산관광지구에 대한 투자를 규율하는 북한법은 제정이 되었지만, 남북교류협력을 일반적으로 규율하는 북한법은 부재하였다. 반면 한국은 1990년 이미 남북교류협력에 관한 법률(이하 '남북교류협력법') 및 남북협력기금법을 제정하고 각 해당 법률의 시행령, 시행규칙, 관련 고시를 제정함으로써 남북교류협력에 관한 법적 근거를 마련하였고, 이에 근거하여 체계적으로 남북교류협력을 진행하여 왔다. 이에 북한에서도 남북경제협력의 법적 근거를 마련함으로써 대북사업의 법적 불확실성을 해소하고, 남북경제협력을 더욱 활성화하기 위하여 2005. 7. 6. 최고인민회의 상임위원회 정령으로 북남경제협력법을 제정하였다.

북남경제협력법은 주로 북한에서 이루어지는 남북경제협력을 규율하는 기본법으로서 경제협력의 승인, 출입, 체류, 거주, 재산이용, 보호, 채용, 물자반입출입, 관세, 세금 및 보험가입, 결제은행 및 결제방식, 제재 및 분쟁해결 등에 대한 전반적인 내용을 규정하고 있다. 다만, 상당수의 조항들이 지나치게 추상적으로 규정되어 있어 남북경제협력의 승인 등에 있어 북한 당국의 재량권과 그로 인한 투자 불확실성이 클 수 있다는 점이 우려되고 있다.

아직까지 북남경제협력법의 구체적인 하위 규정들을 마련되지 못한 것으로

---

2) 북남경제협력법의 내용을 충실히 반영하기 위하여, 원문에 사용된 법률용어(예컨대, 북남경제협력, 호상존중, 로력, 류통 등)를 가능한 범위에서 그대로 원용하였다.

보이므로, 추후 남북관계의 진전에 따라 북남경제협력법의 하위 규정들이 어떻게 규정될 것인지 관심을 가지고 지켜볼 필요가 있다. 그 전까지는 개성공업지구법 등 경제특구에 적용되는 법률이나 외국인투자법 등의 관련규정을 통해 남북협력 사업에 대한 규제 및 절차 등을 가늠해 볼 수 있을 것이다.

나. 경제특구법 및 외국인투자법과의 관계

북한에는 북남경제협력법 이외에 다양한 외국인투자에 관한 법률 및 경제특구에 관한 법률이 존재한다. 남한기업이 북한에 투자하는 경우 위 다양한 법률들 사이의 적용순서가 문제될 수 있다.

(1) 경제특구법과 관계

북남경제협력법과 개성공업지구법 및 금강산국제관광특구법은 그 정의, 효력 범위, 적용대상 등에 비추어 볼 때 일반법과 특별법의 관계라고 해석된다. 예를 들어, 개성공업지구법 제9조에서는 "공업지구에서 경제활동은 이 법과 그 시행을 위한 규정에 따라 한다. 법규로 정하지 않은 사항은 중앙공업지구지도기관과 공업지구관리기관이 협의하여 처리한다"고 규정하고 있고, 금강산국제관광특구법 제8조에서도 "국제관광특구의 개발과 관리, 관광 및 관광업, 기타 경제활동은 이 법과 이 법 시행을 위한 규정, 세칙에 따라야 한다"고 규정하고 있다. 따라서 개성이나 금강산지구 등 경제특구에서 남한기업 등이 북한에 투자하는 경우에는 해당 경제특구의 관련규정이 우선 적용된다.

(2) 외국인투자법과 관계

외국인투자법과 북남경제협력법과의 관계도 문제된다. 외국인투자법 제5조에는 "다른 나라의 법인과 개인은 우리나라에 투자할 수 있다. 해외동포도 이 법에 따라 투자할 수 있다"고 규정하고 있다. 이때 남한기업 등도 다른 나라의 법인 또는 해외동포에 해당되는 것인지에 관해 의문이 있을 수 있다.

그러나 북한의 법률에서는 '다른 나라', '외국인', '남측', '해외동포'를 각각 구분하여 사용하고 있다. 예를 들어, 개성공업지구법 제2조에서는 "공업지구에는 남측 및 해외동포, 다른 나라의 법인, 개인, 경제조직들이 투자할 수 있다"라고 규정하고 있다. 또한 금강산국제광광특구법 제4조에서는 "국제관광특구에는 다른 나라 법인, 개인, 경제조직이 투자할 수 있다. 남측 및 해외동포, 공화국의 해당 기관, 단체도 투자할 수 있다"라고 규정하고 있다. 나아가 금강산국제관광특구법 제18조에서는 "국제관광특구에서의 관광은 외국인이 한다. 공화국 공민과 남측 및 해외동포도 관광을 할 수 있다"라고 규정하고 있다.

위와 같은 북한법에서 사용하는 용어의 차이와 입법취지, 적용대상 등에 비추어 보면, 북남경제협력법과 외국인투자법 등은 일반법과 특별법의 관계가 아닌, 각각 그 적용대상을 달리하는 대등한 법률로서 전혀 별개의 법에 해당된다고 해석된다.[3]

다. 기본원칙

북남경제협력법은 남한과의 경제협력에서 제도와 질서를 엄격히 세워 민족경제를 발전에 이바지하는 것을 목적으로 하고 있다(북남경제협력법 제1조). 남북경제협력은 전 민족의 이익을 앞세우고 민족경제의 균형적 발전을 보장하며[4] 상호존중과 신뢰, 유무상통[5]의 원칙에서 진행하는 것이 원칙이다(북남경제협력법 제4조).

남측과 경제협력을 하는 기관, 기업소, 단체는 물론, 북측과 경제협력을 하는 남측의 법인, 개인에게도 북남경제협력법을 적용한다(북남경제협력법 제3조). 또한 북남경제협력은 북측 또는 남측지역 외에도 합의에 따라 제3국에서도 할 수 있다(북남경제협력법 제9조). 이에 따라 남한기업 등은 경제특구 이외의 북한 지역에서도 투자할 수 있는 북한법상의 근거를 갖게 되었고, 북한 기관, 기업소, 단체 역시 남한에서 사업에 관한 투자를 진행할 수 있는 법적 근거가 마련되었다. 나아가

---

3) 법무부, 북남경제협력법 분석(2006), 31쪽.
4) 전 민족의 이익, 민족경제의 균형적 발전 원칙은 1991. 12. 체결한 '남북 사이의 화해와 불가침 및 교류·협력에 관한 합의서'에 규정된 이후 북한이 주장해 온 소위 '민족공조론'을 북남경제협력법에 반영한 것으로 분석된다. 법무부, 북남경제협력법 분석, 46쪽.
5) '유무상통(有無相通)의 원칙'은 있는 것과 없는 것은 서로 융통(融通)함을 뜻한다.

위 규정에서는 제3국에서도 북남경제협력을 할 수 있다고 규정하고 있으므로 실현가능성과는 별개로 향후 운용 방식에 따라서는 북남경제협력법의 장소적 적용범위가 확대될 수도 있다고 판단된다.

라. 경제협력

(1) 경제협력 분야

북남경제협력의 분야에는 북과 남 사이에 진행되는 건설, 관광, 기업경영, 임가공, 기술교류와 은행, 보험, 통신, 수송, 봉사업무, 물자교류 같은 것이 속한다(북남경제협력법 제2조). 북남경제협력법은 다양한 분야에서 북남경제협력이 이루어질 수 있음을 규정하면서 동시에 '같은 것이 속한다'라고 규정하여 동조에 나열한 분야뿐만 아니라 전 경제분야에 걸쳐 북남경제협력이 이루어질 가능성을 열어두고 있는 것으로 해석된다.[6] 따라서 위 규정에 열거되어 있지 않은 농업, 금융 분야도 북남경제협력이 이루어질 수 있다. 참고로 외국인투자법 역시 외국투자가가 공업, 농업, 건설, 운수, 체신, 과학기술, 관광, 유통, 금융을 비롯한 여러 부분에 투자할 수 있도록 이와 유사하게 규정되어 있다(외국인투자법 제6조).

(2) 경제협력 금지분야

사회의 안전과 민족경제의 건전한 발전, 주민들의 건강과 환경보호, 민족의 미풍양속을 저해할 수 있는 분야의 북남경제협력은 금지된다(북남경제협력법 제8조). 북남경제협력 금지분야에 해당하는지 여부는 북남경제협력에 대한 통일적인 지도권한을 가진 중앙민족경제협력지도기관이 북남경제협력에 대하여 승인을 하는 과정에서 결정한다(북남경제협력법 제10조). 다만, 위에서 언급된 '사회의 안전과 민족경제의 건전한 발전, 주민들의 건강과 환경보호, 민족의 미풍양속을 저해할 수 있는 분야'라는 문구 자체가 상당히 추상적으로 기술되어 있어서, 경제협력 금지분야인지 여부를 판단함에 있어서는 중앙민족경제협력지도기관에게 광범위한 재량권이 부여되어 있는 것으로 해석된다.

---

6) 법무부, 북남경제협력법 분석, 33쪽.

참고로 외국인투자법에서는 민족경제발전과 나라의 안전에 지장을 주거나 경제기술적으로 뒤떨어지고 환경보호의 요구에 저촉되는 대상의 투자를 금지 또는 제한하고 있고(외국인투자법 제11조), 외국인기업법에서는 나라의 안전에 지장을 주거나 기술적으로 뒤떨어진 기업은 창설할 수 없도록 규정하고 있다(외국인기업법 제3조 제2문).

(3) 경제협력의 방법

북남경제협력은 당국 사이의 합의와 해당 법규, 그에 따르는 북남당사자 사이의 계약에 기초하여 직접거래의 방법으로 한다(북남경제협력법 제7조). 다만 여기서 해당 법규가 무엇을 의미하는지, 당국 사이의 합의, 해당 법규, 당사자 사이의 계약이 다른 경우에 무엇이 우선 적용될 것인지 등에 관해서는 불분명한 점이 있다.

참고로 외국인투자법은 북한에서 설립 가능한 기업형태를 규정하고, 그 시행규정에서 외국인의 출자비율, 운영방식, 이윤분배 등에 관해 상세하게 규정하고 있지만, 북남경제협력법에는 이와 같은 제한규정이 존재하지 않는다. 이에 대하여 남북당사자 사이의 계약에 기초한 다양한 형태의 기업을 설립할 수 있을 것으로 기대한다는 해석도 존재한다.[7] 그러나 중앙민족경제협력지도기관에게 경제협력 금지분야에 관한 광범위한 권한을 부여하고 있는 점, 외국인의 기업 창설 및 운영에 대한 제한과의 균형 등에 비추어 보면, 북한에서 실제로 남한기업 등에게 다양한 형태의 기업 설립을 허용할지 여부에는 다소 의문이 있다.[8] 뒤에서 살펴볼 개성공업지구 기업창설·운영규정과 같이 다양한 기업설립에 관한 하위규정을 적극적으로 마련함으로써 남한기업의 투자에 법적 안정성을 부여하는 것이 필요하다고 생각된다.

---

7) 법무부, 북남경제협력법 분석, 46쪽.
8) 다만 개성공업지구에서는 주식회사의 창설이 인정되고, 주식의 양도도 상대방의 동의 및 중앙무역지도기관의 승인 없이 가능하다는 점은 눈여겨 볼 만하다.

마. 지도기관

(1) 중앙민족경제협력지도기관

북한의 남북경제협력에 대한 통일적인 지도는 중앙민족경제협력지도기관에서 담당한다(북남경제협력법 제5조). 조선중앙통신은 '최고인민회의 상임위원회'에서 '조선민주주의인민공화국 민족경제협력위원회'를 발족하였다고 발표[9]하였는데, 여기서 언급된 '민족경제협력위원회[10]'가 북남경제협력법에서 규정하고 있는 '중앙민족경제협력지도기관'인 것으로 보이고,[11] 최근까지도 활동하고 있는 것으로 확인되었다.[12]

(2) 임무 및 감독통제

중앙민족경제협력지도기관의 임무는 ① 북남경제협력계획안의 작성, ② 북남경제협력신청서의 접수 및 승인, ③ 북남경제협력과 관련한 합의서, 계약서의 검토, ④ 북남경제협력에 필요한 노동력의 보장, ⑤ 북측지역에 있는 남측당사자와의 사업, ⑥ 남측당사자의 북측지역 출입협조, ⑦ 북남경제협력물자의 반출·반입 승인, ⑧ 북남당사자 사이의 연계보장, ⑨ 북측지역에서 생산한 제품의 원산지증명서 발급, ⑩ 그밖에 정부가 위임하는 사업이다(북남경제협력법 제6조). 다만, 북남경제협력법에 규정된 중앙민족경제협력지도기관의 임무는 경제특구의 지도기관 및 관리기관이 수행하는 임무와 상당 부분 중복되어 있고 양 기관 간의 관계 내지 서열이 명확하지 않은 실정이다.[13]

---

9) 조선중앙통신, 2005. 6. 22.

10) '민족경제협력위원회'는 2004년부터 활동한 것으로 알려졌으나 그 실체가 모호하던 것이 2005년 6월 최고인민회의 상임위원회의 공식 발표 및 북남경제협력법의 제정을 통해 내각의 공식기구로 승격된 것으로 분석된다. 법무부, 북남경제협력법 분석, 41쪽.

11) 그 밖에 북한법에서 단체의 명칭을 명확하게 기재하지 않아 혼선이 발생할 수 있다. 예를 들어, 개성공업지구법 제5조에 따른 '중앙공업지도기관'은 '중앙특구개발지도총국'이라는 명칭으로 활동하고 있는 것으로 보인다.

12) 2016. 5. 28. 北 방강수 민경련 위원장, 대남 대화공세, 통일뉴스.

13) 예를 들어, 개성공업지구법 제22조에 따르면 '중앙공업지구지도기관'의 임무는 ① 개발업자의 지정, ② 공업지구관리기관의 사업에 대한 지도, ③ 공업지구 법규의 시행세칙 작성, ④ 기업이 요구하는 노력, 용수, 물자의 보장, ⑤ 대상건설 설계문건의 접수, 보관, ⑥ 공업지구에서

바. 북남경제협력의 승인

북남경제협력에 대한 승인은 중앙민족경제협력지도기관이 하고, 승인이 없이는 북남경제협력을 할 수 없다(북남경제협력법 제10조). 따라서 북남경제협력을 하려는 북측 또는 남측 당사자는 중앙민족경제협력지도기관에 경제협력 신청서를 제출해야 하고, 남측 당사자는 공증기관이 발급한 신용담보문서를 함께 제출해야 한다. 신청서의 양식은 중앙민족경제협력지도기관이 정한다(북남경제협력법 제11조). 위 규정에 따르면 남북한 당사자 모두 승인신청서를 제출할 수 있다.

(1) 공증기관이 발급한 신용담보문서의 제출

남측 당사자가 협력사업 승인신청을 할 경우에는 '공증기관'이 발급한 '신용담보문서'를 함께 제출하여야 하는데, 이때의 '공증기관'이 남한의 공증기관을 의미하는지 아니면 북한의 공증기관을 의미하는지, 신용담보문서가 무엇을 의미하는지 불분명하다.[14]

참고로 한국의 남북교류협력법에 따르면, 협력사업을 하려는 자는 '협력사업을 하려는 분야의 사업실적이 있거나 협력사업을 추진할 만한 자본·기술·경험 등을 갖추고 있을 것'을 요건으로 통일부장관의 승인을 받도록 하고 있다(남북교류협력법 제17조 제1항 제4호).

개성공업지구 기업창설·운영규정에 의하면 개성공업지구에 기업을 창설하려는 투자가는 기업창설신청서를 제출하여야 하며, 기업규약, 경제기술타산서, 자본신용확인서를 첨부하여야 하는데(동 규정 제8조), '자본신용확인서'는 외국인투자관련 서식 중 '외국인기업창설신청서에 첨부하여야 할 문건'의 하나인 '거래은행이

생산된 제품의 북측지역 판매 실현, ⑦ 공업지구의 세무관리, ⑧ 이밖에 국가로부터 위임 받은 사업 등이고, 개성공업지구법 제25조에 따르면 '공업지구관리기관'의 임무는 ① 투자조건의 조성과 투자유치, ② 기업의 창설 승인, 등록, 영업허가, ③ 건설허가와 준공검사, ④ 토지이용권, 건물, 윤전기재의 등록, ⑤ 기업의 경영활동에 대한 지원, ⑥ 하부구조 시설의 관리, ⑦ 공업지구의 환경보호, 소방대책, ⑧ 남측지역에서 공업지구로 출입하는 인원과 수송수단의 출입증명서 발급, ⑨ 공업지구관리기관의 사업준칙 작성, ⑩ 그 밖에 중앙공업지도기관이 위임하는 사업이다.

14) 북한은 개성공업지구 입주기업에 대하여도 위 신용담보문서와 유사한 문서인 '자본신용확인서'의 제출을 요구하고 있다.

발급한 투자자의 신용확인서'를 의미한다고 한다.[15] 실무상 '자본신용확인서'는 '거래은행이 발급한 투자자의 신용확인서'를 첨부하는 것으로 운용되고 있다.[16]

(2) 승인 절차 및 통지

중앙민족경제협력지도기관은 해당 신청서를 받은 날부터 20일 안에 검토를 마치고 이를 승인하거나 부결하여야 하고, 신청을 승인하였을 경우에는 승인서를, 부결하였을 경우에는 그 이유를 밝힌 부결통지서를 신청자에게 발송하여야 한다(북남경제협력법 제12조). 다만 앞서 살펴본 바와 같이, 북남경제협력법 제8조의 협력금지대상 분야를 제외하고는 협력사업 당사자의 구체적인 자격요건 내지 협력사업의 구체적인 승인요건이 마련되어 있지 않아, 협력금지대상에만 포함되지 않으면 모두 승인될 수 있는 것인지 여부에 대해서는 향후 운용 과정을 지켜보아야 할 것이다.

사. 북한 출입과 체류 및 거주

(1) 북한 출입

북남경제협력의 당사자는 남측 또는 북측지역에 출입할 경우 북남당국 사이의 합의에 따른 증명서를 소지하여야 하며, 수송수단에도 정해진 증명서가 있어야 한다(북남경제협력법 제13조). 아직까지 남북한의 모든 지역을 적용대상으로 하는 출입, 체류, 거주에 관한 남북합의서는 체결되지 않았고, 2004. 1. 29. 개성공업지구와 금강산관광지구에 한정하여 적용되는 개성공업지구와 금강산관광지구 출입 및 체류에 관한 합의서만이 체결되었을 뿐이다.[17] 동 합의서 제11조에서는 남한 주민, 해외동포, 외국인이 개성공업지구와 금강산관광지구에서 북측 지역을 출입하거나 북측에서 위 지구에 출입하는 경우에는 북측이 별도로 정한 절차에 따른다고 규정하고 있다.

---

15) 법무법인 태평양, 개성공업지구 법규 및 제도해설, 84쪽.
16) 법무부, 북남경제협력법 분석, 48쪽.
17) 개성공업지구와 금강산관광지구 출입 및 체류에 관한 합의서 제4조(인원의 출입절차), 제5조(통행차량등의 출입절차)에 따르면, 개성·금강산지구에 출입·체류하는 인원은 남측 당국이 발급한 해당 증명서와 지구관리기관이 발급한 해당 증명서를 소지하고 통행차량 등을 이용하여 정해진 출입통로로 출입하여야 한다.

(2) 북한 체류 및 거주

북남경제협력을 하는 남측당사자는 출입사업기관의 승인을 받고 북측지역에 체류할 수 있고, 공업지구와 관광지구에서의 체류 및 거주는 해당 법규에 따른다(북남경제협력법 제15조). 한편, 중앙민족경제협력지도기관의 임무 중 하나로 '남측당사자의 북측지역 출입협조'가 규정되어 있어(북남경제협력법 제6조 제6호), 북한 체류를 위하여 중앙민족경제협력지도기관의 출입협조 외에 별도로 출입사업기관의 승인을 받아야 하는지, 출입협조만으로 충분한지는 불분명하다. 보수적으로 출입협조 외에 출입사업기관의 승인도 받아두는 것이 불필요한 분쟁을 예방하기 위해 필요하다고 판단된다.

(3) 개성·금강산지구에서의 체류 및 거주

공업지구와 관광지구에서의 체류 및 거주는 해당 법규에 따른다(북남경제협력법 제15조 제2문). 따라서 개성·금강산지구에서 남한 주민은 개성공업지구법, 개성공업지구 출입·체류·거주규정, 금강산관광지구법, 금강산관광지구 출입·체류·거주규정 및 개성공업지구와 금강산관광지구 출입 및 체류에 관한 합의서의 적용을 받으므로 해당 규정을 준수하여야 한다.

(4) 개성·금강산지구 이외의 북한 지역에서의 체류 및 거주

현재 남한 주민의 체류 및 거주에 관한 북한의 일반법은 없는 것으로 보인다. 다만 외국인의 체류, 거주에 관한 북한의 일반법인 출입국법에 따르면, 외국인은 목적지에 도착한 때부터 48시간 안에 체류등록을 하고 여권 또는 따로 받은 사증에 확인을 받아야 하며, 부득이한 사유로 목적지가 아닌 지역에서 48시간 이상 체류할 경우에는 출입국사업기관에 도중체류등록을 해야 한다(출입국법 제33조 내지 제34조[18]). 외국인의 체류는 단기체류(90일까지)와 장기체류(91일 이상)로 구분되는

---

18) 출입국법 제33조(외국인의 체류등록) 우리나라 영역에 입국한 외국인은 목적지에 도착한 때부터 48시간 안에 체류등록을 하고 여권 또는 따로 받은 사증에 확인을 받아야 한다. 사증을 받지 못하고 입국한 외국인은 사증을 받은 다음 체류등록을 하여야 한다.
출입국법 제34조(외국인의 도중체류등록) 외국인은 부득이한 사유로 목적지가 아닌 지역에서

데(출입국법 제32조[19]), 장기체류를 하려는 외국인은 체류목적에 따라 외국인장기체류증을 발급받아야 한다(출입국법 제36조[20]).

아. 재산의 이용 및 보호

북남당사자는 경제협력에 화폐재산, 현물재산, 지적재산 같은 것을 이용할 수 있고, 투자재산은 북남투자보호합의서에 따라 보호된다(북남경제협력법 제16조). '같은 것을 이용할 수 있다'라고 규정되어 있으므로, 한정적 열거 규정이 아니라 포괄규정으로 해석된다. 따라서 열거되지 않은 다른 재산도 투자의 대상이 될 수 있다고 해석된다.

투자재산 보호에 관한 북남투자보호합의서로는 2000. 12. 16. 체결된 '남북사이의 투자보장에 관한 합의서'가 있다. 동 합의서에 따르면 남과 북은 자기 지역 안에서 법령에 따라 상대방 투자자의 투자자산을 보호해야 하고(동 합의서 제2조 제2항), 남과 북은 자기 지역 안에서 상대방 투자자와 투자자산에 대하여 다른 나라 투자자에게 주는 것과 같거나 더 유리한 대우를 해주어야 한다(동 합의서 제3조 제1항). 다만, 현재까지 투자자산의 이용에 관한 남북합의서는 체결되지 않은 상태이다.

북남경제협력법은 제16조에서 투자재산 보호에 관하여는 위와 같은 북남투자보호합의서가 적용된다고 규정하고 있으면서도, 북남경제협력법 제20조에서는 북측지역에서 남측당사자의 동산 및 부동산의 이용은 북남당국 사이의 합의에 따르고 합의가 없으면 해당 법규에 따른다고 규정하고 있어, 동산 및 부동산 등을 포함하여 북한 지역에 투자한 투자재산의 이용에 관하여 어떠한 법령이 적용될지 명확하지 않다. 추후 이와 관련된 구체적인 합의서의 체결이나 북한법령의 정비가 필요할 것으로 보인다.

48시간 이상 체류할 경우 해당지역 출입국사업기관에 도중체류등록을 하여야 한다.
19) 출입국법 제32조(외국인의 체류구분) 외국인의 체류는 단기체류와 장기체류로 나눈다. 단기체류는 입한 날부터 90일까지, 장기체류는 91일 이상으로 한다.
20) 출입국법 제36조(외국인장기체류증의 발급) 장기체류 하려는 외국인은 체류목적에 따라 외국인장기체류증을 발급받아야 한다. 이 경우 정해진 수속을 하여야 한다.

자. 노동자 채용

북측지역에서 기업을 경영하는 남측당사자는 필요한 노동자를 북측의 노동자 중에서 채용하여야 하며, 남측 또는 제3국의 노동자를 채용할 경우에는 중앙민족경제협력지도기관의 승인을 받아야 한다(북남경제협력법 제17조). 참고로 법문에는 '로력'이라고 기재되어 있는데, 이때의 '로력'이란 '노동력' 또는 '노동자'를 의미한다.

'투자자의 북한주민 채용의무'는 북한의 기존 외국투자 및 북남경제협력 관련 법제에서도 일관되게 규정하고 있는 노동자 채용에 관한 원칙이다.[21] 다만, 북한에 진출하려는 남한기업이 이미 채용한 외국 또는 남측 노동자를 사용하려고 할 경우에도 승인이 필요한지는 불분명하다.

참고로 외국인투자법 제16조와 개성공업지구법 제37조는 북한 지역에 투자하는 외국인기업과 남한기업 등은 원칙적으로 노동자알선기관 또는 노동자알선기업을 통하여 북한 주민을 채용해야 하는 것으로 규정하면서, 예외적으로 관리인원과 특수한 직종의 기술자, 기능공은 지도기관 또는 관리기관과 협의나 합의절차 등을 거쳐 외국 또는 남한 주민을 채용할 수 있도록 하고 있다. 이는 남측 또는 제3국의 노동자 채용시 중앙민족경제협력지도기관의 승인을 받아야 하는 북남경제협력법보다는 완화된 것으로 보인다.

차. 검사 및 검역과 물자의 반출·반입 승인

(1) 검사 및 검역

북남경제협력당사자 또는 해당 수송수단은 출입지점이나 정해진 장소에서 통행검사, 세관검사, 위생검역 같은 검사와 검역을 받아야 한다. 다만, 북남 사이에 별도의 합의가 있을 경우에는 검사 및 검역을 하지 않을 수 있다(북남경제협력법 제14조).

---

21) 법무부, 북남경제협력법 분석, 56쪽.

(2) 물자의 반출·반입 승인

북남경제협력물자의 반출·반입 승인은 중앙민족경제협력지도기관이 하고, 공업지구, 관광지구에서 물자의 반출·반입은 정해진 절차에 따른다(북남경제협력법 제18조). 개성·금강산지구의 경우 개성공업지구 세관규정, 금강산국제관광특구법 세관규정, 개성공업지구 통관에 관한 합의서가 적용되는데, 개성·금강산지구에 물자를 반출·반입하려는 자는 개성·금강산지구 세관에 반출·반입신고서를 제출하여야 한다.

카. 관세, 세금, 보험, 결제

(1) 관세

북남경제협력물자에는 관세를 부과하지 않는다. 그러나 외국에서 공업지구와 관광지구에 반입한 물자를 그대로 북측의 다른 지역에서 판매할 경우에는 관세를 부과할 수 있다(북남경제협력법 제19조). 이처럼 남북간 물자교역에는 '무관세(無關稅) 원칙'이 적용되는데, 이는 남북간 물자교역이 민족내부의 거래라는 점에서 비롯된 것이라고 할 수 있다.[22]

다만 이러한 무관세원칙은 세계무역기구(WTO)에서 통용되는 '최혜국대우(Most Favored Nation Treatment) 원칙' 등 국제통상규범 위반에 해당할 여지가 높다는 점에서 문제가 될 수 있다. 이러한 문제에 대한 해결방안으로 세계무역기구(WTO) 체약국들로부터 민족내부의 거래에 관한 양해를 받는 방안과 북한과 별도의 자유무역협정을 체결하는 방안 등이 논의되고 있다.[23]

한편, 무관세원칙의 예외규정에 따르면, 외국 물자가 공업지구와 관광지구에 반입되는 단계에서는 관세를 부과하지 않지만, 이를 가공하지 않고 북한의 다른 지역에 판매하는 단계에서는 북한 당국에 의하여 관세가 부과될 수 있다. 여기서 남한으로부터 반입된 물자가 형식적인 지리적 개념인지 아니면 실질적으로 남한

---

22) 남북교류협력법 제12조에서도 남한과 북한 간의 거래는 국가 간의 거래가 아닌 민족내부의 거래로 본다고 규정하고 있다.
23) 법무부, 북남경제협력법 분석, 60쪽.

에서 생산, 가공, 제조된 물자인지에 대해서는 2003. 7. 31. 체결한 '남북 사이에 거래되는 물품의 원산지 확인 절차에 관한 합의서' 제4조[24]에 규정된 '원산지 판정기준'이 중요하게 고려될 것으로 예상된다.

(2) 세금납부

북측지역에서 남측당사자의 세금납부, 동산 및 부동산 이용, 보험가입은 북남 당국 사이의 합의에 따르고 합의가 없는 경우 해당 법규에 따른다(북남경제협력법 제20조). 다만, 위 규정에서 '해당 법규'가 구체적으로 어떤 법률을 지칭하는지는 불분명하다.

북한의 사회주의 헌법 제25조[25][26])에 따르면 북한은 세금제도를 채택하지 않

---

24) 남북 사이에 거래되는 물품의 원산지 확인 절차에 관한 합의서 제4조 원산지 판정기준
 　1. 남 또는 북에서 반출되는 물품이 다음 각 호 중 어느 한 기준에 해당되는 경우에는 남 또는 북을 원산지로 인정한다.
 　　가. 당해 물품의 전부가 남 또는 북에서 생산·가공·제조된 경우
 　　나. 당해 물품이 2개국 이상에 걸쳐 생산·가공 또는 제조된 경우에는 그 물품의 본질적 특성을 부여하기에 충분한 정도의 실질적인 생산·가공 또는 제조과정이 최종적으로 남 또는 북에서 수행된 경우
 　2. 다음 각 호중 어느 한 기준에 해당되는 물품은 제1항의 규정에 의한 원산지로 인정하지 아니한다.
 　　가. 제3국에서 생산되어 남 또는 북을 단순 경유한 물품
 　　나. 남 또는 북에서 단순포장, 상표부착, 물품분류, 절단, 세척 또는 단순한 조립 작업만을 거친 물품
 　　다. 남 또는 북에서 운송 또는 보관에 필요한 작업만을 거친 물품
 　　라. 남 또는 북에서 물품의 특성이 변하지 않는 범위 안에서 원산지가 다른 물품과 의 혼합작업만을 거친 물품
 　　마. 남 또는 북에서 도축작업만을 거친 쇠고기·돼지고기 등 육류제품
 　　바. 남 또는 북에서 건조, 냉장, 냉동, 제분, 염장, 단순가열(볶거나 굽는 것 포함), 껍질 및 씨 제거작업만을 거친 물품
 　　사. 기타 쌍방이 협의하여 정하는 물품
25) 북한의 사회주의 헌법 제25조(1972. 12. 27. 채택, 2016. 6. 29. 수정보충) 조선민주주의인민공화국은 인민들의 물질문화생활을 끊임없이 높이는 것을 자기 활동의 최고원칙으로 삼는다. 세금이 없어진 우리나라에서 늘어나는 사회의 물질적부는 전적으로 근로자들의 복리증진에 돌려진다. 국가는 모든 근로자들에게 먹고 입고 쓰고 살 수 있는 온갖 조건을 마련하여준다.
26) 1972년의 북한 사회주의헌법 제33조에서 "국가는 낡은 사회의 유물인 세금제도를 완전히 없앤다"라고 규정하였고, 이에 따라 1974년 4월 1일 이래 북한에서는 원칙적으로 세금은 없어졌다. 1992년 사회주의헌법 제25조에서도 "세금이 없어진 우리나라에서는"이라고 규정해서 세금제도의 철폐를 헌법화 하였다. 한상국, 개성공단과 중국 경제특구 조세법의 비교연구(통

고 있다. 다만, 외국인 투자자에 대해서는 외국인투자기업 및 외국인세금법을 통해, 개성공업지구사업과 관련하여서는 개성공업지구 세금규정을 통해 외국인투자기업 및 개성공업지구 입주기업에 대하여 소득세, 소비세, 재산세, 상속세 및 지방세를 부과하고 있다.[27)]

외국인투자기업 및 외국인세금법에 따른 기업소득세율은 결산이윤의 25%이지만, 특수경제지대에 창설된 외국투자기업에 대한 기업소득세율은 결산이윤의 14%로, 첨단기술부문, 하부구조건설부문, 과학연구부문 같은 장려부문의 기업소득세율은 결산이윤의 10%로 한다(외국인투자기업 및 외국인세금법 제10조, 제16조 제1호). 개성공업지구의 경우 결산이윤의 14%를 적용한다. 그러나 하부구조건설, 경공업, 첨단과학기술 부문(장려부문)에는 10%를 적용한다(개성공업지구 세금규정 제19조). 이는 우리나라의 통상 법인세율 20~25%보다 낮은 수준이다. 그리고 일정 부문에 투자하여 장기간 운영하거나 이윤을 재투자하는 경우 세금 감면 조치를 취하고 있다(개성공업지구 세금규정 제29조).

한편, 위 규정에서는 북남당국 사이의 합의가 있을 경우에는 그에 따른다고 되어 있는데, 그에 따른 합의가 2000. 12. 16. 체결된 '남북 사이의 소득에 대한 이중과세방지 합의서'이다. 동 합의서에 따라 적용되는 세금의 종류는 남측에서는 소득세, 법인세 및 소득할 주민세가 있고, 북측에서는 기업소득세, 개인소득세, 소득에 대한 지방세가 있다(동 합의서 제3조 제1항). 이에 따르면 남북한 일방은 자기 지역의 거주자가 상대방에서 얻은 소득에 대하여 세금을 납부하였거나 납부하여야 할 경우, 일방에서는 그 소득에 대한 세금을 면제한다. 그러나 이자, 배당금, 사용료에 대하여는 상대방에서 납부하였거나 납부하여야 할 세액만큼 일방의 세액에서 공제할 수 있다. 또한 남북한 일방은 자기 지역의 거주자가 상대방에서 얻은 소득에 대한 세금을 법이나 기타 조치에 따라 감면 또는 면제받았을 경우 세금을 전부 납부한 것으로 인정한다(동 합의서 제22조). 따라서 북한에서 세금을 납부하거나 면제받았을 경우에는 남한에서도 세금을 납부하거나 면제받은 것으로 인정된다.

일부 위탁연구 자료), 한국조세연구원, 2006. 12., 47쪽.

27) 외국인투자기업 및 외국인세금법 제8조(기업소득세의 납부의무) 외국투자기업은 우리 나라에서 경영활동을 하여 얻은 소득과 기타 소득에 대하여 기업소득세를 납부하여야 한다.

(3) 보험가입

북남경제협력법 제20조는 보험가입에 관하여 해당 법규에 따른다고 되어 있다. 북한의 보험 관련 법령으로 보험법이 있고, 개성공업지구의 경우는 개성공업지구 보험규정이 제정·시행되고 있다. 북한 보험법에 따르면 국가는 외국기관, 외국투자기업, 외국인, 해외동포가 보험에 가입하는 경우에도 북한 영역 안에 있는 보험회사(조선국제보험회사)의 보험에 가입하여야 한다(보험법 제6조).

(4) 결제은행, 결제방식

북남경제협력과 관련된 결제업무는 정해진 은행이 하고, 결제방식은 남북당국 사이의 합의에 따른다(북남경제협력법 제21조).

위 규정의 남북당국 사이의 합의로는 2000. 12. 16. 체결한 '남북사이의 청산결제에 관한 합의서'가 있다.[28] 청산결제방식은 양국간의 개별교역에 대한 거래가 행해질 때마다 결제하지 않고, 양국의 지정은행에 설치된 청산계정에 수출과 수입을 적어놓았다가 일정 기간(6개월 혹은 1년)마다 대차잔액만을 결제하는 방식을 말한다.[29] 북한은 사회주의국가와의 교역에 거의 청산결제방식을 이용하고 있다.

동 합의서에 따르면, 청산결제는 남과 북이 합의하여 정하는 거래상품의 대금과 이에 동반되는 용역거래대금에 대하여 적용된다(동 합의서 제1조). 남과 북은 청산결제은행을 각각 선정하고 이 은행에 상대 측 은행의 이름으로 청산계정을 개설한다(동 합의서 제3조). 청산결제기간은 매해 1월 1일부터 12월 31일까지로 하며(동 합의서 제6조), 합의서 이행을 위한 결제절차와 방법은 남과 북이 선정한 청산결제은행들이 합의하여 정한다(동 합의서 제7조).

---

28) 남북은 2003년 7월 제2차 '남북경협 제도실무협의회'에서 청산결제은행으로 남한의 '한국수출입은행', 북한의 '조선무역은행'을 지정하고, 2003~2004년 사이에 청산결제실무협의회를 3차에 걸쳐 개최하면서 청산결제 방식에 관한 논의를 계속 진행하였으나, 이후 북한의 비협조로 이에 관한 논의가 중단되는 바람에 결국 현재까지 청산결제 방식을 운용하지 못하고 있는 실정이다. 법무부, 북남경제협력법 분석, 66쪽.
29) 출처: 매일경제용어사전.

타. 사업내용의 비공개

해당 기관, 기업소, 단체는 북남경제협력과 관련된 비밀을 준수하여야 하고, 북남경제협력과 관련한 사업내용은 상대 측 당사자와 합의 없이 공개할 수 없다(북남경제협력법 제23조).[30] 여기서 '북남경제협력과 관련한 사업내용'이 무엇을 의미하는지 예측하기란 쉽지 않다. 그런데 북남경제협력법은 남측 법인, 개인에게도 적용되며(북남경제협력법 제3조), 이 법을 위반하였을 경우 정상에 따라 사업중지, 벌금부과, 형사책임까지 이어질 수 있기 때문에(북남경제협력법 제26조), 남한 당사자는 북한 당사자와 합의 없이 북남경제협력과 관련한 사업내용을 남한 지역에서 공개할 경우 북한 당국으로부터 위와 같은 제재를 받을 수 있음에 유의하여야 한다. 향후 하위규정의 정비를 통해 '북남경제협력과 관련한 사업내용'에 대한 예측가능성을 확보할 필요가 있다.

파. 제재(사업중지, 벌금부과, 형사책임)

북남경제협력법을 위반하였을 경우에는 정상에 따라 사업중지, 벌금부과 같은 행정적 책임이 부과되며, 정상이 엄중할 경우에는 형사책임을 부담할 수도 있다(북남경제협력법 제26조). 북남경제협력법 위반으로 인한 행정처분으로서 사업중지, 벌금부과 등을 열거하고 있으므로 그 외에도 억류, 몰수, 출·입국금지, 추방 등의 행정제재가 가해질 수 있다. 한편, 북한은 형벌로서 사형, 무기노동교화형, 유기노동교화형, 노동단련형, 선거권박탈형, 재산몰수형, 벌금형, 자격박탈형, 자격정지형을 규정하고 있다(북한 형법 제27조).

북남경제협력법은 위와 같이 행정적 책임과 형사책임을 지울 수 있다는 추상적·선언적인 내용만을 규정하고 있을 뿐이며, 행정적 책임과 형사책임의 한계가

---

30) 북한의 외국인투자 관련 법제에서는 사업당사자들의 '사업내용 비공개 의무'에 관하여 규정한 바 없으나 북남경제협력법에서는 특이하게 이를 명시하여 규정하고 있다. 북한 당국이 북남경제협력사업 내용의 공개가 북한의 체제 유지 및 북남경제협력사업의 원활한 진행에 영향을 미칠 것을 우려하여 위와 같은 규정을 둔 것으로 보이나, 굳이 이러한 내용을 규정하여야 할 필요성이 있는지 의문이다. 법무부, 북남경제협력법 분석, 68쪽.

모호하고 구체적인 구성요건 및 제재의 정도를 전혀 규정하지 않고 있기 때문에 북한 당국이 이를 자의적으로 해석하고 적용할 위험이 있다는 심각한 문제를 내포하고 있다.[31]

한편, 북남경제협력법에서는 남한 주민이 체류, 거주하는 경우의 신변안전보장에 관하여는 별도의 규정을 두고 있지 않고 있다. 하지만 남북 경제협력이 활성화되어 남한 주민이 북한 주민과 자주 접촉할 수밖에 없는 상황에서는 북남경제협력법 위반의 소지가 발생할 수밖에 없고, 더 나아가 북남경제협력법에서 남한 주민에 대한 형사처벌까지 염두에 둔 상황에서는 더더욱 남한 주민에 대한 신변안전에 관한 규정은 반드시 필요하다. 참고로 개성공업지구법에서는 남한 주민의 신변안전보장에 관하여 별도로 규정하고 있다(개성공업지구법 제8조[32]).

하. 분쟁해결

북남경제협력과 관련한 의견 차이는 협의 방법으로 해결하고, 협의의 방법으로 해결할 수 없을 경우에는 북남 사이에 합의한 상사분쟁 해결절차로 해결할 수 있다(북남경제협력법 제27조). 위 규정의 남북당국 사이의 합의로는 2000. 12. 16 체결된 '남북사이의 상사분쟁 해결절차에 관한 합의서'(2003. 8. 20. 발효)와 2003. 10. 12. 체결된 '남북상사중재위원회 구성·운영에 관한 합의서'(2005. 8. 5. 발효)가 있다.

'남북상사중재위원회 구성·운영에 관한 합의서'에 따라 2006년 남북상사중재원의 발족을 시도하였으나 진전이 없다가, 지난 2013. 9. 개성공업지구 남북 공동위원회 2차 회의에서 개성공업지구와 관련한 상사분쟁을 해결하기 위하여 개성공업지구 상사중재위원회를 구성하기로 하는 내용의 '개성공업지구에서의 남북상사중재위원회 구성·운영에 관한 합의서 이행을 위한 부속합의서'를 채택하였다. 부속합의서에 따르면 상사중재위원회는 남과 북에서 각기 정한 위원장 1명과 위

---

31) 법무부, 북남경제협력법 분석, 70쪽.
32) 개성공업지구법 제8조 법에 근거하지 않고는 남측 및 해외동포, 외국인을 구속, 체포하거나 몸, 살림집을 수색하지 않는다. 신변안전 및 형사사건과 관련하여 북남 사이의 합의 또는 공화국과 다른 나라 사이에 맺은 조약이 있을 경우에는 그에 따른다.

원 4명으로 구성되고, 쌍방 위원장은 위원회를 공동으로 대표하기로 하였다.

이에 따라 남측은 2013. 12. 위원장(당시 법무부 통일법무과장)을 포함한 중재위원회 위원 5명을 선정하여 북측에 명단을 전달하였고, 북측도 같은 해 12월 말 경 위원장(중앙특구개발지도총국 처장)을 포함한 중재위원회 위원 5명의 명단을 통보해 옴에 따라, 개성공업지구 상사중재위원회가 구성되었다.[33] 이후 2014. 3. 13. 개성공업지구지원센터에서 개성공업지구 상사중재위원회 제1차 회의가 개최되었지만 합의가 이루어지지 않았고 이후 더 이상의 진척은 없는 상황으로 보인다.

한편, '남북사이의 상사분쟁 해결절차에 관한 합의서'에 따르면, 중재판정부는 당사자들이 합의한 법령에 따라 중재판정을 하되, 당사자가 합의한 법령이 없을 경우에는 남 또는 북의 관련법령, 국제법의 일반원칙, 국제무역거래관습에 따라 중재판정을 한다(동 합의서 제12조). 이에 대해서는 당사자간 적용법령의 합의가 없을 때 어떠한 법령을 적용하여 분쟁을 해결할 것인지 모호한 문제가 있다는 지적이 있다. 따라서 개성공업지구에서 사업을 영위하는 입주기업들의 입장에서는 계약 또는 합의 시 개성공업지구 지원에 관한 법률 및 하위 규정, 개성공업지구법 및 하위규정, 남북 사이의 합의서 등을 준거법으로 합의하는 것이 바람직하다.[34]

'남북사이의 상사분쟁 해결절차에 관한 합의서'에 따라 당사자는 중재판정에 따라 의무를 이행하여야 한다. 만일 당사자가 중재판정에 따라 의무를 이행하지 아니하거나 불성실하게 이행할 경우 상대방 당사자는 관할 지역의 재판기관에 그 집행을 신청할 수 있다. 남과 북은 특별한 사정이 없는 한 중재판정을 구속력이 있는 것으로 승인하고, 해당 지역 재판기관의 확정판결과 동일하게 집행하여야 한다(동 합의서 제16조). 이에 따라 북한 관계자는 중재판정에 따라 남한 법원에 집행을 신청할 수 있고 이때 남한 법원은 집행결정으로 이를 허가하여야 한다(중재법 제37조 제2항). 마찬가지로 남한 관계자는 중재판정에 따라 직접 또는 중재위원회를 통하여 재판기관이나 해당기관에 중재판정의 집행을 신청할 수 있고, 그 경우 재판기관은 판정, 결정으로 재결(중재판정)을 집행하여야 한다(북한 대외경제중재법 제62조).

---

33) 통일부 보도자료, 정책소식.
34) 법무법인 태평양, 개성공업지구 법규 및 제도해설, 322쪽.

3. 개성공업지구 관련 법

가. 총론

2002년 북한에서 개성공업지구법을 제정하고, 2008년 현대아산과 북한의 조선아시아태평양평화위원회 및 민족경제협력연합회 사이에 공업지구 건설운영에 관한 합의서가 체결됨으로써 시작된 개성공업지구는 2014. 12. 기준 5만 4천여 명의 북한 근로자가 누계 생산액 26억 달러를 돌파한 성공적인 경제특구 모델로 평가되었다.

그러나 북핵 문제로 인해 2013. 5. 개성공업지구의 가동이 일시 중단되고 약 6개월 후 재가동되었지만, 박근혜 정부에서 2016. 2. 10. 북한의 4차 핵실험과 장거리 미사일 발사에 대응해 전면 가동 중단을 선언한 후 현재까지 개성공업지구는 전면 폐쇄된 상황이다. 한편, 최근 남북관계 개선의 움직임에 따라 개성공업지구의 재가동이 가능해졌고, 개성공업지구에 입주했다가 철수한 기업의 96%가 개성공업지구에 재입주할 의사가 있다고 밝혔을 뿐만 아니라 곧 방북을 신청할 예정이라고 알려져, 개성공업지구의 재가동에 대한 기대가 한층 커지고 있다.[35]

나. 관련 법제

개성공업지구와 관련해서는, 한국에서 제정한 개성공업지원법과 남북교류협력법, 남북협력기금법, 동법 시행령, 동법 시행규칙과 북한이 제정한 개성공업지구법과 하위규정, 남북지도기관이 작성한 일부 시행세칙과 관리기관이 작성한 사업준칙이 모두 적용되고, 개성공업지구와 관련한 직접적인 남북한 합의서뿐만 아니라 4대 경제협력합의서 기타 합의서들 역시 적용된다.

---

35) 2018. 4. 29. 남한경제 '개성공단 기업 96% "재입주 희망"… 이르면 5월 중 訪北승인 신청키로'.

개성공업지구의 법체계

북측 제정	남북간 합의서	남측 제정
개성공업지구법	개성공단 관련 합의서 경협 4개 합의서 등	개성공업지구지원법 남북교류협력법 남북협력기금법
개성공업지구 규정	개성 공업지구 법체계	시행령
시행세칙(지도관리) 사업준칙(관리기관)		시행규칙

출처: 개성공업지구지원재단, 개성공업지구관리위원회 홈페이지

다. 북한 법제

(1) 개성공업지구법

(가) 총론

최고인민회의 상임위원회 정령으로 채택된 개성공업지구법(2002. 11. 20. 채택, 2003. 4. 24. 수정보충)은 경제특구인 개성공업지구의 기본법이자 북남경제협력법의 특별법적인 성격을 갖는다. 개성공업지구에 입주한 기업의 경제활동에 대해서는 북한 일반법률의 적용이 배제되고, 경제특구법으로서 개성공업지구법이 우선적으로 적용된다. 개성공업지구와 관련하여 남북 사이에 맺은 합의서의 내용은 개성공업지구법과 같은 효력을 가지며(개성공업지구법 부칙 제2조), 법령 해석권은 최고인민회의상임위원회가 가진다(개성공업지구법 부칙 제3조).

(나) 기본원칙

개성공업지구는 북한법에 따라 관리·운영되는 국제적인 공업, 무역, 상업, 금융, 관광지역이다. 개성공업지구법은 공업지구의 개발과 관리운영에서 제도와 질서를 엄격히 세워 민족경제를 발전시키는 데 이바지하는 것을 목적으로 한다(개성공업지구법 제1조). 공업지구 개발은 개발업자가 지구의 토지를 임대 받아 부지정리와 하부구조 건설을 하고 투자를 유치하는 방법으로 한다(개성공업지구법 제2조). 공업지구에는 남측 및 해외동포, 다른 나라의 법인, 개인, 경제조직들이 투자할 수 있으며, 노동자의 채용, 토지이용, 세금납부 등 특혜적 경제활동의 조건이 보장된다(개성공업지구법 제3조). 공업지구에서는 사회의 안전과 민족경제의 건전한 발전, 주민들의 건강과 환경보호를 저해하거나 경제기술적으로 낙후된 부문의 투자와 영업활동은 할 수 없지만, 하부구조 건설부문, 경공업부문, 첨단과학기술 부문의 투자는 특별히 장려되고 있다(개성공업지구법 제4조).

공업지구의 사업에 대한 통일적인 지도는 중앙공업지구지도기관이 담당한다(개성공업지구법 제5조). 공업지구에서는 투자가의 권리와 이익을 보호하며 투자재산에 대한 상속권을 보장하고 이를 국유화 하지 않는 것이 원칙이다. 다만 부득이하게 이를 국유화하는 경우에는 투자가와 사전에 협의하여 그 가치를 보상한다(개성공업지구법 제7조). 법에 근거하지 않고는 남측 및 해외동포, 외국인의 구속, 체포, 수색이 금지되며, 신변안전 및 형사사건과 관련한 남북간 합의 또는 조약을 준수한다(개성공업지구법 제8조). 또한 개성공업지구법에 규정되지 않은 사항에 대해서는 중앙공업지구지도기관과 공업지구관리기관이 협의하여 처리한다(개성공업지구법 제9조).[36]

(다) 개성공업지구의 개발

공업지구의 개발은 정해진 개발업자가 하며, 중앙공업지구지도기관이 개발업자를 선정한다(개성공업지구법 제10조). 중앙공업지구지도기관은 토지임대차계약을 맺은 개발업자에게 해당기관이 발급한 토지이용증을 교부한다(개성공업지구법 제11조).[37] 개성공업지구에서의 토지임대기간은 토지이용증을 발급한 날로부터 50년으로 하며, 갱신이 가능하다(개성공업지구법 제12조).[38] 개발업자는 하부구조 대상

---

36) 개성공업지구는 북한의 영토이기는 하나, 남한기업 등과 외국기업을 위한 특별한 공간이므로 기존 사회주의 체제에 적용되던 북한법이 그대로 적용되어서는 안 되고 남측 기업과 외국기업의 투자가 가능하도록 법제가 유지되어야 하는데, 위 규정은 그 취지를 명시하고 있는 것이다. 법무법인 태평양, 개성공업지구 법규 및 제도해설, 5쪽.

37) 해당기관이란 북한의 국가건설감독성 또는 건설건재공업성을 의미하는 것으로 보인다.

38) 북한으로부터 임대받은 토지를 양도할 수 있고, 양수받은 기업도 재차 다른 기업에게 양도할 수 있음을 전제로 한 것으로 보인다. 법무법인 태평양, 개성공업지구 법규 및 제도해설, 59쪽.

건설이 종료되면 공업지구개발총계획에 따라 기업을 배치하여야 하고, 이 경우 공업지구의 토지이용권과 건물을 기업에게 양도하거나 재임대할 수 있다(개성공업지구법 제18조).

(라) 개성공업지구의 관리

개성공업지구는 중앙공업지구지도기관의 지도 하에 공업지구관리기관이 관리한다(개성공업지구법 제21조). 공업지구관리기관은 개발업자가 추천하는 구성원들로 구성되나 공업지구관리기관의 요구에 따라 중앙공업지구지도기관이 파견하는 구성원들도 공업지구관리기관의 구성원이 될 수 있다(개성공업지구법 제24조). 공업지구관리기관의 책임자는 이사장이며, 이사장은 공업지구관리기관의 사업전반을 조직하고 지도한다(개성공업지구법 제26조).

남측 지역에서 공업지구로의 출입은 공업지구관리기관이 발급한 출입증명서를 가지고 지정된 통로로 사증 없이 할 수 있다(개성공업지구법 제28조). 공업지구에서 물자의 반출·반입은 신고제로 한다(개성공업지구법 제32조). 공업지구에 들여오거나 공업지구에서 남측 또는 다른 나라로 내보내는 물자와 북한의 기관, 기업소, 단체에 위탁 가공하는 물자에 대해서는 관세를 부과하지 않지만, 다른 나라에서 들여온 물자를 그대로 북한의 다른 지역에서 판매할 경우에는 관세를 부과할 수 있다(개성공업지구법 제33조).

(마) 개성공업지구의 기업창설 및 운영

투자가가 공업지구에 기업을 창설할 경우 공업지구관리기관에 기업창설 신청서를 제출해야 하며, 공업지구관리기관은 신청서를 접수한 날로부터 10일 안에 승인여부를 신청자에게 통지하여야 한다(개성공업지구법 제35조). 기업창설 승인을 받은 투자가는 출자를 하고 공업지구관리기관에 기업등록을 한 후 20일 안에 해당기관에 세관등록 및 세무등록을 하여야 한다(개성공업지구법 제36조).

개성공업지구의 기업창설 절차

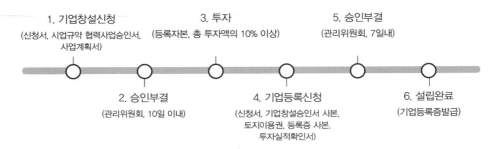

1. 기업창설신청
(신청서, 사업규약 협력사업승인서, 사업계획서)

2. 승인부결
(관리위원회, 10일 이내)

3. 투자
(등록자본, 총 투자액의 10% 이상)

4. 기업등록신청
(신청서, 기업창설승인서 사본, 토지이용권, 등록증 사본, 투자실적확인서)

5. 승인부결
(관리위원회, 7일내)

6. 설립완료
(기업등록증발급)

출처: 통일부 홈페이지

기업은 원칙적으로 북한 노동자를 채용하여야 하며, 관리인원과 특수한 직종의 기술자 등은 공업지구관리기관에 통지한 후 남측 또는 다른 나라의 노동자로 채용할 수 있다(개성공업지구법 제37조). 기업이 승인 받은 업종을 변경할 경우에는 공업지구관리기관의 승인을 받아야 한다(개성공업지구법 제38조). 기업은 공업지구 밖 북한 영역에서 필요한 물자를 구입하거나 생산한 제품을 판매할 수 있고, 필요에 따라 북한의 기관, 기업소, 단체에 원료 등의 가공을 위탁할 수 있다(개성공업지구법 제39조).

공업지구에서 유통화폐는 전환성 외화[39]로 하며, 신용카드의 사용도 가능하다(개성공업지구법 제41조). 기업은 원칙적으로 공업지구에 설립한 은행에 계좌를 개설하여야 한다(개성공업지구법 제42조). 공업지구에서의 기업소득세율은 결산이윤의 14%이고 하부구조 건설부문과 경공업부문, 첨단과학기술부문은 10%이다(개성공업지구법 제43조). 공업지구에서는 외화를 자유롭게 반출·반입할 수 있고, 경영활동에서 얻은 이윤과 그 밖의 소득은 남측지역 또는 다른 나라로 세금 없이 송금하거나 반출할 수 있다(개성공업지구법 제44조). 개성공업지구는 북한 일반지역의 외국투자기업에 비하여 환율적용(국제금융시장 환율적용, 다른 지역의 외국투자기업의 경우 북한 무역은행이 결정), 반출·반입 및 송금(제한없음) 등에 있어서 우대조치를 마련한 것으로 평가된다.[40]

---

39) '전환성 외화'는 다른 나라의 화폐와 교환할 수 있는 법적 담보가 있는 외국 화폐를 뜻한다.
40) 유승호, 북한 외화관리제도 변경의 특징과 한계, 수은 북한경제, 2004 여름호, 97쪽.

(바) 분쟁해결

개성공업지구에서 공업지구의 개발과 관리운영, 기업활동과 관련하여 의견이 다를 때는 당사자들 사이의 협의의 방법으로 분쟁을 해결하며, 협의의 방법으로 해결할 수 없을 경우에는 남북 사이에 합의한 상사분쟁 해결절차 또는 중재, 재판절차로 해결한다(개성공업지구법 제46조). 개성공업지구 내에서 발생한 남한 기업들 간의 분쟁에 있어서는 한국 법원에 관할권이 있다. 이는 소송의 목적물이 개성공업지구 내에 있는 건물 등인 경우에도 마찬가지이다(대법원 2016. 8. 30 선고 2015다255265 판결).

(2) 개성공업지구법의 하위규정

개성공업지구법의 하위규정으로 2003. 4. 24. 최고인민회의 상임위원회 결정 제102호로 개성공업지구 개발규정이 제정된 이래 2006년까지 모두 16개의 하위규정이 아래와 같이 제정되어 기본법인 개성공업지구법을 구체화하고 있는 것으로 알려져 있다.

개성공업지구 하위규정(왼쪽 위부터 채택 시기 순)		
개성공업지구 개발규정 개성공업지구 기업창설·운영규정 개성공업지구 세금규정 개성공업지구 로동규정 개성공업지구관리기관 설립운영규정 개성공업지구 출입, 체류, 거주규정	개성공업지구 세관규정 개성공업지구 외화관리규정 개성공업지구 광고규정 개성공업지구 부동산규정 개성공업지구 보험규정 개성공업지구 회계규정	개성공업지구 기업재정규정 개성공업지구 회계검증규정 개성공업지구 자동차관리규정 개성공업지구 환경보호규정

위 규정 중 주요 내용을 살펴보면 아래와 같다.

(가) 개성공업지구 개발규정

공업지구의 개발업자가 중앙공업지구지도기관의 승인을 통한 공업지구개발총계획에 따라 개발한다(동 규정 제6조). 하부구조건설 역시 개발업자가 하되, 개발업자는 필요에 따라 전력, 통신, 용수보장시설 같은 하부구조대상을 다른 투자가와 공동으로 건설하거나 양도, 위탁하여 건설할 수도 있다(동 규정 제10조). 개발업자는 하부구조 대상 건설이 종료되면 공업지구개발총계획에 따라 기업을 배치하여야 한다. 이 경우 공업지구의 토지이용권과 건물을 기업에 양도하거나 재임대할 수 있다(개성공업지구법 제18조). 이처럼 개성공업지구 개발규정은 개발업자에게 비용을 포함한 개성공업지구 개발의 권한과 책임을 부여하고, 일정한 사업권을 부여하고 있다.

(나) 개성공업지구 기업창설·운영규정

공업지구에서 투자가는 단독 또는 다른 투자가와 공동으로 투자하여 여러 가지 형식의 기업을 창설할 수 있다(동 규정 제4조). 공업지구내 기업은 경영활동에 필요한 관리성원과 종업원, 고정된 영업장소 등을 두어야 하고, 등록자본은 총 투자액의 10% 이상이어야 한다(동 규정 제6조). 기업창설을 위해서는 관리기관에 기업창설신청서를 제출해야 하는데, 신청서에는 등록자본, 업종의 규모, 투자기간, 연간 수입액과 이윤액, 관리기구, 종업원의 수 등이 포함되어야 하고, 첨부서류로 기업의 규약, 자본신용확인서, 경제기술타산서[41] 등이 제출되어야 한다(동 규정 제8조). 기업은 규약에서 정한 것에 따라 주식, 채권 등을 발행할 수 있으며 주식, 채권 등을 양도하거나 유통시킬 수도 있다(동 규정 제17조).

이에 따르면 개성공업지구에서는 북한체제상 예외적으로 허용되는 개인(공동투자 포함)의 기업 창설은 물론 주식회사 창설도 가능하고 실무상으로도 대부분 주식회사의 형태로 운영되고 있다고 한다. 북한은 종래 외국인투자법령상 합영, 합작기업, 외국인의 주식 발행을 허용하지 아니하였고, 합영, 합작기업의 경우 출자지분을 양도하려면 상대방의 동의 및 중앙무역지도기관의 승인을 받아야 했다. 공업지구의 기업은 그러한 제한 없이 주식을 양도하거나 유통시킬 수 있다는 점에서 종래 외국인투자법령과 차이가 있다. 개성공업지구내 투자는 화폐재산이나 현물재산, 재산권 등이 가능하고, 이 경우 투자재산과 재산권의 가치 평가는 해당 시기의 국제시장가격에 기초한다(동 규정 제11조).

---

41) 경제기술타산서는 외국인투자관련 서식 중 feasibility study에 관한 보고서(사업계획 및 타당성 보고서)를 의미한다. 법무법인 태평양, 개성공업지구 법규 및 제도해설, 84쪽.

(다) 개성공업지구 세금규정

개성공업지구에서 세금의 계산과 납부는 US$로 한다(동 규정 제11조). 세금의 납부는 세금납부신고서를 공업지구세무소에 제출하고 확인을 받은 다음 중앙공업지구 지도기관이 지정한 은행에 한다. 이 경우 은행은 세금납부자에게 세금납부확인서를 발급하고 공업지구 세무소에는 세금납부통지서를 발송한다(동 규정 제12조).

(라) 개성공업지구 세관규정

공업지구에서는 사회의 안전과 민족경제의 발전, 주민들의 건강과 환경보호에 지장을 줄 수 있는 물품을 반출·반입할 수 없다(동 규정 제6조). 동 규정에 따른 반출·반입 금지 품목은 아래 표와 같다. 실제로 개성공업지구에 출입할 때에는 검문소를 통과하여야 하는데, 이때 오해의 소지가 있는 출판인쇄물을 소지하고 있지는 않은지 미리 확인할 필요가 있다.

반입금지 물품

- 무기, 총탄, 폭발물(공업지구공사용으로 허가된 폭약, 뇌관, 남포심지, 도폭선 같은 것은 제외), 군수용품, 흉기
- 배율이 10배 이상 되는 쌍안경, 망원경, 160mm 이상의 고정된 렌즈가 달린 사진기
- 무전기와 그 부속품
- 독약, 극약, 마약 및 방사성물질, 유독성 화학물질
- 사회질서와 민족의 미풍양속에 나쁜 영향을 줄 수 있는 출판 인쇄물(사본한 것 포함) 또는 그 원고, 필름, 사진, 녹음녹화 테이프, 소리판, 자기원판, 미술작품, 수공예품, 조각품
- 전염병이 발생한 지역에서 들여오는 정해진 물품
- 반입을 금지하기로 합의한 물품

반출금지 물품

- 무기, 총탄, 폭발물, 군수용품, 흉기
- 무전기와 그 부속품
- 독약, 극약, 마약 및 방사성 물질, 유독성 화학물질

- 역사유물
- 기밀에 속하는 문건, 출판인쇄물(사본 포함)과 그 원고, 필름, 사진, 녹음녹화테이프, 소리판, 자기원판
- 반출을 금지하기로 합의한 물품

(마) 개성공업지구 로동규정

기업에 필요한 노동자는 북한의 노동자로 채용한다. 필요에 따라 기업은 남측 및 해외동포, 외국인 노동자를 채용할 수도 있다(동 규정 제3조). 공업지구의 기업에 필요한 노동자를 보장하는 사업은 노동자알선기업이 한다. 기업은 필요한 노동자를 노동자알선기업에 신청하여야 한다(동 규정 제8조). 남한 또는 외국의 노동자를 채용할 때는 지도기관과 협의할 수 있다.

공업지구에서 기업의 종업원 노동시간은 주 48시간으로 한다(동 규정 제20조). 기업의 종업원 임금은 월 50US$로 하고, 종업원 월 최저임금은 전년도 종업원 월 최저임금의 5%를 초과하여 인상할 수 없다(동 규정 제25조). 기업은 정기 및 보충휴가를 받은 종업원에게 휴가일수에 따르는 휴가비를 지불하여야 한다. 산전산후휴가를 받은 여성종업원에게는 60일에 해당하는 휴가비를 지불하여야 한다(동 규정 제27조).

만일 종업원이 직업병이나 질병 또는 부상으로 치료를 받았으나 자기 직종 또는 다른 직종에서 일할 수 없을 경우, 기업의 경영 또는 기술조건의 변동으로 잉여인원이 발생한 경우, 기술과 기능의 부족으로 자기 직종에서 일할 수 없을 경우, 기업의 재산에 막대한 손실을 주었거나 노동생활질서를 어겨 엄중한 결과를 일으킨 경우에는 채용기간이 끝나기 전에 종업원을 해고할 수 있다(동 규정 제14조).

개성공업지구의 경우에는 직업동맹조직과 합의가 없더라도 해고가 가능하지만 외국인투자기업의 경우에는 해고의 일정한 요건이 있어도 노동자알선기관이나 직업동맹과 합의가 있어야 해고가 가능하다는 점에서 차이가 있다. 참고로 외국인기업법 시행규정 제65조는 "외국인기업의 종업원들은 직업동맹조직을 내올 수 있다"고 규정하고 있지만 로동규정에는 이러한 규정이 없다. 이러한 이유로 공업지구에서는 직업동맹조직이 인정되지 않는다고 해석된다.[42]

---

42) 법무법인 태평양, 개성공업지구 법규 및 제도해설, 173쪽.

(바) 개성공업지구 광고규정

공업지구에서 기업, 개인, 경제조직은 광고를 자유롭게 할 수 있다. 필요에 따라 광고업도 할 수 있다(동 규정 제3조). 다만 북남관계발전을 저해하는 광고, 퇴폐적인 광고, 허위적인 광고, 생산·판매·제공이 금지된 상품 또는 서비스에 대한 광고, 다른 기업·상품·서비스를 부당하게 비교하거나 비방하는 광고는 할 수 없다(동 규정 제9조).

(3) 개성공업지구법의 하위규정에 기초한 시행세칙

북한은 개성공업지구법의 하위규정에 기초한 18건의 시행세칙을 일방적으로 발표하였다. 특히 북한은 채용과 해고, 노동시간 등을 정한 시행세칙을 일방적으로 제정하고 이를 위반하는 경우 200배의 벌금을 부과하는 등 시행세칙 제정과 운영에 있어서 합리적이지 않은 부분이 많아 남측과 번번이 갈등을 빚어왔다.[43] 이에 한국 정부는 관련 시행세칙 제정 시 남과 북의 합의를 통해 제정하여야 한다는 입장으로, 현재 북한이 제정한 18건의 시행세칙 중 2008. 7. 31. 중앙특구개발지도총국 지시 제4호로 승인된 자동차규정 시행세칙만을 인정하고 있다.

(4) 사업준칙

공업지구관리기관은 공업지구관리기관의 사업준칙을 작성한다(개성공업지구법 제25조 제9호). 이에 따라 공업지구관리기관은 공단의 관리·운영에 필요한 사업준칙을 독자적으로 제정할 수 있다.

현재 마련되어 있는 사업준칙으로는 기업창설 및 부동산 준칙, 건축 관련 준칙, 안전관리 관련 준칙, 환경, 보건 및 위생 관련 준칙, 외화관리, 광고 및 자동차 관련 준칙, 일반관리 관련 준칙, 기업회계·감정평가·회계검증 관련 준칙이 있다.

---

43) 연합뉴스 2017. 8. 31. "통일부, 개성공단 대비 '시행세칙' 개선 연구용역".

구분	개성공업지구 사업준칙	
기업창설 부동산	• 기업창설 · 운영준칙 • 부동산집행준칙 • 토지계획 및 이용에 관한 준칙 • 기업책임자회의 조직 · 운영에 관한 준칙 • 건축물의 분양에 관한 준칙	• 부동산등록준칙 • 지적준칙 • 하부구조시설관리준칙 • 관리위원회 집행기구 구성 및 운영 세 부지침 • 신탁준칙
건축	• 건축준칙 • 건축물의 구조에 관한 세부지침 • 건축물의 피난 및 방화구조 등에 관한 세부지침	• 건축에 관한 세부지침 • 건축물의 설비에 관한 세부지침 • 설계도서작성에 관한 세부지침 • 건설사업자 선정지침
안전관리	• 가스안전관리준칙 • 노동안전준칙 • 승강기안전관리준칙	• 소방준칙 • 전기안전관리준칙

보건
위생
환경
	• 대기환경관리준칙
	• 수질환경관리준칙
	• 폐기물관리준칙
	• 소음 · 진동관리준칙
	• 식품위생 및 전염병 예방준칙
	• 공원 · 녹지관리준칙
		• 폐수종말처리시설 비용부담 세부지침
		• 수도시설의 청소 및 위생관리 등에 관
		  한 세부지침
		• 오염물질 배출시설에 관한 실태점검
		  세부지침

외화관리 광고 자동차	• 외화관리준칙 • 야외광고물기준 세부지침 • 자동차등록번호 부여와 번호판부착 및 봉인에 관한 세부지침	• 광고준칙 • 자동차등록준칙 • 주차장관리준칙 • 출퇴근버스 운영에 관한 준칙
일반관리	• 수수료징수 등에 관한 준칙 • 공과금 징수에 관한 준칙 • 행정절차 운영준칙 • 준칙 제 · 개정 절차 및 공포에 관한 준칙	• 주요물자관리준칙 • 통계자료 등에 관한 준칙 • 석유판매업준칙 • 행정대집행준칙 • 출입증발급준칙
기업회계 회계검증	• 기업회계기준 • 회계검증준칙	• 감정평가기준 • 회계검증기준

라. 한국 법제

(1) 개성공업지구 지원에 관한 법률

(가) 총칙

개성공업지구 지원에 관한 법률(이하 '개성공단지원법'[44])에 따라 개성공업지구에 대한 지원, 왕래와 교역에 관해서는 개성공단지원법을 우선하여 적용한다(개성공단지원법 제5조). 개성공단지원법은 주로 한국 정부의 자금지원 등과 출입·체류자 보호, 조세·왕래 및 교역에 등에 관한 특례 등과 관리기관 등에 대한 내용을 주로 규정하고 있다.

(나) 자금지원 등

개성공단지원법은 남한정부가 개성공업지구의 원활한 조성과 운영 등을 위하여 비용부담, 시설지원 및 자금지원 등에 관한 필요한 조치를 할 수 있도록 규정하고 있다(개성공단지원법 제6조). 이에 따라 정부는 개성공업지구 현지기업에 중소기업 진흥, 산업안전, 환경보전, 에너지이용 합리화 등을 위한 자금, 시설, 기술 등의 지원을 할 수 있다(개성공단지원법 제7조 내지 제12조). 한편, 개성공업지구에 현지기업을 설립한 외국인투자기업도 남북협력기금을 지원받을 수 있고, 남한기업 등이 설립한 개성공업지구 현지기업과 동일하게 행정적·재정적 지원을 받을 수 있다.

또한 남북 당국의 조치에 의하여 통행이 상당기간 차단되거나 개성공단 사업이 상당기간 중단되는 경우, 개성공업지구 투자기업의 경영정상화를 지원하기 위하여 남북협력기금 지원, 중소기업창업 및 진흥기금 사용 등 필요한 조치를 할 수 있도록 규정하고 있다(개성공단지원법 제12조의2 내지 제12조의4).

위 규정은 남북관계의 경색으로 인해 개성공업지구의 운영이 침체되고 북한의 일방적인 폐쇄조치로 인해 장기간 가동이 중단되어 입주기업들의 피해가 막대하였던 상황에서 남북협력기금 지원, 중소기업창업 및 진흥기금 사용 등에 따른 재정적 지원을 우선적으로 실시하기 위한 목적으로 도입되었다.

---

44) 개성공업지구법의 공식적인 약칭은 '개성공업지구법'이나 북한의 개성공업지구법과 구분하기 위하여 '개성공단지원법'으로 약칭한다.

(다) 출입·체류자 보호

개성공업지구 현지기업에 고용된 남한 근로자에게도 건강보험, 국민연금, 고용보험, 산재보험 등 4대 보험이 적용되고(개성공단지원법 제13조), 개성공업지구에 설립한 의료시설에 대해서도 요양급여 및 의료급여가 실시된다(개성공단지원법 제14조). 또한 개성공업지구 현지기업과 남한 근로자 역시 근로기준법 등 근로보호의 기본 법률이 적용된다(개성공단지원법 제15조). 나아가 개성공업지구에 체류하는 우리 국민의 안전에 직접적이고 심대한 영향을 미칠 수 있는 정보를 확인한 때에는 통일부장관으로 하여금 개성공업지구 현지기업과 남한 근로자에게 신속하게 통지하도록 하는 등 개성공업지구 내 남한주민의 신변안전 보장을 위한 제도 마련 등 필요한 노력을 하도록 하였다(개성공단지원법 제15조의3).

(라) 조세·왕래 및 교역 등에 관한 특례

개성공업지구에 투자한 남한주민에게 조세특례제한법에 따라 조세를 감면할 수 있다(개성공단지원법 제16조). 그러나 조세특례제한법에는 개성공업지구에 대한 세금 감면조항은 아직까지 마련되어 있지 않은 것으로 보인다. 다만 북한의 개성공업지구법 세금규정에 따르면, 기업소득세의 경우 결산이윤[45]의 14%(일부 업종 10%)의 낮은 세금을 부과하고, 일정 부문에 투자하여 장기간 운영하거나 이윤을 재투자하는 경우 50~70%의 세금 감면 조치를 취하고 있다(세금규정 제19조,[46] 제29조[47]). 또한 '남북사이의 소득에 대한 이중과세방지 합의서'에 의하면 북한에서

---

45) 개성공업지구법 세금규정 제20조(결산리윤의 확정방법) 결산리윤은 기업의 총 수입금에서 그와 관련하여 지출한 비용과 거래세 또는 영업세를 덜고 확정한다. 결산리윤의 확정에 필요한 수입항목, 비용지출항목, 계산시점과 가치평가방법은 개성공업지구회계규정에 따른다.

46) 개성공업지구법 세금규정 제19조(기업소득세의 세률) 공업지구에서 기업소득세의 세률은 결산리윤의 14%로 한다. 그러나 하부구조건설부문과 경공업부문, 첨단과학기술부문의 기업소득세의 세률은 결산리윤의 10%로 한다.

47) 개성공업지구법 세금규정 제29조(기업소득세의 면제, 감면) 기업소득세를 면제하거나 덜어주는 경우는 다음과 같다.
   1. 장려부문과 생산부문에 투자하여 15년 이상 운영하는 기업에 대하여서는 리윤이 나는 해부터 5년간 면제하고 그 다음 3년간 50%를 덜어준다.
   2. 봉사부문에 투자하여 10년 이상 운영하는 기업에 대하여서는 리윤이 나는 해부터 2년간 면제하고 그 다음 1년간 50%를 덜어준다.
   3. 리윤을 재투자하여 3년 이상 운영하는 기업에 대하여서는 재투자분에 해당한 기업소득세의 70%를 다음 연도에 바쳐야 할 세금에서 덜어준다.

세금을 납부 및 면제받았을 경우에는 남한에서 세금도 납부 및 면제받은 것으로 인정된다(남북사이의 소득에 대한 이중과세방지 합의서 제22조[48]).

[개성공업지구의 세금]
개성공업지구의 세금은 기업소득세, 개인소득세, 재산세, 상속세, 거래세, 영업세, 지방세 등으로 분류

구분	납세의무자	과세기준	세율	감면제도
기업소득세	개성공업지구에서 소득을 얻은 기업	결산이윤	14% (일반업종) 10% (경공업, 하부구조, 첨단과학 등 장려부분)	• 장려·생산부문 투자: 15년 이상 운영하는 기업은 이윤발생년도부터 5년 면제, 이후 3년은 50% 감면 • 서비스부분 투자: 10년 이상 운영하는 기업은 이윤발생년도부터 2년, 이후 1년은 50% 감면 • 이윤 재투자: 3년 이상 운영 시 재투자분에 해당한 기업소득세의 70%를 다음년도 세금에서 감면
개인소득세	개성공업지구에 184일 이상 체류하며 소득을 얻은 개인	월 보수액에서 30%를 공제한 금액이 500USD 이상일 경우	4%~20%	• 남북 당국 협정에 의한 소득 면제 • 북측의 금융기관으로부터 받은 저축성 예금이자와 보험금 또는 소득 면제 • 공업지구에 설립된 은행에 비거주자들 예금의 이자소득 면제
재산세	매년 1월 1일 현재 개성 공업지구 내 영구 건물 소유자	건물 용도별 취득 시 현지가격	0.1%~1%	• 신규 건물소유자는 등록한 날로부터 5년간 면제

---

48) 남북사이의 소득에 대한 이중과세방지 합의서 제22조(이중과세방지방법)
   1. 일방은 자기 지역의 거주자가 상대방에서 얻은 소득에 대하여 세금을 납부하였거나 납부하여야 할 경우 일방에서는 그 소득에 대한 세금을 면제한다. 그러나 이자, 배당금, 사용료에 대하여는 상대방에서 납부하였거나 납부하여야 할 세액만큼 일방의 세액에서 공제할 수 있다.
   2. 일방은 자기 지역의 거주자가 상대방에서 얻은 소득에 대한 세금을 법이나 기타 조치에 따라 감면 또는 면제받았을 경우세금을 전부 납부한 것으로 인정한다.

상속세	개성공업지구 내 재산을 상속받은 자	세금규정에서 정한 지출을 공제한 금액의 상속 재산액	6%~25%	–
거래세	생산부분의 기업	생산물 종류별 판매 수익금	1%~2% (단 술, 담배, 기타기호품 등 15%)	• 생산제품을 남측 혹은 다른 나라에 수출할 경우 면제
영업세	서비스부문의 기업	건설, 금융 등 부문별 서비스 수입금과 건설물인도 수입금	1%~2% (단 오락부분은 7%)	• 하부구조 부문 기업 면제(전기, 가스, 용수, 도로, 상하수도 등 기반시설)
지방세	도시경영세	개인 및 기업	월노임총액 또는 월수입총액	0.5%	–
	자동차이용세	매년 1월 1일 현재 개성 공업지구 내 자동차를 소유한 기업 또는 개인	자동차 종류	3~60USD	• 60일 이상 자동차를 사용하지 않는 자는 미사용 기간 면제

출처: 개성공업지구 투자안내, 개성공업지구관리위원회(2007. 1.), 10면

한편, 개성공업지구 사업의 특수성을 감안하여, 민족내부거래의 취지에 맞게 왕래 및 교역절차 간소화 특례를 정할 수 있다(개성공단지원법 제17조).

(마) 개성공업지구 관리기관 등

개성공업지구 관리기관은 개성공업지구의 관리·운영을 위하여 필요한 범위 내에서 법인으로서의 능력이 있다. 정부는 필요한 경우 개성공업지구 관리기관에 자금, 인력, 물품 등의 지원을 할 수 있고, 개성공업지구 관리기관은 남한에 사무소를 둘 수 있다(개성공단지원법 제18조). 또한 정부는 개성공업지구의 개발 및 운영을 지원하기 위하여 개성공업지구지원재단을 설립한다(개성공단지원법 제19조).

(2) 남북교류협력에 관한 법률

남북교류협력법은 남북간 경제협력에 관한 일반적인 사항을 규율하는 법으로, 개성공업지구 사업에도 적용된다. 남북교류협력법은 교역, 남북한 왕래절차, 물품

반출·반입의 승인, 협력사업의 승인 등에 대해 규정하고 있다. 남북한의 투자, 물품의 반출·반입 기타 경제에 관한 협력사업 및 거래에 대해서는 외국환거래법, 관세법 등 약 18개의 법률을 준용하도록 하고 있다(남북교류협력법 제26조 제3항).[49] 나아가 남북교류협력법에 근거하여 남북한간 수송장비 운행 승인신청 및 승인기준에 관한 고시, 대북투자 등에 관한 외국환 거래지침, 남북교역물품 통관관리에 관한 고시 등 다양한 하위 법규가 제정되어 남북간 투자 및 통관에 관한 구체적 사항을 규율하고 있다.

한편, 남북교류협력법에 따른 남북 간의 상호교류와 협력을 지원하기 위하여 남북협력기금을 설치하고 남북협력기금의 운용과 관리에 필요한 사항을 정한 남북협력기금법이 제정되었다. 남북협력기금법은 남북 간에 이루어지는 교역 및 경제 분야 협력사업을 촉진하기 위하여 소요되는 자금을 정부 및 정부 외의 자의 출연금 등으로 조성하고(남북협력기금법 제4조), 이를 남북한 주민의 남북 간 왕래에 필요한 비용의 전부 또는 일부로 지원할 수 있도록 규정하고 있다(남북협력기금법 제8조 제1호).

(3) 남북간 경제협력합의서 및 개성공단 관련 합의서

아래와 같이 남북경제협력을 위한 4개 합의서 외에도 개성공업지구 사업 및 남북 경협의 원활한 진행을 위하여 통신, 검역, 도로운행, 열차운행 등 여러 분야에 걸쳐 남북간 합의서가 채택·발효되어 있다.

---

49) 준용되는 법률은 남북교류협력법에 따른 '외국환거래법', '외국인투자 촉진법', '한국수출입은행법', '무역보험법', '대외경제협력기금법', '법인세법', '소득세법', '조세특례제한법', '수출용 원재료에 대한 관세 등 환급에 관한 특례법'(남북교류협력법 제26조 제3항)과 남북교류협력법 시행령에 따른 '관세법'(다만, 물품등의 반입·반출에 따른 관세의 부과·징수·감면 및 환급 등에 관한 규정은 준용하지 아니한다), '국세기본법', '국세징수법', '부가가치세법', '개별소비세법', '주세법', '교육세법', '식물방역법', '가축전염병예방법'(남북교류협력법 시행령 제41조 제3항)이다.

구분	남북간 합의서
남북경협 합의서 (4개)	• 남북사이의 투자보장에 관한 합의서 • 남북사이의 소득에 대한 이중과세 방지 합의서 • 남북사이의 상사분쟁해결절차에 관한 합의서 • 남북사이의 청산결제에 관한 합의서
개성공업지구 관련 합의서 (8개)	• 개성공업지구 통신에 관한 합의서 • 개성공업지구 통관에 관한 합의서 • 개성공업지구 검역에 관한 합의서 • 개성공업지구와 금강산관광지구의 출입 및 체류에 관한 합의서 • 개성공단의 정상화를 위한 합의서 • 개성공단 남북공동위원회 구성 및 운영에 관한 합의서 • 개성공단 남북공동위원회 사무처 구성 및 운영에 관한 합의서 • 개성공단에서의 "남북상사중재위원회 구성·운영에 관한 합의서" 이행을 위한 부속합의서
기타 관련 합의서 (5개)	• 남북사이에 거래되는 물품의 원산지 확인절차에 관한 합의서 • 남북상사중재위원회 구성·운영에 관한 합의서 • 남북사이 차량의 도로운행에 관한 기본합의서 • 남북사이의 열차운행에 관한 기본합의서 • 동·서해지구 남북관리구역 임시도로 통행의 군사적 보장을 위한 잠정합의서

(4) 관련기관

개성공업지구의 관리와 지원은 개성공업지구관리위원회, 개성공업지구지원재단을 중심으로 이루어지고 있다.[50]

개성공업지구관리위원회는 개성공업지구 내의 기업 운영과 생산 활동을 지원하는 최상위 기관으로, 개성공업지구 내 물자의 반출·반입 업무 등 남측 기업의 모든 행정적인 업무를 지원하고 있다. 개성공업지구관리위원회는 남북합작으로 만들어졌으며, 관리위원회 내에는 남측 직원과 북측 직원이 공존하고 있다. 개성공업지구지원재단은 관리위원회에 대한 지원, 지도감독 및 민원업무를 수행하기 위해 남한정부가 설립한 재단이다. 형식적으로 개성공업지구관리위원회는 남북공

---

50) 개성공업지구지원재단, 개성공업지구관리위원회 홈페이지(https://www.kidmac.or.kr/kor).

동위원회이기는 하지만 대부분 남측의 인사로 구성되어 있고, 위원장 역시 개성공업지구지원재단의 이사장이 겸임하고 있다.

그 밖에도 개성공업지구의 개발 및 개성공업지구 현지기업의 안정적인 사업을 지원하기 위하여 통일부 소속의 남북협력지구발전기획단, 개성공업지구사업에 대한 총체적 지도를 담당하는 북측기관인 중앙특구개발지도총국,[51] 개발업자인 남한토지주택공사 및 현대아산이 유기적인 업무 협조체제를 구축하여 입주기업의 생산과 영업 활동을 지원한다.

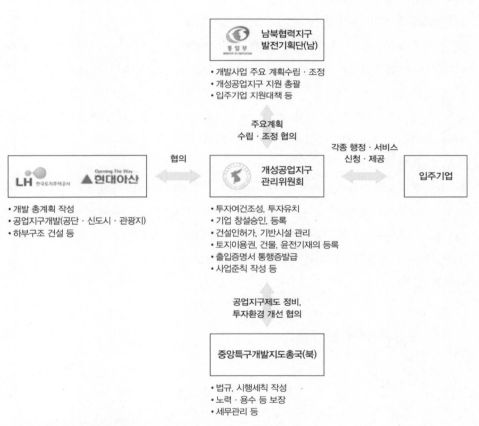

출처: 개성공업지구지원재단, 개성공업지구관리위원회 홈페이지

---

51) 중앙특구개발지도총국은 개성공업지구법 제5조에 따른 '중앙공업지도기관'에 해당하는 것으로 추정된다.

4. 금강산국제관광특구 관련 법

가. 총론

1998년 금강산 관광선 '금강호'의 출항으로 금강산관광사업이 시작되었다. 사업이 중단된 2008년 7월까지 금강산 누적 관광객 수는 196만 명, 연간 40만 관광객 유치를 눈앞에 두고 있었고,[52] 2008년까지 약 10년간 현대 측이 북한에 지급해야 할 관광대가는 9억 4,200만 달러로 알려졌다.[53] 그러나 2008. 7. 11. 박왕자 씨 피격사건 이후 금강산관광은 전면 중단되었다.

북한은 2002. 11. 13. 최고인민회의 상임위원회 정령으로 금강산관광지구법을 채택하여 사업주체 간 합의로 추진해 오던 금강산 관광사업을 법제화하였다. 그런데 위와 같이 금강산관광이 전면 중단되고 그 재개 또한 어려워지자 다른 방식으로 금강산관광을 재개하고자 2011. 5. 31. 금강산국제관광특구법을 제정하였다. 이에 따라 금강산관광지구법과 이에 근거하여 제정된 하위 10개 규정은 폐지된 것으로 추정된다.[54]

금강산국제관광특구법은 금강산특구를 특별관광지구로 지정하고, 과거 현대아산에게 부여하였던 금강산관광구에 대한 독점사업권을 폐지하며, 운영주체를 개발업자 주도에서 북한 당국으로 운영주체를 변경하고 그에 따른 투자유치 방식도 변경하는 것을 주된 내용으로 하고 있다. 또한 남북관계 금강산관광지구법의 남북관계 관련 대부분의 규정들도 수정되었다.

나. 금강산국제관광특구법

(1) 기본원칙

최고인민회의 상임위원회 정령으로 채택된 금강산국제관광특구법(2011. 5. 31.

---

52) 현대경제연구원, "현안과 과제－금강산관광, 남북관계 개선의 시발점"(2012. 11. 14.), 1쪽.
53) 신정화, "북한의 개혁 개방정책의 변화: 관광산업을 중심으로," 북한연구학회보 14권 2호, 150쪽.
54) 배종렬, "금강산국제관광특구법제의 특성과 그 시사점(수은북한경제 2013년 여름호)", 10쪽.

채택)은 금강산국제관광특구(이하 '국제관광특구')의 기본법이자 북남경제협력법의 특별법의 성격을 가진다. 국제관광특구에는 강원도 고성군 고성읍, 온정리 일부 지역과 삼일포, 해금강지역, 금강군 내금강지역, 통천군 일부 지역이 포함된다(금강산국제관광특구법 제2조). 국제관광특구에는 다른 나라 법인, 개인, 경제조직이 투자할 수 있고, 남측 및 해외동포, 북한의 해당기관, 단체도 투자할 수 있으며, 투자가들에게 특혜적인 경제활동조건을 보장한다(금강산국제관광특구법 제4조). 그 밖에 투자가가 투자한 자본과 합법적으로 얻은 소득, 그에게 부여된 권리를 법적으로 보호한다(금강산국제관광특구법 제5조).

특히 과거 현대아산에게 부여하였던 금강산관광구에 대한 독점사업권을 폐지하고, 국제관광특구의 관리는 중앙금강산국제관광특구지도기관(이하 '국제관광특구지도기관')의 지도하에 금강산국제관광특구관리위원회(이하 '국제관광특구관리위원회')가 담당한다고 규정하고 있다(금강산국제관광특구법 제6조).

(2) 국제관광특구의 관리

국제관광특구지도기관은 국제관광특구의 개발과 관리·운영을 통일적으로 지도하는 중앙지도기관이다(금강산국제관광특구법 제9조). 국제관광특구관리위원회는 국제관광특구를 관리하는 현지 집행기관이며, 그 책임자는 위원장이다(금강산국제관광특구법 제11조).

국제관광특구의 운영주체가 개발업자에서 북한 당국으로 변경되면서 투자유치 방식도 변경되었다. 즉, 과거 금강산관광지구법에서는 '중앙관광지도기관 → 관광지구관리기관(개발업자) → 일반투자자'로 구축되었던 외국자본유치 체제가 '국제관광특구지도기관 → 국제관광특구관리위원회(현지집행기관) → 일반투자자'로 변경됨에 따라 일반투자자는 개발업자가 아닌 북한 당국과 협상해야 하는 체제가 되었다.[55]

국제관광특구에서는 무사증제[56]를 실시하고, 북한 영역 밖에서 국제관광특구

---

55) 배종렬, "금강산국제관광특구법제의 특성과 그 시사점(수은북한경제 2013년 여름호)", 9쪽.
56) '무사증제'는 출입국 허락의 표로 여권에 찍어 주는 보증이 없이 그 나라에 드나들 수 있는 것을 뜻한다.

로 출입하는 인원과 수송수단은 여권 또는 이를 대신하는 출입증명서를 지참하여 지정된 통로로 사증 없이 출입할 수 있다(금강산국제관광특구법 제14조).

(3) 관광 및 관광봉사

국제관광특구에서의 관광은 외국인이 하며, 북한주민과 남측 및 해외동포도 관광을 할 수 있다(금강산국제관광특구법 제18조).

(4) 기업창설 및 등록, 운영

투자가는 국제관광특구 개발을 위한 하부구조건설부문과 여행업, 숙박업, 식당업, 카지노업, 골프장업, 오락 및 편의시설업과 같은 관광업에 단독 또는 공동으로 투자하여 다양한 형식의 기업을 창설할 수 있다(금강산국제관광특구법 제24조). 국제관광특구에서 기업을 창설, 운영하려는 투자가는 국제관광특구관리위원회의 기업창설승인을 받아야 하며, 승인을 받은 투자가는 정해진 기간 안에 기업등록과 세무등록, 세관등록을 하여야 한다(금강산국제관광특구법 제26조). 한편, 국제관광특구 개발과 관리운영을 위한 비행장, 철도, 도로, 항만, 발전소 같은 하부구조건설승인은 국제관광특구지도기관이 한다(금강산국제관광특구법 제27조).

(5) 경제활동조건의 보장

국제관광특구에서 기업은 북한의 노동자와 다른 나라 또는 남측 및 해외동포의 노동자를 채용할 수 있다(금강산국제관광특구법 제33조). 국제관광특구에서의 유통화폐는 전환성 외화로 하며, 전환성 외화의 종류와 기준화폐는 국제관광특구지도기관이 해당기관과 합의하여 정한다(금강산국제관광특구법 제34조).

국제관광특구에서는 외화를 자유롭게 반출·반입할 수 있으며, 합법적으로 얻은 이윤과 소득금을 송금할 수 있다. 투자가는 다른 나라에서 국제관광특구에 반입한 재산과 국제관광특구에서 합법적으로 취득한 재산을 경영기간 종료 후 북한 영역 밖으로 반출할 수 있다(금강산국제관광특구법 제35조). 또한 국제관광특구에서는 정해진 금지품을 제외하고 경영활동과 관련한 물자를 자유롭게 반출·반입할 수 있다(금강산국제관광특구법 제37조). 한편, 지정된 비행장을 통하여 국제관광특구로 출입할 경우에는 비행장통과세를 부과하지 않는다(금강산국제관광특구법 제39조).

국제관광특구에서 기업과 개인은 해당 법규에 정해진 세금을 납입해야 한다. 다만, 비행장, 철도, 도로, 항만, 발전소건설 같은 특별장려부문기업에는 세금을 감면한다(금강산국제관광특구법 제36조). 국제관광특구에는 특혜관세제도를 실시하며, 국제관광특구의 개발과 기업경영에 필요한 물자, 투자가에게 필요한 정해진 규모의 사무용품, 생활용품에는 관세를 적용하지 않는다. 다만, 관세면제 대상 물자를 국제관광특구 밖에서 판매하거나 제한된 물자를 국제관광특구 안에 반입하는 경우에는 관세를 부과한다(금강산국제관광특구법 제38조).

(6) 제재 및 분쟁해결

금강산국제관광특구법을 위반한 자는 정상에 따라 원상복구, 손해배상, 벌금의 책임을 질 수 있고, 북한의 안전을 침해하거나 사회질서를 심히 위반한 경우에는 해당 법률에 따라 행정적 또는 형사적 책임이 부과될 수 있다(금강산국제관광특구법 제40조). 국제관광특구의 개발과 관리운영, 기업의 경영활동과 관련하여 발생한 분쟁은 당사자들 사이의 협의로 해결하고, 협의로 해결할 수 없는 경우에는 당사자들이 합의한 중재절차를 통해 해결하거나 북한의 재판절차로 해결한다(금강산국제관광특구법 제41조).

다. 금강산국제관광특구법의 하위규정

금강산국제관광특구법의 하위규정으로는 기업창설 운영규정, 세관규정, 출입·체류·거주규정, 보험규정, 환경보호규정, 관광규정, 세금규정, 부동산규정, 검역규정, 공인규정이 채택되어 있다. 기업창설 운영규정, 세관규정, 출입·체류·거주규정, 보험규정, 부동산규정은 과거 금강산관광지구법 시행규정을 개정하는 방식으로, 환경보호규정, 관광규정, 세금규정, 검역규정, 공인규정은 신설하는 방식으로 채택된 것으로 보인다. 과거 금강산관광지구법 시행규정 중 개발규정, 관리기관설립운영규정, 외화관리규정, 광고규정, 노동규정의 존폐에 대해서는 아직 확인되지 않고 있다. 북한은 2011. 11. 5. 금강산국제관광특구 기업 창설 운영규정 시행세칙을 반포하여 관광부문과 기반시설 건설에 대한 투자를 장려하고 있다.

5. 남북교류협력에 관한 법률

가. 총론

남북교류협력법은 남북관계에 관한 기본법인 남북관계발전기본법, 남북협력기금의 근거법인 남북협력기금법과 함께 남북교류협력 법체계의 기본을 이루고 있다. 그 밖에 남북교류협력과 관련한 법률로는 개성공업지구지원에 관한 법률, 남북이산가족생사 확인 및 교류촉진에 관한 법률, 남북 주민 사이의 가족관계와 상속 등에 관한 특례법 등이 있다. 남한기업 등이 북한에 투자를 하기 위해서는 남북교류협력 절차를 규율 하는 기본법인 남북교류협력법을 준수하여야 한다.

남북교류협력법은 남북교류협력 분야에 있어서의 남북한 방문, 남북한 주민 접촉, 물자의 반출·반입, 협력사업의 승인 등 절차와 수송장비 운행, 통신역무 제공 보조금 지급 등 지원 등에 관한 전반적인 내용을 규율하고 있다.

남북교류협력법은 군사분계선 이남지역과 그 이북지역 간의 상호 교류와 협력을 촉진하기 위하여 필요한 사항을 규정함으로써 한반도의 평화와 통일에 이바지하는 것을 목적으로 하고(남북교류협력법 제1조), 남한과 북한 사이의 왕래·접촉·교역·협력사업 및 통신 역무의 제공 등 상호 교류와 협력을 목적으로 하는 행위에 관하여는 남북교류협력법이 국가보안법, 여권법, 대외무역법 등의 관련 법률보다 우선 적용된다(남북교류협력법 제3조).[57]

나. 남북한 방문

남한주민이 북한을 방문하거나 북한주민이 남한을 방문하려면 통일부장관의 방문승인을 받아야 하며, 통일부장관이 발급한 방문증명서를 소지하여야 한다(남북교류협력법 제9조). 북한을 방문하려는 남한주민은 방문 7일 전까지 북한방문승인 신청서를 작성하여 통일부장관에게 제출하여야 한다(남북교류협력법 시행령 제12조 제

---

57) 대법원은 남한과 북한을 왕래하는 행위가 남북교류협력법 제3조에 해당되어 국가보안법의 적용이 배제되기 위하여는 왕래행위가 남북교류와 협력을 목적으로 하는 것이어야 한다고 판시하였다(대법원 1997. 9. 9 선고 97도1656 판결 등).

1항). 신청서는 남북교류협력시스템(https://www.tongtong.go.kr/)을 통해서 전자제출할 수 있다.[58] 반대로 남한을 방문하려는 북한주민 역시 방문 7일 전까지 남한방문승인 신청서를 작성하여 통일부장관(남북교류협력시스템 등)에게 제출하여야 한다(남북교류협력법 시행령 제12조 제2항).

통일부장관이 방문을 승인하는 경우에는 북한 또한 남한에 머무를 수 있는 기간인 방문기간을 1년 이내의 범위에서 부여하며, 조건을 부가할 수 있다(남북교류협력법 시행령 제12조 제5항, 제6항).

다. 남북한 주민 접촉

남한주민이 북한주민과 회합·통신, 그 밖의 방법으로 접촉하려면 통일부장관(남북교류협력시스템 등)에게 미리 신고하여야 하고, 부득이한 사유에 해당하는 경우에는 접촉한 후에 신고할 수 있다(남북교류협력법 제9조의2).

접촉에 대해서 통일부는 '남한과 북한의 주민이 남북교류협력 또는 이와 직·간접적으로 관련 있는 정보나 메시지를 보내고 받는 과정이며, 이때 의사교환의 방법, 수단, 장소 등을 불문하고 남북한 주민상호간에 어떤 형태로든 특정내용의 의사가 교환되었다면 접촉으로 간주하고. 북한 주민을 직접 대면하여 의사를 교환하는 것은 물론, 중개인(제3자)을 통하거나 전화, 우편, FAX, e—mail 등의 통신수단을 이용한 의사교환도 포함된다'고 명시하여 그 범위를 상당히 넓게 보고 있다.[59][60] 다만, 남한주민이 외국의 북한식당에서 북한종업원에게 음식을 주문하는 것까지 접촉으로 보는 것은 무리가 있다는 지적이 많아, 실무상으로도 이와 같은 정도는 접촉으로 보지 않고, 현재 '접촉'을 남한의 주민이 북한의 주민과 회합·통

---

58) 위 시스템은 남북교류협력법 제25조의3 규정(통일부장관은 남북교류·협력을 증진시키고 관련 정책을 수립하기 위하여 남한과 북한을 이동하는 인원, 물품 등, 수송장비 등의 통계유지와 정보의 수집·분석을 위한 전자적 관리체제를 개발·운영하여야 한다)에 따라 개발·운영되고 있다.

59) http://www.unikorea.go.kr/unikorea/business/cooperation/status/process/ 참조.

60) 대법원도 "회합 당일까지 회합의 성사를 완전히 확신하기 어려웠고 회합 직전까지 회합의 상대방이 구체적으로 누구인지는 몰랐다는 사실만으로는 사전승인이 면제되지 않는다"고 판시하였다(대법원 2003. 12. 26 선고 2001도6484 판결).

신, 그 밖의 방법으로 연락하고 의사를 교환하는 것으로 정의하는 규정을 신설하는 남북교류협력에 관한 법률 개정안이 제안되어 있다.[61]

북한주민과 접촉하려는 남한주민은 접촉 7일 전까지 북한주민 접촉신고서를 작성하여 통일부장관(남북교류협력시스템 등)에게 제출하여야 한다(남북교류협력법 시행령 제16조 제1항). 북한주민과의 접촉을 사전에 신고할 수 없는 일정한 경우에는 북한주민과 접촉한 후 7일 이내에 북한주민사후접촉신고서를 작성하여 통일부장관(남북교류협력시스템 등)에게 제출하여야 한다(남북교류협력법 시행령 제16조 제3항).

라. 반출·반입의 승인

반출·반입이란 매매, 교환, 임대차, 사용대차, 증여, 사용 등을 목적으로 하는 남한과 북한 간의 물품 등의 이동(단순히 제3국을 거치는 물품 등의 이동을 포함)을 말한다(남북교류협력법 제2조 제3호). 물품 등을 반출하거나 반입하려는 자는 그 물품 등의 품목, 거래형태 및 대금결제 방법 등에 관하여 통일부장관의 승인을 받아야 하며, 승인을 받은 사항 중 주요내용을 변경할 때에도 통일부장관의 승인이 요구된다(남북교류협력법 제13조 제1항). 통일부장관은 반출이나 반입을 승인하는 경우 남북교류·협력의 원활한 추진을 위하여 반출·반입의 목적 등 조건을 붙이거나, 승인의 유효기간을 정할 수 있다(남북교류협력법 제13조 제3항). 통일부장관은 반출이나 반입을 승인할 때에는 물품 등의 품목, 거래형태 및 대금결제 방법 등에 관하여 일정한 범위를 정하여 포괄적으로 승인할 수 있다(남북교류협력법 제13조 제4항).

위와 같이 남북간 교역물품은 반출·반입 승인고시에 의하여 '승인을 요하는 반출·반입'과 '포괄적으로 승인한 반출·반입'으로 나눌 수 있다. 다만 반출·반입 승인대상 품목 및 승인절차에 관한 고시에 따르면, 대외무역관리규정 제19조에 따라 세관장이 타당하다고 인정하는 범위 내의 여행자 휴대품·별송품 및 북한에서 근무하는 남한주민이나 외국인의 일상생활에 필요한 물품 등, 남북당국 합의 및 그 위임에 의한 남북회담·행사·사무소 운영 등을 지원·진행하기 위해 필요

---

61) 다만 개정안에서도 '접촉'의 범위를 상당히 포괄적으로 규정하고 있어서, 북한식당에서 음식을 주문하는 경우 등의 문제를 입법적으로 해결한 것인지는 의문스럽다.

한 물품 등, 남북교류협력의 원활한 추진을 위하여 통일부장관이 남북교류협력추진협의회의 의결을 거쳐 별도 공고하는 품목, 거래형태, 대금결제 방법 등의 경우에는 포괄적 승인이 가능하다. 따라서 개성공업지구에 물품을 반출하는 경우 반출하는 물품이 개별승인 대상인지 포괄승인 대상인지 미리 확인할 필요가 있다.

물품 등을 반출·반입하려는 자는 반출·반입 7일 전까지 반출·반입 승인 신청서를 작성하여 통일부장관(남북교류협력시스템 등)에게 제출하여야 하고, 마찬가지로 승인을 받은 사항 중 주요내용을 변경하려는 자는 반출·반입 변경승인 신청서를 작성하여 통일부장관(남북교류협력시스템 등)에게 제출하여야 한다(남북교류협력법 시행령 제25조 제1항).

북한산 물품을 반입할 경우 민족내부거래로서 무관세 대상이나(남북교류협력법 제26조 제2항 단서), '남북 사이에 거래되는 물품의 원산지 확인 절차에 관한 합의서'에 따라 북한의 민족경제협력연합회에서 발급한 원산지증명서를 통관 전에 세관장에게 제출하여 확인을 받아야 한다(동 합의서 제2조 제1호). 동 합의서에 따르면, 당해 물품의 전부가 북한에서 생산·가공·제조된 경우, 당해 물품이 2개국 이상에 걸쳐 생산·가공·제조된 때에는 그 물품의 본질적 특성을 부여하기에 충분한 정도의 실질적인 생산·가공 또는 제조과정이 최종적으로 북한에서 수행된 경우에는 북한을 원산지로 인정하나(동 합의서 제4조 제1호), 제3국에서 생산되어 북한을 단순 경유한 물품의 경우에는 북한을 원산지로 인정하지 않는다(동 합의서 제4조 제2호).[62][63] 개성공업지구에 물품을 반출하는 경우에도 마찬가지로 무관세 대상이다. 공업지구에 물품을 반출하는 사람은 세관(출장소 포함)과 대한상공회의소(지방상공회의소 포함)로부터 원산지증명서를 발급받는다(동 합의서 제2조 제1호).

동 합의서에 따르면 남북한 쌍방은, 개인 앞으로 송부된 소량의 탁송품·별송

---

62) 대법원은 "중국에서 제작한 미완성의 면타올을 북한으로 보내어 그 곳에서 테두리 봉제작업을 하여 완성품으로 제조한 경우, 그 완성 면타올이 종전 미완성의 면타올과 비교하여 최소한의 가공이 아닌, 세 번의 변경을 가져오는 실질적인 변형이 일어난 것으로 보아 그 원산지를 북한으로 볼 수 있다"고 판시한 바 있다(대법원 2002. 7. 26 선고 2001도4245 판결).

63) 대법원은 "남한에 반입되는 물품의 원산지가 북한이어서 관세법의 과세규정 등이 준용되지 아니한다는 점에 대한 증명책임은 납세의무자에게 있고 이러한 점은 증명책임의 소재가 물품에 관하여 원산지증명서가 발급된 경우에도 마찬가지이다. 다만 원산지증명서에 대하여는 높은 증명력이 인정될 여지가 있을 뿐이다"라고 판시하였다(대법원 2013. 10. 31 선고 2012두18080 판결).

품 또는 여행자휴대품으로 500€를 초과하지 아니하는 물품, 100€를 초과하지 않는 정상교역 물품, 우편물, 재반출 될 예정으로 일시 반입되는 물품, 기타 남북간 교역 촉진을 위하여 물품의 종류, 성질, 그 상표, 제조자명 등에 의하여 원산지가 남 또는 북으로 인정되는 물품 중 쌍방이 합의한 것은 원산지증명서 제출을 면제할 수 있고(동 합의서 제7조), 원산지증명서 제출이 면제된 품목을 반입·반출하는 경우 원산지증명서 발급은 필요하지 않다.

마. 협력사업의 승인

협력사업이란 남한과 북한의 주민(법인·단체를 포함한다)이 공동으로 하는 문화, 관광, 보건의료, 체육, 학술, 경제 등에 관한 모든 활동을 말한다(남북교류협력법 제2조 제4호). 협력사업은 경제협력사업, 사회문화협력사업, 인도적 대북지원을 위한 협력사업으로 나뉜다.

협력사업을 하려는 자는 협력사업마다 일정한 요건을 모두 갖추어 통일부장관의 승인을 받아야 하며,[64] 승인을 받은 협력사업의 내용을 변경할 때에도 마찬가지이다(남북교류협력법 제17조 제1항). 따라서 남한주민이 외국기업과 합작하여 제3국 법인을 설립한 후 그 제3국 법인이 북한과 공동으로 사업을 하는 경우, 남한주민이 투자한 외국 기업이 북한과 공동으로 사업을 하는 경우는 원칙적으로 승인대상이 아니지만, 남한주민이 외국기업을 주도적으로 설립하여 그 경영권 및 의사결정권을 장악하는 등 실질적 측면에서 남한주민이 북한주민과 공동으로 사업을 하는 것으로 평가될 수 있는 경우에는 승인을 받아야 한다.[65]

협력사업의 승인을 받거나 변경하려는 자는 협력사업 승인신청서를 작성하여 이를 통일부장관(남북교류협력 시스템 등)에게 제출하여야 하나, 협력사업의 성격을 고려하여 통일부장관이 인정하는 경우에는 구비서류 중 일부를 제출하지 않을 수

---

64) '개성공업지구 지원에 관한 법률'에 따른 개성공업지구 또는 남북한 간 합의에 따라 경제개발을 한 특별구역 등으로 지정된 지역 중 통일부장관이 고시하는 지역에서 하는 사업, 협력사업을 하기 위하여 북한에 투자하는 총 금액(신고한 협력사업의 누적 투자금액)이 미화 50만 달러 이하인 사업은 신고만으로 족하다(남북교류협력법 제17조의2, 시행령 제29조).
65) 통일부 '남북교류협력에 관한 법률 해설집', 62, 63쪽.

있다(남북교류협력법 시행령 제27조 제1항). 통일부장관이 협력사업의 승인을 하는 경우 남북교류·협력의 원활한 추진을 위하여 대통령령으로 정하는 바에 따라 사업범위 등 조건을 붙이거나, 그 승인의 유효기간을 정할 수 있고(남북교류협력법 제17조 제3항), 거짓이나 그 밖의 부정한 방법으로 협력사업의 승인을 받은 경우 등은 협력사업의 정지를 명하거나 그 승인을 취소할 수 있다(남북교류협력법 제17조 제4항).

바. 결제업무 취급기관

통일부장관은 남북교류·협력에 필요하다고 인정할 때에는 기획재정부장관과 협의하여 결제업무를 취급할 수 있는 기관을 지정할 수 있고(남북교류협력법 제19조), 현재 ⅰ) 한국은행, ⅱ) 한국수출입은행, ⅲ) 외국환거래법 제8조에 따라 외국환업무의 등록을 한 자, ⅳ) 외국환거래법 제9조에 따라 외국환중개업무의 인가를 받은 자 중에서 대금결제업무 취급기관을 지정할 수 있다(남북교류협력법 시행령 제31조). 이와 관련하여 남북은 '남북 사이의 청산결제에 관한 합의서'를 채택한 바 있다.[66]

2000. 12. 16. 체결된 '남북 사이의 투자보장에 관한 합의서' 제5조는, 남과 북은 상대방 투자자의 투자와 관련되는 초기 투자자금과 투자기업의 유지, 확대에 필요한 추가자금, 이윤, 이자, 배당금을 비롯한 투자의 결과로 생긴 소득 등을 남북 안 밖으로 자유롭고 지체 없이 이전되는 것을 보장한다고 규정함으로써 국외송금을 허용하고 있다. 송금시의 환율은 투자가 이루어진 일방의 외환시장에서 당일에 적용되는 시세에 따르고, 투자가 이루어진 지역에 있는 일방의 당국이 정한 절차에 따른다고 되어 있다. 하지만 북한 정부가 공식적으로 인정하는 환율이 지나치게 낮기 때문에 사전에 계약을 통해 적용될 환율기준을 명시하는 등 이에 대한 대비가 필요하다.

사. 수송장비의 운행

남한과 북한 간에 선박·항공기·철도차량 또는 자동차 등(이하 '수송장비')을 운행

---

66) 이에 대해서는 북남경제협력법 '결제은행, 결제방식' 부분을 참조.

하려는 자는 통일부장관의 승인을 받아야 한다(남북교류협력법 제20조 제1항). 남한과 북한간에 수송장비를 운행하려는 자는 운행 7일 전까지 수송장비운행승인 신청서를 작성하여 통일부장관(남북교류협력시스템 등)에게 제출하여야 하며, 수송장비 운행 계획서, 관련 법령에 따라 발급받은 수송장비 운행 관련 면허증, 허가증 또는 등록증 등의 사본, 수송장비의 승무원 명부 등을 구비서류로 제출하여야 한다. 수송장비운행승인을 받은 사항 중 이를 변경하려는 자는 수송장비운행변경승인신청서를 작성하여 통일부장관(남북교류협력시스템 등)에게 제출하여야 한다(남북교류협력법 시행령 제33조).

아. 통신역무의 제공

남북교류협력을 촉진하기 위해서는 국가보안법 제9조 제2항[67] 등에도 불구하고 우편 및 전기통신 역무를 제공할 수 있다(남북교류협력법 제22조 제1항). 이에 따라 제공할 수 있는 통신역무는 우편법에 따른 기본 우편업무와 부가 우편업무, 전기통신사업법에 따른 기간통신 역무와 부가통신역무이다(남북교류협력법 시행령 제35조 제2항).

자. 보조금 지급 등 지원

남북간 방문·협력사업·반출·반입 등을 시행하는 자로서 남북교류협력을 증진시키기 위해 필요하다고 인정되는 자는 정부로부터 보조금 지급 등 지원을 받을 수 있다(남북교류협력법 제24조).

차. 관련 법률 준용

(1) 일반법률의 준용

남한과 북한 간의 거래는 국가 간의 거래가 아닌 민족내부의 거래로 본다(남북

---

67) 국가보안법 제9조(편의제공) ② 이 법 제3조 내지 제8조의 죄를 범하거나 범하려는 자라는 정을 알면서 금품 기타 재산상의 이익을 제공하거나 잠복·회합·통신·연락을 위한 장소를 제공하거나 기타의 방법으로 편의를 제공한 자는 10년 이하의 징역에 처한다.

교류협력법 제12조). 다만, 남북간 투자, 물품 등의 반출·반입, 경제협력사업과 그에 수반되는 거래에 해서는 대외무역법, 외국환거래법, 법인세법, 소득세법, 부가가치세법, 개별소비세법 등을 준용하도록 하고 있다(남북교류협력법 제26조, 시행령 제41조 제3항). 대외무역법 등 관련 법률은 관계 법률의 목적을 달성하고, 남북교류협력을 촉진하기 위하여 필요한 범위에서 내에서만 준용한다(시행령 제41조 제1항).

(2) 조세관련 법률의 준용

(가) 관세

물품 등을 반출하는 경우 이는 수출용 원재료에 대한 관세 등 환급에 관한 특례법 제2조의 '수출등'으로 보아 관세 등을 환급한다(남북교류협력법 제26조 제3항). 다만, 반출되는 물품 등이 북한에서 제조·가공 등의 공정을 거쳐 남한으로 다시 반입되는 경우에는 환급되지 않는다(남북교류협력법 시행령 제41조 제4항). 한편, 남북을 왕래하는 선박과 항공기는 관세법 제2조의 '외국무역선 및 외국무역기'로 간주하여 관세법상 여행자휴대품 면세, 입출항절차 등을 따르도록 하고 있지만, 선박 또는 항공기에서 판매할 목적으로 외국물품을 적재하는 경우에는 위 규정이 적용되지 않는다(남북교류협력법 시행령 제41조 제5항).

(나) 부가가치세

북한에서 물품 등을 반입하는 경우에는 부가가치세법을 준용하여 물품 등에 대해 부가가치세를 징수한다(남북교류협력법 시행령 제42조 제1항). 한편 북한으로 물품 등이 반출되는 경우에는 수출 품목에 대한 혜택을 동일하게 적용 받을 수 있도록, 부가가치세법, 지방세법, 개별소비세법, 교통·에너지·환경세법 등이 준용된다(남북교류협력법 시행령 제42조 제3항). 따라서 부가가치세법에 따른 영세율, 개별소비세법에 따른 수출품 등 소비세 면제가 그대로 적용된다.

(다) 소득세

남북간 투자·반출반입·협력사업 등으로 발생되는 소득에 대한 조세 부과 등은 법인세법, 소득세법, 조세특례제한법을 준용한다. 이 경우 북한에 물품 등을 반출하는 것은 수출 또는 외화획득사업으로 보고 북한으로부터 물품 등이 반입되는 것은 수입으로 보지 않는다(남북교류협력법 시행령 제44조 제1항).

(라) 휴대품 등에 대한 과세특례

출입장소를 통하여 북한에서 남한으로 들어오는 사람의 휴대품·별송품에 대해서는 일반 반입 물품 등과는 달리 관세·부가가치세·개별소비세·주세 및 교통·에너지·환경세를 부과하지 않고, 북한에서 남한을 방문하는 사람에 대하여는 외국인 관광객에 준하여 부가가치세법 및 개별소비세법의 감면규정을 준용한다(남북교류협력법 시행령 제43조).

참고로 남북한왕래자 휴대품통관에 관한 고시 제9조에 의하면, 주류: 1병(1리터 이하), 담배: 궐련 200개비, 엽궐련 50개비, 그 밖의 담배 250그램, 향수: 60ml에 대해서 면세를 허용하고 있다.

카. 벌칙 및 과태료

남북교류협력법에 따라 통일부장관의 승인을 받아야 하는 방문·반출반입·협력사업·수송장비운행 등에 대하여 승인을 받지 않거나 거짓으로 승인을 받은 경우에는 3년 이하의 징역 또는 3,000만 원 이하의 벌금에 처한다(남북교류협력법 제27조 제1항). 또한 통일부장관의 반출반입·협력사업에 대한 조정명령을 따르지 않은 경우 또는 소액투자 협력사업에 대해 신고를 하지 않거나 거짓으로 신고한 경우에는 1년 이하의 징역 또는 1,000만 원 이하의 벌금에 처한다(남북교류협력법 제27조 제2항). 한편, 벌칙 대상보다 남북교류협력질서에 미칠 부정적 영향이 적은 행위[68])에 대해서는 300만 원 이하의 과태료가 부과된다(남북교류협력법 제28조의2 제1항).

---

68) 재외국민이 신고를 하지 않고 북한을 왕래하거나 거짓이나 그 밖의 부정한 방법으로 신고한 경우, 신고를 하지 않고 북한주민과 접촉하거나 거짓이나 그 밖의 부정한 방법으로 신고한 경우, 북한주민접촉 또는 협력사업 신고 수리 시 부가한 조건을 위반한 경우, 반출·반입 또는 협력사업에 관한 사항을 보고하지 않거나 거짓으로 보고한 경우, 행정조사를 정당한 사유 없이 거부·기피·방해하거나 통일부장관이 명한 시정명령을 따르지 않은 경우가 이에 해당한다.

02

외국기업의 북한투자

제2장
외국기업의 북한투자

1. 서론

북한의 외국인투자와 관련된 주요 법률로는 외국인투자법, 합영법, 합작법, 외국인기업법, 외화관리법, 토지임대법, 외국투자기업 및 외국인세금법, 외국인투자기업파산법, 외국인투자기업로동법, 외국인투자기업재정관리법, 외국투자기업회계법, 외국투자기업등록법, 외국투자은행법 등 외국인투자에 관한 기본적인 법률 및 시행규정이 있고, 그 밖에 경제특구에 적용되는 관련 법률 및 시행규정 등이 있다.

북한에 투자하는 외국기업은 크게 북한에 법인을 설립하였는지 여부에 따라 외국인투자기업과 외국기업으로 구별되며, 외국인투자기업으로는 합영기업, 합작기업, 외국인기업이 있고, 외국기업으로는 외국에 설립된 기업의 연락사무소, 출장소 등이 있다.

만일, 한국기업이 비즈니스적인 이유로 중국에 합작투자회사를 설립한 후 북한에 투자한다면 북남경제협력법이 아닌 외국인투자법 등의 적용을 받을 수 있다. 또한 외국기업의 형태로 북한에 투자할 경우 투자지역 역시 달라질 수 있다. 따라서 한국기업으로서는 다양한 형태의 투자구조를 고려해 볼 수 있으므로 외국기업의 북한투자와 관련된 내용도 관심을 가지고 검토해 볼 필요가 있다.

아래에서는 외국인의 북한 투자와 관련된 기본법인 외국인투자법을 먼저 살펴본 후 합영법, 합작법, 외국인기업법 등 다양한 투자방식에 관한 법률 및 외국

투자기업노동법 등 외국인투자기업의 운영방식 등에 관한 법률에 관한 내용을 차
례로 살펴보도록 하겠다.

2. 외국인투자법

가. 총론

최고인민회의 상임위원회 정령으로 채택된 외국인투자법(1992. 10. 5. 채택, 2011.
11. 29. 수정보충)은 북한에 대한 외국투자가들의 투자를 장려하여 외국투자가들의
합법적 권리와 이익을 보호하는 데 이바지하는 것을 목표로, 외국투자가들의 외
국투자기업의 설립과 운영에 관한 일반원칙을 포괄적으로 규율하는 외국인투자
에 관한 기본법이다(외국인투자법 제1조).

외국인투자법은 북한의 사회주의 헌법 제37조의 "국가는 우리 나라 기관, 기
업소, 단체와 다른 나라 법인 또는 개인들과의 기업 합영과 합작, 특수경제지대에
서의 여러 가지 기업창설운영을 장려한다"는 규정에 그 법적 기초를 둔 외국인
투자 관계의 기본법이자 일반법이다. 그 하위법인 합영법, 합작법, 외국인기업법
은 외국인투자법의 외국투자기업의 설립 및 운영방식 등을 구체화 하고 있으며,
외국인투자기업 및 외국인세금법, 외국투자기업등록법, 외국투자기업회계법, 외
국인투자기업재정관리법, 외국인투자기업로동법, 토지임대법, 경제개발구법 등이
구체적인 영역에서 외국인투자 관계를 규율하고 있다.

나. 외국인투자법의 체계 및 일반개념

외국인투자법은 외국인투자 의의와 유형, 외국인투자 영역, 외국인투자 방법,
외국인투자 권익, 외국인투자 시 고려사항 등에 대하여 개괄적으로 규정하고 있
다. 한편, 외국인투자법에서 정의하고 있는 외국인투자 관련 일반개념은 아래와
같다.

(1) 외국인투자 및 외국투자가

외국인투자란 외국투자가가 경제활동을 목적으로 북한에 재산이나 재산권, 기술 노하우를 들여오는 것을 의미한다(외국인투자법 제2조 제1호). 외국투자가는 북한에 투자하는 외국법인과 외국인으로서(외국인투자법 제2조 제2호), 외국 기관, 외국기업, 외국의 자연인 및 기타 외국의 경제단체를 포함하며, 외국국적 또는 북한국적을 가진 북한의 해외교포도 외국투자가로 인정된다(외국인투자법 제5조).

(2) 외국투자기업

외국투자기업은 투자법인의 설립지, 즉 법인격 소재지를 기준으로 외국인투자기업과 외국기업으로 구분된다(외국인투자법 제2조 제3호).

(가) 외국인투자기업

외국인투자기업이란 북한에서 설립한 법인으로서, 투자 주체 및 운영 주체에 따라 합작기업, 합영기업, 외국인기업으로 구분된다(외국인투자법 제2조 제4호).

합작기업이란 북한측 투자가(이하 '북한투자가')와 외국측 투자가(이하 '외국투자가')가 공동으로 투자하고, 북한이 운영하며, 계약에 따라 수익을 배분하는 투자 유형이다(외국인투자법 제2조 제5호).

합영기업이란 북한투자가와 외국투자가가 공동으로 투자하고, 공동으로 운영하며, 출자지분에 따라 수익을 배분하는 투자 유형이다(외국인투자법 제2조 제6호).

외국인기업은 외국투자가만이 단독으로 투자하고 운영하는 투자 유형으로서(외국인투자법 제2조 제7호), 특정 지역에서만 설립할 수 있다(외국인기업법 제6조).

(나) 외국기업

외국기업은 외국에서 설립된 법인으로서, 북한에 투자할 것으로 목적으로, 북한 투자관리기관에 등록하고 북한에서 경제활동을 하는 외국기업을 말한다(제2조 제8호).

(3) 외국투자은행

북한은 기업뿐만 아니라, 은행에 대해서도 외국인투자를 허용하고 있는데, 외국인투자법에서 외국투자은행은 북한에서 설립된 합영은행, 외국인은행 그리고 외국은행이 북한에 지점을 낸 외국은행지점을 의미한다.

외국투자은행은 합영기업, 합작기업, 외국인기업과 외국인을 대상으로 업무를 하는 금융기관으로서, 북한투자가가 외국투자가와 함께 북한 내에서 합영은행을 설립하는 것과 특수경제개발구에서 합영은행 및 외국인은행을 설립하는 것을 말하며, 합영은행으로는 조선합영은행, 대동신용은행(大同信用銀行), 대성신용개발은행(大城信用開發銀行), 오라뱅크, 조선대중화인민은행(朝鮮大中華人民銀行), 하나은행(哈娜銀行), 제일신용은행(第一信用銀行) 등 수십여 개의 은행이 있고, 외국인은행으로는 중화상업은행, 두만강은행, 대동강은행이 있다.[1]

(4) 특수경제지대

특수경제지대는 북한이 특별히 법으로 정하여 투자, 생산, 무역, 서비스 등과 같은 경제활동에 특혜가 보장되는 지역을 의미한다(외국인투자법 제2조 제10호). 나진·선봉 경제무역지대, 황금평·위화도 경제지대가 이에 속한다. 북한은 특수경제지대 안에 설립된 외국투자기업에 대하여 물자구입 및 반출입, 제품판매, 노동력채용(고용), 세금납부, 토지이용과 같은 여러 분야에서 특혜를 부여하고 있다(외국인투자법 제9조).

다. 외국인투자 분야

(1) 외국인투자 허용분야

외국투자가는 공업, 농업, 건설, 운수, 통신, 과학기술, 관광, 유통, 금융 같은 여러 부문에 다양한 방식으로 투자할 수 있고(외국인투자법 제6조), 특히 첨단기술을 비롯한 현대적 기술과 세계에서 경쟁력이 높은 제품을 생산하는 부문, 사회기반시설건설, 과학연구 및 기술개발부문에 대한 투자를 특별히 장려하고 있으며(외국인투자법 제7조), 장려하는 부문에 투자하여 등록된 외국인투자기업은 소득세 등의 세금감면 혜택과 토지사용과 은행대출 등에 있어 혜택을 받을 수 있다(외국인투자

---

1) 조선대외경제투자협력위원회, 조선민주주의인민공화국 투자지침(2016년 5월) 참조.

법 제8조). 합작법, 합영법, 외국인기업법 및 각 시행규정은 구체적으로 투자 유형별 허용분야를 규정하고 있다.

(2) 외국인투자 금지분야

반면, 북한 체제 안전과 주민들의 건강, 건전한 사회도덕을 해치거나, 자원수출을 목적으로 하거나, 환경보호기준에 맞지 않거나, 기술적으로 뒤떨어지거나, 경제적 효과성이 적은 부문은 투자를 금지하거나 제한하고 있으며(외국인투자법 제11조), 합영법, 합작법 및 외국인기업법 각 개별법령에도 투자 제한, 금지 분야가 규정되어 있다. 이와 같은 외국인투자의 금지분야에 해당하는지 여부는 외국인투자에 관한 승인권을 가지고 있는 투자관리기관, 즉 중앙투자관리기관 또는 특수경제지대관리기관(외국인투자법 제3조)의 승인과정에서 결정될 것으로 보이며, 위 규정자체가 상당히 추상적으로 규정되어 있으므로, 투자관리기관에게 광범위한 재량권이 부여되어 있을 것으로 보여진다.[2]

라. 외국인투자 방법

외국투자가는 북한에서 외국인투자기업과 외국투자은행을 설립, 운영할 수 있으며(외국인투자법 제3조), 외국기업을 등록하고 사업활동을 할 수 있다(외국인투자법 제2조 제8호).

여기서의 외국인투자기업과 외국투자은행은 북한에서 법인격을 부여 받은 북한기업이지만, 외국기업의 지사, 사무소, 대리점 및 외국은행지점은 북한에서 법인격이 인정되지 아니하며(외국인투자법 제14조), 법인격이 부여된 외국인투자기업과 외국투자은행은 북한 또는 외국에 지사, 사무소, 대리점, 자회사를 설립할 수 있고 외국 회사들과 연합 등을 할 수 있다(외국인투자법 제13조).

외국인투자기업과 외국투자은행의 설립, 운영방법에 관하여는 각 개별법령에 구체화되어 있으며, 합영법, 합작법, 외국인기업법 등 각 개별법령에 따르면 아래와 같은 절차 및 내용으로 설립되고 운영된다.

---

2) 대외경제정책연구원. 북한의 외국인투자유치정책과 관련제도 분석 참조.

(1) 기업설립, 등록

북한투자가가 통상 설립절차를 진행하나, 외국투자가만 투자하는 외국인투자기업의 경우에는 외국투자가가 직접 진행하거나 북한 측 대리인에게 위탁하여 진행하게 된다.

이때 국가계획기관 등 주요 기관에 신청 관련 협의서류를 제출하여 기업설립에 대한 동의절차가 선행되고, 동의절차가 완료된 후 중앙투자관리기관 또는 특수경제지대관리기관에게 설립신청을 하게 된다. 설립신청에 대해 승인을 받게 되면 기업등록 절차를 진행하며, 기업등록이 완료되면 세무 및 세관 등록 절차를 받아야 한다. 구체적인 내용은 개별법령인 합영법, 합작법, 외국인기업법, 외국인투자기업등록법 등에 따른다.

(2) 출자

설립신청서에 기재한 내용에 따라 투자가 이루어져야 하며, 이에 대해 투자검증기관의 심사 등이 진행된다.[3] 화폐재산, 현물재산, 공업소유권 같은 재산과 재산권으로 투자할 수 있으며, 투자하는 재산과 재산권의 가치는 국제적인 시가에 기초하여 당사자들의 합의에 따라 평가한다(외국인투자법 제12조).

(3) 영업허가

기업설립신청서에 기재되어 있는 개업예정일 전에 영업허가를 받아야 하며, 영업허가를 받으면, 그 범위 내에서 민사법률관계의 당사자로서 독자적인 경제활동을 할 수 있다.

(4) 토지임대 및 사용

외국투자가, 외국인투자기업 및 외국투자은행에 필요한 토지는 토지임대의 방식으로 진행되며, 토지임대기간은 최고 50년까지이다. 임대 받은 토지는 토지임대기관의 승인 하에서 임대기간 내에 양도하거나 저당권을 설정할 수 있다(외국인투자법 제15조). 구체적인 내용은 토지임대법에 따른다.

---

3) 조선대외경제투자협력위원회, 조선민주주의인민공화국 투자지침(2016년 5월) 참조.

(5) 고용

외국인투자기업과 외국투자은행은 북한 주민을 노동자로 고용하여야 하며, 예외적으로 일부 관리인과 특수 직종 기술자, 기능공은 중앙투자관리기관과 합의한 후 외국인을 고용할 수 있다(외국인투자법 제16조). 구체적인 내용은 외국인투자기업로동법에 따른다.

(6) 세금 납부

외국투자가와 외국인투자기업, 외국기업, 외국투자은행은 기업소득세, 거래세, 재산세와 같은 세금을 납부하여야 하며(외국인투자법 제17조). 외국투자가는 수익의 일부 또는 전부를 북한에 재투자할 수 있고, 이 경우 재투자분에 대하여 이미 납부한 소득세의 일부 또는 전부를 환급받을 수 있다(외국인투자법 제18조). 세금 납부에 관하여는 합영법, 합작법에도 개별 규정이 있으나, 구체적으로는 외국인투자기업 및 외국인세금법에 정해진 바에 따른다.

(7) 경영활동 등

외국인투자법은 외국인투자기업과 외국투자은행의 경영활동조건을 보장하고 있다(외국인투자법 제4조). 구체적인 유형별 경영활동기관 구성 및 운영에 대해서는 합영법, 합작법, 외국인기업법 등 개별 법령에서 정한 바에 따르며, 회계, 재무 등에 관하여는 외국인투자기업회계법, 외국인투자기업 회계검증법, 외국인투자기업재정관리법에 따르고, 파산에 따른 사항에 관하여는 외국인투자기업파산법 등에 따른다.

마. 외국인투자의 권익 보호

외국투자가와 외국투자기업의 권익은 아래와 같이 보호받을 수 있다.

(1) 조약에 따른 보호

북한이 다른 나라와 체결한 조약에 근거하여 외국투자가와 외국투자기업의 권익을 보호받을 수 있다. 북한은 외국투자가의 북한 투자에 대한 신뢰 부여 및 외국투자가의 권익뿐만 아니라 북한 기업의 해외투자 보호를 위하여 세계 각 나라와 투자장려 및 보호에 관한 협정과 이중과세 방지에 관한 협정을 체결하고 있으며, 2014년 기준 북한과 이중과세 방지에 관한 협정을 체결한 국가는 아래와 같다.[4]

1. 라오스	6. 불가리아	11. 베트남
2. 루마니아	7. 벨라루스	12. 인도네시아
3. 러시아	8. 시리아	13. 세르비아
4. 마케도니아	9. 스위스	14. 체코
5. 몽골	10. 이집트	

특히, 중국의 경우 2005년 3월 '중화인민공화국정부와 조선민주주의인민공화국정부의 투자 촉진 및 보호에 관한 협정'을 체결하였고, 이에 따라 북한은 임의로 외국투자기업의 재산을 수용할 수 없고 이를 수용할 경우에는 이에 상응하는 보상을 주어야 한다. 한편, 북한은 특수경제지대에 대한 중국과의 공동개발 및 투자자보호를 위하여 '라선경제무역지대와 황금평·위화도경제지대의 공동개발 및 공동관리에 관한 협정' 등을 체결한 바 있다.

2014년 기준 북한과 투자장려 및 보호에 관한 협정을 체결한 국가는 아래와 같다.[5]

1. 나이지리아	10. 몽골	19. 세르비아
2. 덴마크	11. 방글라데시	20. 베트남
3. 말리	12. 불가리아	21. 이란
4. 라오스	13. 벨라루스	22. 인도네시아

---

4) 조선대외경제투자협력위원회, 조선민주주의인민공화국 투자지침(2016년 5월) 참조.
5) 조선대외경제투자협력위원회, 조선민주주의인민공화국 투자지침(2016년 5월) 참조.

5. 루마니아	14. 시리아	23. 예멘
6. 러시아	15. 스위스	24. 중국
7. 리비아	16. 슬로바키아	25. 체코
8. 말레이시아	17. 싱가포르	26. 캄보디아
9. 마케도니아	18. 이집트	27. 태국

(2) 법령에 따른 보호

북한은 외국투자가의 합법적인 권익을 보호하며, 외국인투자기업과 외국투자
은행의 경영활동조건을 보장하고 있다(외국인투자법 제4조). 특히 외국투자가와 외
국인투자기업, 외국투자은행의 투자재산에 대한 소유권을 인정하는 것을 전제로,
그들의 투자재산을 국유화하거나 수용하지 않을 것을 천명하고 있으며, 사회공공
의 이익을 위하여 부득이하게 수용할 경우에는 사전 통지 및 법적 절차를 거쳐
그 가치를 충분히 보상해줄 것을 요구하고 있다(외국인투자법 제19조).

외국투자가가 기업운영 또는 은행업을 통해 얻은 합법적인 수익과 청산 후 남
은 잔여 재산에 대해서는 제한 없이 국외 송금이 가능하고(외국인투자법 제20조), 국
외 조달 자금의 경우 기업의 경영기한 만료 또는 청산완료에 따라 국외 반출 시
에는 면세혜택을 부여하여 외국투자가의 재산권을 보호하고 있다.[6] 또한 외국인
투자기업과 외국투자은행의 경영활동과 관련한 비밀을 법적으로 보장하여 영업
비밀에 대한 보호를 규정하고 있다(외국인투자법 제21조).

바. 북한 출입국 관련[7]

외국인투자법은 외국투자가들의 입·출국 수속절차와 방법을 편리하게 할 것
을 요구하고 있다(외국인투자법 제10조). 이에 대해 세부 법령에 따를 것이나, 이를
개략적으로 살펴보면 아래와 같다.

---

6) 조선대외경제투자협력위원회, 조선민주주의인민공화국 투자지침(2016년 5월) 참조.
7) 조선대외경제투자협력위원회, 조선민주주의인민공화국 투자지침(2016년 5월) 참조.

(1) 비자 발급

북한에 입국하고자 하는 자는 유효한 여권 또는 국제적으로 공인되는 여행증명서를 소지하여야 한다.

업무상 필요로 북한을 방문하고자 하는 외국기업가(해외교포 포함)와 외국대표단은 방문의향서(출입국 목적 기재), 대표단 명단, 여권 등본, 회사증명서류 등본 등의 서류를 전자우편이나 팩스로 북한의 초청 기관, 기업, 단체에 보내서 초청 관련 동의를 받아야 한다.

위 서류를 접수 받고 북한 방문에 동의한 북한의 관련 기관, 기업, 단체는 외국기업가 또는 외국대표단의 비자 발급을 처리하여야 한다. 이 경우 북한과 사증면제협정을 체결한 국가의 국적을 가진 외국인은 비자를 발급받지 않아도 된다.

외국기업가 또는 외국대표단은 북한의 초청 기관, 기업, 단체로부터 비자발급 완료 통지를 받은 후, 본국 또는 별도로 비자신청지로 지정된 국가나 지역에 있는 북한의 외교기관 또는 영사기관에 입국비자를 신청하여 발급받아야 한다. 비자발급 수수료는 대등(對等)원칙에 따라 나라별로 정해진다.

업무상 필요 또는 관광, 개인적인 용무로 나선경제무역구를 방문하고자 하는 외국인(해외교포 포함) 또는 외국대표단은 해당지역 내 기관, 기업, 단체(해당지역 내 공사, 분공사, 사무소 포함)나 개인의 초청을 받았거나, 북한의 외국 주재 외교기관, 영사기관, 관광기관에서 발급한 여행증명서를 소지하면 무비자로 입국할 수 있다.

(2) 입국, 체류 및 출국

비자를 발급받은 외국기업가 또는 외국대표단은 국제 항공편 또는 열차를 이용하여 북한에 입국할 수 있다. 북한에 체류하는 외국기업가(해외교포 포함)와 외국대표단은 출국 시 현지 출입국사업기관에서 체류등기말소 절차를 밟아야 한다. 외국인의 체류는 단기체류 및 장기체류로 나뉜다. 단기체류는 입국 후 90일 이하, 장기체류는 입국 후 90일 이상 체류하는 것을 의미한다.

사. 우대혜택[8]

북한은 외국인투자를 촉진하고자 외국투자가 및 외국투자기업에 대하여 우대정책을 실시하고 있으며, 이와 관련된 구체적인 내용은 '제3장 1. 외국투자기업 및 외국인세금법'에서 살펴보기로 한다.

아. 분쟁해결

외국투자와 관련하여 분쟁이 발생한 경우 협의의 방법으로 해결하고, 협의의 방법으로 해결할 수 없을 경우에는 조정, 중재, 재판의 방법으로 해결한다(외국인투자법 제22조). 이에 대해서는 합영법, 합작법, 외국인기업법에서 개별 규정을 두고 있다.

중재 절차를 통해 외국인투자기업 경영활동 중의 분쟁을 해결할 경우 각 당사자 간에 사전에 중재에 관한 합의를 하여야 한다. 중재에 관한 합의가 되면 계약서에 중재 조항을 추가하거나 중재합의서를 별도로 작성할 수 있다. 여러 대외경제중재기관이 북한에서 대외경제중재절차를 통해 외국인투자기업의 분쟁을 해결하고 있다.

구체적으로 북한에 구성되어 있는 대외경제중재기관 및 절차에 관하여 살펴보면, 조선국제무역중재위원회는 무역, 투자, 서비스 관련 분쟁을 심리하고, 조선해사중재위원회는 해상 경제활동 과정에서 발생하는 분쟁을 심리하며, 조선컴퓨터소프트웨어중재위원회는 컴퓨터 소프트웨어 관련 분쟁을 심리하고 있다. 대외경제 중재 과정에서 지역관할 및 심급을 별도로 정하지 않고 중재부의 판정을 최종결정으로 한다.[9]

대외경제중재절차를 통해 해결되는 분쟁[10]
- 북한의 기관, 기업, 단체와 외국기업(북한 경내에서 수익을 얻고 있는 외국법인, 경제조직 또는 개인) 간의 분쟁

---

8) 조선대외경제투자협력위원회, 조선민주주의인민공화국 투자지침(2016년 5월) 참조.
9) 조선대외경제투자협력위원회, 조선민주주의인민공화국 투자지침(2016년 5월) 참조.
10) 조선대외경제투자협력위원회, 조선민주주의인민공화국 투자지침(2016년 5월) 참조.

- 북한의 기관, 기업, 단체와 외국인투자기업 간의 분쟁
- 외국인투자기업과 외국인투자기업 간의 분쟁
- 외국인투자기업과 외국기업 간의 분쟁
- 외국기업과 외국기업 간의 분쟁
- 북한의 기관, 기업, 단체와 외국인투자기업, 외국기업, 해외교포, 외국인간의 분쟁

3. 합영법

가. 총론

합영기업은 북한의 기관, 기업소, 단체(이하 '북한투자가')와 외국 기관, 기업, 외국인 또는 기타 경제조직, 외국국적을 가진 해외교포 및 북한 국적을 가진 해외교포(이하 '외국투자가', 북한투자가와 외국투자가를 총칭하여 '합영당사자')가 공동으로 투자하고, 공동으로 운영하며, 출자지분에 따라 수익을 분배하는 기업을 의미한다(외국인투자법 제2조 제6호). 북한의 사회주의 헌법과 외국인투자법을 기본법으로 하여, 최고인민회의 상임위원회 정령으로 채택된 합영법(1984. 9. 8. 채택, 2014. 10. 8. 수정보충)은 합영기업에 관하여 구체적으로 규정하고 있다.

합영법은 세계 여러 나라들과의 경제기술협력과 교류를 확대 발전하는 것을 목적으로(합영법 제1조), 합영기업의 창설, 운영, 해산 및 청산에 관한 일반적인 사항에 관하여 규율하고 있는 합영기업에 관한 일반법이다(합영법 제8조). 합영법에 관한 구체적인 시행 및 집행을 위하여 내각결정으로 채택된 합영법 시행규정(2000. 3. 11. 채택, 2005. 1. 17. 수정보충)이 있으나, 합영법의 개정 속도에 맞춰 개정된 것이 아니어서, 현재의 합영법과 정확히 맞지 않는 측면이 있다. 이하에서는 현재의 합영법과 최신의 조선민주주의인민공화국 투자지침(2016년 5월)을 기본으로 하되, 합영법 시행규정은 합영법에 배치되지 않는 범위 내에서 소개하는 것으로 한다.

나. 기본원칙

북한투자가는 투자관리기관의 승인을 받고 생산부분에 외국투자가와 합영기업을 창설할 수 있다(합영법 제2조). 구체적으로 기계공업, 전자공업, 정보산업, 과학기술, 경공업, 농업, 임업, 수산업, 건설건재공업, 교통운수, 금융 같은 부문에서 합영기업을 창설할 수 있으며,[11] 첨단기술의 도입, 과학연구 및 기술개발, 국제시장에서 경쟁력이 높은 제품생산, 하부구조건설 같은 대상의 합영은 특별히 장려된다(합영법 제3조),[12] 장려대상의 합영기업과 해외동포와 창설하는 합영기업에 대하여는 세금의 감면, 유리한 토지이용조건의 보장, 은행대부의 우선적 제공 같은 우대가 있다(합영법 제7조).

반면, 북한에서 따로 정한 부문 및 북한의 안전과 사회공동의 이익에 저해를 주는 부문에 대한 합영은 금지되며(합영법 시행규정 제11조), 환경보호기준을 초과하거나, 자원을 수출하거나, 경제기술적으로 뒤떨어지거나, 경제적 실리가 적거나, 식당, 상점 같은 서비스업의 합영은 제한된다(합영법 제4조, 합영법 시행규정 제12조).

합영기업은 투자관리기관에 등록한 날부터 북한의 법인이 되며, 합영기업의 합법적 권리와 이익은 보호된다(합영법 제6조). 합영기업은 출자된 재산과 재산권에 대한 소유권을 가지고 독자적인 경영활동을 할 수 있고 경영활동 과정에 발생한 채무에 대하여 등록자본으로 책임진다(합영법 제5조).

다. 합영기업의 창설

(1) 투자신청 및 심의절차

합영기업을 창설하려는 합영당사자들은 우선 합영기업 설립에 관한 계약을 체결하여야 하며(합영법 제9조), 기업의 규약, 경제기술타산문건초안을 만들어야 한

---

11) 합영법 시행규정(2005. 1. 17. 수정) 제8조에서는 과학기술부문과 전자, 자동화, 기계제작, 금속, 채취, 동력, 건재, 제약, 화학공업, 건설, 운수, 금융부문을 비롯한 여러 부문에 합영기업을 설립할 수 있음을 규정하고 있다.

12) 합영법 시행규정(2005. 1. 17. 수정) 제9조에서는 첨단기술과 같은 현대적 기술을 도입하는 대상, 국제시장에서 경쟁력이 높은 제품을 생산하는 대상, 과학연구 및 기술개발대상, 지하자원개발 및 하부구조건설대상에 대한 합영을 장려하고 있다.

다(합영법 시행규정 제13조). 북한투자가가 합영기업 설립절차를 수행하는데,[13] 북한투자가는 우선 북한의 5대 기관[14](국가계획기관, 중앙재정기관, 중앙과학기술행정기관, 국가건설감독기관, 국토환경보호기관)에 합영계약서 사본, 합영기업 규약(정관) 사본, 경제기술타산서, 자금신용 증명자료 등을 첨부한 합영기업창설신청문건(이하 '신청문건')을 제출하여 합영기업 창설에 동의를 받아야 한다.[15]

필요서류의 내용

- 합영기업 설립에 관한 계약(합영계약문건)에 포함되어야 하는 내용(합영법 시행규정 제14조)

  기업의 명칭, 소재지 / 계약당사자명, 소재지 / 기업의 조직목적과 업종, 존속기간 / 총 투자액, 등록자본, 출자지분과 출자액, 출자지분의 양도 / 계약당사자의 권리와 의무 / 경영관리기구와 노동력관리 / 기술이전 / 기금의 조성 및 이용, 결산과 분배 / 계약위반에 대한 책임과 면제조건, 분쟁해결 / 계약내용의 수정, 보충 및 취소, 보험, 준거법 / 해산의 청산 / 계약의 효력 / 그 밖에 필요한 내용

- 합영기업의 규약에 포함되어야 하는 내용(합영법 시행규정 제15조)

  기업의 명칭, 소재지 / 출자자명, 소재지 / 기업의 조직목적, 업종, 경영활동범위, 규모, 존속기간 / 총 투자액, 투자단계와 기간, 등록자본, 출자지분, 출자명세, 출자기간, 출자지분의 양도 / 이사회의 구성과 임무, 이사회운영방식, 통지방법, 기업의 최고결의기관 대표자 / 경영관리기구 및 관리성원과 그 임무, 기업의 책임자, 종업원수(그 중 외국인수) / 계획 및 생산(영업 포함)조직, 생산물처리, 설비, 원료, 자재의 구입 / 직업동맹조직의 활동조건 / 재정회계, 노동력관리 / 결산과 분배, 기금의 조성 및 이용 / 해산과 청산 / 규약의 수정보충 / 그 밖에 필요한 내용

- 합영기업의 경제기술타산문건에 포함되어야 하는 내용(합영법 시행규정 제16조)

  투자관계 / 건설과 관련한 자료 / 생산 및 생산물처리와 관련한 자료 / 노동력 / 원료 / 자재 / 자금 / 동력 / 용수의 소요량과 그 보장대책 / 단계별 수익성타산자료 / 기술적 분석자료 / 환경보호 / 노동안전 및 위생과 관련한 자료 / 그 밖에 필요한 자료

---

13) 조선대외경제투자협력위원회, 조선민주주의인민공화국 투자지침(2016년 5월) 참조.
14) 조선민주주의인민공화국 투자지침(2016년)에서는 국가계획기관, 중앙재정지도기관, 중앙과학기술행정기관만을 언급하고 있지만, 중국 상무부 대외투자협력국별(지역별) 지침에서는 그 밖에 국가건설감독기관, 국토환경보호기관을 추가로 언급하고 있다.
15) 조선대외경제투자협력위원회, 조선민주주의인민공화국 투자지침(2016년 5월) 참조.

• 합영기업창설신청문건에 포함되어야 하는 내용

기업의 명칭, 소재지 / 합영당사자명, 소재지 / 창설목적과 유익성 / 총 투자액, 투자단계와 기간, 등록자본, 출자지분과 출자액, 출자기간 / 계약일자, 기업의 존속기간, 개업예정일자 / 업종, 경영활동범위 / 계좌를 개설할 은행 / 생산능력과 생산제품의 수출비율 / 부지면적과 위치 / 연간 예정이윤과 분배 / 관리기구 및 종업원수(그 중 외국인수) / 그 밖에 필요한 내용

구체적으로 국가계획기관과는 총 투자액과 출자할 현물재산의 명칭, 노동력, 자재, 원료, 동력, 용수의 보장조건, 생산 및 생산물 처리, 단계별 수익성타산자료에 관하여 합의하여야 하고, 중앙재정기관과는 총 투자액, 현물 및 현금출자액, 자금원천, 단계별 수익성타산자료에 관하여 합의하여 하며, 중앙과학기술행정기관과는 현물 및 기술투자의 기술분석, 기술이전과 관련한 자료에 관하여 합의하여야 한다(합영법 시행규정 제17조). 이러한 합의절차에는 15일 정도 소요된다.[16] 북한투자가는 합의를 받은 후 중앙투자관리기관에 신청문건과 해당기관의 합의문건을 제출하여야 한다(합영법 제9조). 중앙투자관리기관은 신청문건을 접수한 날부터 30일 내에 심의하고 승인하였을 경우에는 신청자에게 합영기업창설승인서를 발급하고, 부결하였을 경우에는 그 이유를 밝힌 부결통지서를 발송한다(합영법 제9조).

(2) 기업등록

합영기업창설승인서를 발급받은 북한투자자는 90일 내에 중앙투자관리기관에 기업등록 신청서류를 제출하고 기업 창설등록을 완료하여야 한다.[17] 기업 창설등록 신청서류에는 기업명칭, 기업형태, 기업주소, 법인대표, 총 투자액, 자본금, 경영활동범위, 존속기간 등의 내용이 포함되어야 하며, 은행계좌 개설증명, 관련기관의 법인인감도장 등록증명, 관련 검증기관의 (총 투자액의 30% 이상을 납부하였음을

---

16) 중국 상무부 대외투자협력국별(지역별) 지침(2017년 9월) 참조.
17) 합영법 제10조에서는 합영기업창설승인서를 발급받은 날로부터 30일 내에 등록할 것을 요구하고 있지만, 조선민주주의인민공화국 투자지침(2016년 5월)에서는 설립승인서를 발급받은 날로부터 90일 내에 기업등록을 완료하는 것으로 설명되어 있다. 본 해설서에서는 조선민주주의인민공화국 투자지침(2016년 5월)의 내용을 따르기로 한다.

증명하는) 검증증명 등의 서류를 제출하여야 한다. 중앙투자관리기관은 기업 창설 등록 신청서류에 기재된 내용이 사실인지 확인한 후 해당기업의 창설등록을 처리 하고 기업 창설등록증을 발급하여야 한다.[18)]

합영기업은 중앙투자관리기관에 등록되고 기업 창설등록증을 발급받은 날로 부터 북한의 법인이 된다. 합영기업은 창설등록을 받은 날로부터 30일 내에 기업 소재지의 도(직할시) 인민위원회 또는 특수경제지대 관리기관에 주소를 등록하여 야 하고 주소등록증을 발급받아야 한다(외국인투자기업등록법 제15조). 또한 위 등록 한 날로부터 20일 내에 세무등록, 세관등록을 하여야 한다(합영법 제10조).

합영기업은 중앙투자관리기관의 승인을 받고 북한 또는 외국에 지사, 사무소, 대리점 등을 설립할 수 있다(합영법 제13조). 한편, 합영기업은 기업등록증을 발급 받은 후 토지임대기관과 토지임대계약을 체결하여야 한다.[19)]

(3) 출자비율 및 출자자산

합영기업의 외국투자가의 출자지분에 대한 법적 제한은 없으며, 합영당사자들 의 합의에 따라 정할 수 있다. 합영당사자들은 상대방 합영당사자의 동의와 중앙 투자관리기관의 동의를 받고 자신의 출자지분을 제3자에게 양도할 수 있다(합영법 제12조). 이때, 동일한 판매조건 하에서 상대방 합영당사자가 우선 매수할 권리를 가진다(합영법 시행규정 제44조).

합영당사자들은 화폐재산, 현물재산, 공업소유권(특허권), 저작소유권(저작권), 토지이용권, 자원개발권과 같은 재산권으로 출자할 수 있고, 출자한 재산 또는 재 산권의 가격은 해당 시점의 국제시장 가격에 준하여 합영당사자들이 합의하여 정 한다(합영법 제11조). 여기서 현물재산은 투자가의 소유이면서 합영기업의 생산에 필수적인 것이어야 하며, 북한 영내에 없거나 북한 영내에서 생산되더라도 수요 에 공급이 미치지 못하는 것이어야 한다(합영법 시행규정 제31조). 또한 공업소유권, 기술비결(노하우), 저작소유권은 새로운 제품을 생산하거나 수출제품을 생산할 수 있거나, 제품의 질과 생산성을 높일 수 있거나, 노동력, 원료 등을 대폭 절약하거

---

18) 조선대외경제투자협력위원회, 조선민주주의인민공화국 투자지침(2016년 5월) 참조.
19) 조선대외경제투자협력위원회, 조선민주주의인민공화국 투자지침(2016년 5월) 참조.

나 북한의 자원을 충분히 이용할 수 있거나, 노동안전을 보장하고 환경을 보호할 수 있거나, 경제조직과 경영관리를 개선할 수 있는 것이어야 한다(합영법 시행규정 제32조).

출자재산의 내용

- 현물재산 출자시 포함되어야 하는 내용(합영법 시행규정 제33조)
  현물재산명 / 규격 / 단위 / 수량 / 용도 / 단가 / 총액 / 생산공장 및 회사명 / 현물재산을 수입해오는 국가명 / 이 밖의 필요한 내용을 밝힌 명세서와 계산서 / 대외상품검사문건 등

- 부동산 출자시 포함되어야 하는 내용(합영법 시행규정 제34조)
  해당 부동산의 면적 / 용도 / 가격 / 부동산권리의 유효기간 같은 것을 밝힌 설명서와 도면 / 기술자료 / 평가가격의 계산자료 / 해당 소유권 또는 이용권 증서

- 공업소유권, 기술비결, 저작소유권 출자시 포함되어야 하는 내용(합영법 시행규정 제35조)
  공업소유권, 기술비결, 저작소유권의 명칭 / 소유자명 / 실용가치 / 유효기간(기술비결의 유효기간은 제외)같은 것을 밝힌 설명서와 기술문헌 / 도면 / 조작지도서와 같은 기술자료 / 평가가격의 계산근거 등

---

(4) 출자방법

합영당사자는 기업창설승인서에 기재된 기간(일반적으로 기업창설승인서 발급일로부터 1년[20]) 내에 출자를 완료하여야 하며, 부득이한 사정이 있는 경우에는 기존 출자기간 만료 1달 전에[21] 중앙투자관리기관에 출자연기 관련 신청서를 제출하고 이에 대한 승인을 받아 출자기간을 연장할 수 있다(합영법 제14조). 출자기간은 수회 연장이 가능하나 누적 연장기간은 12개월을 초과할 수 없다.[22] 투자당사자가 정해진 기간 내에 출자를 하지 않아 상대방 당사자에게 손해가 발생한 경우

---

20) 중국 상무부 대외투자협력국별(지역별) 지침(2017년 9월) 참조.
21) 조선대외경제투자협력위원회, 조선민주주의인민공화국 투자지침(2016년 5월) 참조.
22) 조선대외경제투자협력위원회, 조선민주주의인민공화국 투자지침(2016년 5월) 참조.

그 손해를 배상하여야 한다.[23] 또한 투자주관부처는 기업창설승인을 직권취소 할 수 있으며, 실제로 북한에 투자한 중국의 일기(一汽)자동차의 자동차 판매서비스 사업과 서양그룹(西洋集團)의 철광사업의 기업창설승인이 직권취소되어 청산철차에 들어갔다고 알려져 있다.[24]

출자는 현금출자의 경우 해당 금액을 거래은행의 기업계좌에 입금하였을 때, 부동산은 그 소유권 및 이용권을 기업에 이전하는 절차를 마치고 해당 재산등록 기관에 등록하였을 때, 부동산 외의 현물재산은 소유권 또는 이용권의 이전 절차를 마친 다음 기업 내에 이전하였을 때, 기타 재산권은 해당 소유권증서를 기업에 이전하는 절차를 마친 경우 각 인정된다(합영법 시행규정 제36조).

합영기업은 합영당사자가 각 단계의 출자를 완료한 후 이사회의 확인을 거쳐 회계검증기관으로부터 투자에 대한 심사를 받아야 한다. 또한 중앙투자관리기관에 출자증명 서류를 제출하고 출자자에게 출자증서를 제공하여야 한다. 출자증서에는 출자자 이름, 출자지분, 출자액, 기업 존속기간, 기업 등록일 및 등록번호를 명시하여야 한다.

(5) 총 투자액과 등록자본

합영기업의 총 투자액은 실제로 합영기업을 설립하고 운영하는 데 필요한 자금총액(고정 자본 및 유동자본 포함)이며, 합영기업의 등록자본은 합영기업이 중앙투자관리기관에 등록한 기업의 자본으로, 합영당사자들이 출자할 금액의 총액으로 한다. 이때 총 투자액에서 등록자본의 비율은 기업규모에 따라 30~50% 이상 되어야 하며, 총 투자액과 등록자본의 비율은 중앙투자관리기관의 승인을 받아 달리 할 수도 있고, 총 투자액과 등록자본의 차액은 차입금으로 충당할 수도 있다 (합영법 제15조, 합영법 시행규정 제45조). 또한 특허권, 상표권, 공업도안권 같은 지식재산권의 출자는 등록자본의 20%를 초과하여서는 안 된다(합영법 제 14조).

합영기업은 등록자본을 감소시킬 수 없고, 등록자본을 증액하기 위해서는 이사회의 결의를 거쳐 중앙투자관리기관의 승인을 거쳐 변경등록하여야 한다(합영법

23) 조선대외경제투자협력위원회, 조선민주주의인민공화국 투자지침(2016년 5월) 참조.
24) 중국 상무부 대외투자협력국별(지역별) 지침(2017년 9월) 참조.

제15조, 합영법 시행규정 제46조).

(6) 영업허가

합영기업은 주소등록, 세무등록, 세관등록, 계약서상 투자를 완료한 후 영업허가를 받아야만 영업이 가능하며(합영법 시행규정 제63조), 영업허가의 심의·승인기관은 중앙투자관리기관(경제특구의 경우 특구관리기관)이다. 중앙투자관리기관은 영업허가 신청서류를 접수한 날로부터 15일 내에 영업허가증을 발급하거나 거부처리를 하여야 한다. 한편, 합영기업은 정해진 개업예정일 안에 영업허가를 받아야 하며, 중앙투자관리기관이 발급한 영업허가증을 받은 날을 합영기업의 개업일로 한다(합영법 제22조). 불가피한 사유로 인하여 개업예정일 전에 영업허가를 받지 못한 경우에는 개업연기신청서를 제출하여 개업연기허가를 받을 수 있다.[25]

영업준비를 끝낸 합영기업은 준공검사기관, 생산공정 및 시설물의 안전성을 확인하는 기관, 이 밖의 해당 기관에 검사 또는 확인과 관련한 문건을 제출하여야 하며, 해당 문건을 받은 기관은 정해진 기간 내에 이를 검사, 확인하여 검사, 확인문건을 발급해주거나, 결함을 수정할 수 있도록 한다. 위 절차를 거친 후 영업허가신청문건을 영업허가기관에 제출하여야 한다. 영업허가기관은 영업허가신청문건을 받은 날로부터 15일 안에 검토하여 영업허가증을 발급하거나 부결한다(합영법 시행규정 제67조 내지 70조). 영업허가증을 취득하기 전에는 경영활동을 할 수 없으며, 영업허가증 취득 전에 시험생산을 하더라도 시제품의 판매수입은 분배되어서는 아니 되고, 시험생산, 행정관리비 등에만 사용할 수 있다.[26]

영업허가 관련[27]

• 영업허가 요건(합영법 시행규정 제66조)
  - 기업설립 관련 허가서류에 기재된 출자를 완료하고 투자검증기관의 심사를 받는다.
  - 국토환경보호기관의 환경평가를 받아야 하며 기준에 부합하여야 한다.

---

25) 조선대외경제투자협력위원회, 조선민주주의인민공화국 투자지침(2016년 5월) 참조.
26) 중국 상무부 대외투자협력국별(지역별) 지침(2017년 9월) 참조.
27) 조선대외경제투자협력위원회, 조선민주주의인민공화국 투자지침(2016년 5월) 참조.

- 택지신축 또는 증축의 경우 준공검사를 받아야 하며 기준에 부합하여야 한다.
- 생산기업은 시험생산을 하여야 하며 시제품을 생산하여야 한다.
- 서비스기업은 서비스 장비 및 시설을 구비한 후 위생방역기관의 위생검역을 받아야 하며 영업준비를 완료하여야 한다.
- 해상운송 및 여객운송 기업이 출자를 받거나 매입한 선박 등 운송수단과 관련하여, 감독기관의 기술심사를 받고 등기를 진행한 후 관련 증서를 발급받아야 하며, 운항준비 및 안전운항을 완료하여야 한다.
- 기타 경영활동에 필요한 준비를 완료하여야 한다.

• 영업허가 신청서에 포함되어야 하는 내용(합영법 시행규정 제69조)
  - 기업명칭 및 법정주소 / 예상 개업일자 / 투자총액 / 등록자본 / 실제 출자상황 / 업종 / 기업등록증 / 관련 기관의 투자확인 문건 / 준공검사문건 / 생산공정 및 시설안전확인 문건 / 환경영향평가 문건 / 기업등록확인문건 / 시제품 샘플

라. 합영기업의 기구와 경영활동

(1) 이사회

합영기업은 최고의결기관으로 이사회를 둔다(합영법 제16조). 이사회는 규약의 수정 및 보충, 기업발전방안 결정, 경영활동 계획수립, 결산과 이윤배분, 책임자, 부책임자, 재정검열원 등 관리진 임명 또는 해임, 등록자본 증가, 출자지분 양도, 영업변경, 존속기간 연장, 기업해산, 청산위원회 결성 등 합영기업 관련 중요한 사항을 논의 및 결정한다(합영법 제17조).

이사회는 이사장과, 부이사장 1~2명, 그 밖의 필요한 수의 이사를 두며, 부이사장과 이사들의 수는 기업규약에서 정한다. 이사장과 부이사장은 이사회에서 선거하며 임기는 3년으로 하는 것이 원칙이다. 필요시 합영당사자들이 합의하여 임기를 달리할 수 있다. 이사장은 합영기업 최고의결기관의 대표자이고, 부이사장은 이사장의 사업을 돕고, 이사장이 결원일 경우 그를 대리한다(합영법 시행규정 제47조, 제48조).

이사회는 정기회의와 임시회의로 나뉘며, 정기회의는 1년에 한 번 이상 개최하고 임시회의는 필요할 때 개최한다. 임시회의는 재적이사 3분의 1 이상의 요구

에 따라 할 수 있다. 이사회를 소집하기 위해서는 정기회의는 30일 전에, 임시회의는 15일 전에 회의날짜, 장소, 안건을 이사들에게 서면 통지하여 할 수 있고, 이사회는 전체 재적이사 3분의 2 이상이 참석해야 성립되며, 참석한 이사 과반수의 찬성으로 의결하는 것이 원칙이다. 다만, 기업의 규약에 대한 수정보충, 출자지분의 양도, 업종 및 등록자본의 변동, 존속기간의 연장, 기업해산에 대한 이사회 결정은 이사회에 참석한 이사의 전원찬성으로 의결하여야 한다(합영법 시행규정 제49조 내지 제52조).

이사는 대리인을 통하여 의결할 수 있고, 이때는 미리 이사장에게 그 사실을 밝히고, 위임장을 지참시켜 하여야 한다(합영법 시행규정 제53조). 이사회의 결의는 거수 또는 비밀투표 또는 서면의 방법으로 진행되며(합영법 시행규정 제54조), 이사회의 회의록은 회의에 참석한 이사장과 부이사장, 이사들이 서명한 다음 기업이 해산된 후 5년까지 보관하여야 한다(합영법 시행규정 제55조). 각 이사는 의결권을 행사할 수 있지만 기업의 경영활동에는 참여하지 아니 하므로 별도의 임금은 지급하지 않는다.[28]

(2) 경영관리기구

합영기업에는 경영관리기구를 둔다. 경영관리기구에는 기업의 책임자, 부책임자, 재정회계성원을 두며 그 밖의 필요한 관리성원(이하 통칭하여 '경영관리 구성원')을 둘 수 있고, 규모가 큰 합영기업의 경우에는 책임자, 부책임자, 재정책임자와 같은 구성원으로 협의기구를 둘 수 있다. 각각 합영당사자들이 나누어 맡을 수 있다(합영법 시행규정 제56조).

합영기업의 책임자의 사업범위는 이사회에서 정하며, 기업의 규약, 이사회의 결정에 따라 기업을 관리운영하며 경영활동결과에 대하여 책임을 진다. 합영기업의 책임자는 이사회 구성원이 아닌 사람도 될 수 있다. 해당 부문에 대하여 이사회에 대하여 책임을 진다(합영법 제18조, 합영법 시행규정 제57조). 책임자는 대외적으로 이사회로부터 권한을 부여 받는 범위 내에 합영기업을 대표하고, 기업 내부에서 이사회가 부여하는 권한을 행사하며, 이사회의 결의를 집행한다.[29]

---

28) 조선대외경제투자협력위원회, 조선민주주의인민공화국 투자지침(2016년 5월) 참조.

합영기업의 경영관리 구성원은 다른 기관이나 기업의 직무를 겸임할 수 없고, 필요한 경우 중앙경제협조관리기관의 승인을 받아 다른 기관, 기업의 구성원이 합영기업의 경영관리 구성원으로 될 수 있다. 경영관리 구성원은 자기의 잘못으로 기업에 손해를 끼친 경우 그 손해를 배상할 책임을 부담한다(합영법 시행규정 제58조, 제59조).

합영기업에는 그 기업의 경영관리 구성원이 아닌 자로서 재정검열원을 둔다. 재정검열원은 이사회의 결정에 따라 기업의 재정상태를 정상적으로 검열하며 자기 사업에 대하여 이사회 앞에 책임을 진다(합영법 제19조). 경영규모가 작은 합영기업은 재정검열원을 두고, 경영규모가 큰 합영기업은 재정검열원들로 구성된 재정검열위원회를 둘 수 있으며, 재정검열위원회의 수는 이사회에서 정한다. 재정검열원의 임기는 2년으로 하며, 재정검열원은 재임할 수 있으나, 기업의 다른 직무를 겸임할 수 없다. 재정검열위원회 또는 재정검열원은 합영기업의 경영활동상태를 일상적으로 검열할 수 있으며, 이사회에 제출하는 회계문건을 검토하고 보고문건을 만들어 이사회에 제출하여야 한다. 재정검열원은 이사회에 참가하여 발언할 수 있고, 자기 임무를 태만하여 기업에 손해를 끼친 경우에는 이에 대한 손해를 배상할 책임이 있다(합영법 시행규정 제60조 내지 제62조).

(3) 경영활동과 존속기간

합영기업은 규약, 이사회의 결정에 따라 관리 및 운영한다(합영법 제20조). 합영기업은 승인된 업종에 따라 경영활동을 하여야 하며, 업종의 변경 또는 추가가 필요한 경우에는 중앙투자관리기관의 승인을 받아야 한다(합영법 제25조). 업종변경신청시 기업의 명칭, 소재지, 업종변경내용과 근거를 밝히고 경제기술타산문건 등을 첨부하여 제출하여야 한다(합영법 시행규정 제71조). 중앙투자관리기관은 업종변경신청문건을 받은 날로부터 30일 내에 심의하여 결정하여야 하며, 합영기업은 업종변경승인통지문을 받은 날로부터 5일 내에 영업허가증을 다시 발급받아야 한다(합영기업 시행규정 제71조, 내지 제73조).

존속기간은 합영기업창설승인서에 기재된 내용에 따르며, 합영당사자 간의 협

---

29) 조선대외경제투자협력위원회, 조선민주주의인민공화국 투자지침(2016년 5월) 참조.

의를 거쳐 합영기업의 존속기간을 연장할 수 있다. 이 경우 기업 존속기간 만료 6개월 전에 이사회의 논의 및 결정을 거쳐 중앙투자관리기관에 연기 관련 신청서류를 제출하고 허가를 받아야 한다. 존속기간은 기업창설을 승인한 날부터 계산한다(합영법 제45조).

(4) 원재료 구입과 제품판매

합영기업은 생산과 경영활동에 필요한 물자와 기술, 저작소유권을 북한 내 또는 다른 나라에서 구매할 수 있으며, 기술 또는 저작소유권, 생산 제품을 북한 내 또는 다른 나라에 판매할 수 있다(합영법 시행규정 제75조). 북한과 관련된 기업으로부터 노동력, 물자, 기술, 장비, 전력, 수도 등 생산경영과 관련된 보장을 받거나 북한과 관련된 기관, 기업에 제품을 판매하고자 하는 경우 중앙투자관리기관에 그 계획을 등록하고 관련 절차에 따라 구입 또는 판매를 하여야 한다(합영법 제23조, 합영법 시행규정 제76조).

외국에서 투자, 생산 및 경영에 필요한 물자를 수입하거나 제품을 수출하고자 할 경우 중앙투자관리기관으로부터 물자 수출입 관련 허가를 받아야 한다(합영법 시행규정 제77조, 제78조).[30] 또한 합영기업은 생산제품의 수출과 수입을 북한의 해당 무역기관에 위탁하여 할 수 있다(합영법 시행규정 제79조). 북한은 합영기업의 제품 수출을 장려하지만, 합영기업에서 생산한 제품이 북한에서 긴급하게 필요한 제품 또는 수입품인 경우에는 북한에서 판매할 수 있다.[31] 합영기업이 생산과 경영활동에 필요한 물자를 다른 나라로부터 수입하거나 생산한 제품을 다른 나라에 수출하는 경우에는 관세를 부과하지 않지만, 관세를 면제받은 물자를 북한에서 판매할 경우에는 관세를 부과한다(합영법 제24조).

(5) 노동관계

합영기업은 노동자 채용, 근로 및 휴식, 임금, 노동보호, 사회보험, 사회보장, 해고 등에 있어 북한의 외국인투자기업로동법에 따라 노동력을 관리하여야 한다

---

30) 조선대외경제투자협력위원회, 조선민주주의인민공화국 투자지침(2016년 5월) 참조.
31) 조선대외경제투자협력위원회, 조선민주주의인민공화국 투자지침(2016년 5월) 참조.

(합영법 제27조, 합영법 시행규정 제86조 내지 제92조). 이와 관련된 구체적인 내용은 '제3장 4. 외국인투자기업로동법'에서 살펴보기로 한다.

한편, 합영기업의 소재지 노동행정기관은 합영기업에 대한 노동력의 제공을 책임지고 보장한다. 노동자가 필요한 경우 기업 소재지 노동행정기관에 노동력 보장 관련 신청서를 제출하면, 노동행정기관은 이를 접수한 날로부터 30일 내에 해당 기업에게 노동력을 제공하여야 한다.[32]

(6) 토지사용

북한은 1993년 10월 27일 최고인민회의 상설회의 결정 제40호로 토지임대법을 통과시킴으로써 외국인투자기업 또는 외국투자자가 토지를 임대하거나 사용할 수 있게 하였다. 또한 1994년 9월 7일 정무원 결정 제35호로 토지임대법 시행규정을 승인함으로써 토지임대법의 세부규정을 정비하였다. 이에 따라 북한에서 기업을 설립하거나 거주하고자 하는 외국기관, 기업, 기타 경제조직, 외국인 및 해외교포 모두 토지임대법 및 그 시행규정에 근거하여 토지를 임대할 수 있게 되었다.

중앙국토환경보호관리기관은 토지임대차계약을 심의·승인하고 토지사용 현황에 대하여 감독한다. 각 도의 국토환경보호관리기관은 토지임차인과 토지임대차계약을 체결하며, 각 시·군의 국토환경보호관리기관은 토지임대차계약을 이행하고 등기업무를 수행한다. 한편, 합영기업 또는 합작기업에 토지사용권을 출자하고자 하는 북한의 기관, 기업, 단체는 소재지 도의 국토관리기관 또는 경제특구 관련 기관의 승인을 거쳐 토지사용권을 취득할 수 있다. 위와 같은 토지사용권은 임차한 토지의 사용권과 동일한 효력을 가진다. 임차한 토지의 사용권은 임차인의 재산권에 속하고, 토지의 임대기간은 그 용도와 투자내용에 따라 계약당사자들이 협상을 통하여 결정하며 50년 이내로 한다.[33] 이와 관련된 구체적인 내용은 '제3장 3. 토지임대법'에서 살펴보기로 한다.

---

32) 조선대외경제투자협력위원회, 조선민주주의인민공화국 투자지침(2016년 5월) 참조.
33) 조선대외경제투자협력위원회, 조선민주주의인민공화국 투자지침(2016년 5월) 참조.

(7) 자금운용 등

합영기업은 북한의 은행 또는 외국투자은행에 계좌를 개설하여야 하고, 외국소재 은행에 계좌를 개설하는 경우 외화관리기관의 승인을 받아야 한다(합영법 제28조). 합영기업은 경영활동에 필요한 자금을 북한 또는 다른 나라에 있는 은행에서 대여받을 수 있고, 대여받은 자금은 정해진 은행에 예금하고 소비하여야 한다(합영법 제29조). 합영기업은 북한 영내에서 북한의 기관, 기업, 개인과 외화현금거래를 할 수 없다(합영법 시행규정 제106조).

합영기업은 재정관리와 회계계산을 외국인투자기업에 적용하는 재정회계법규에 따라 하여야 한다(합영법 제30조). 합영기업이 보험에 가입하는 경우 북한의 보험회사의 보험에 가입하여야 하며, 의무보험은 중앙보험지도기관이 정한 보험회사의 보험에 가입하여야 한다(합영법 제31조).

마. 합영기업의 결산과 분배

(1) 결산

합영기업의 결산연도는 1월 1일부터 12월 31일까지로 하며, 연간 결산은 다음해 2월 안으로 한다(합영법 제33조). 합영기업의 결산은 총 수입금에서 원료 및 자재비, 연료 및 동력비, 인건비, 감가상각금, 물자구입경비, 직장 및 회사 관리비, 보험료, 판매비 같은 것을 포함한 원가를 차감하여 이윤을 확정하며 그 이윤에서 거래세 또는 영업세와 기타 지출을 공제하고 결산이윤을 확정하는 방법으로 한다(합영법 제34조).

합영기업은 정해진 세금을 납부하여야 하는 것이 원칙이지만, 장려부문의 합영기업은 일정한 기간 기업소득세를 감면 받을 수 있다(합영법 제38조). 합영기업은 당해 연도의 결산이윤에서 전년도의 손실을 보전할 수 있지만, 보전기간은 연속하여 4년을 넘길 수 없다(합영법 제39조). 합영기업은 경영활동에 대한 회계결산을 정기적으로 하여야 하며, 회계결산서는 정해진 기간 안에 해당 재정기관에 제출한다(합영법 제40조). 한편, 합영기업의 분기 및 연간 결산서류는 재정검열원의 검열을 받고, 이사회의 승인을 받아야 한다.[34]

---

34) 조선대외경제투자협력위원회, 조선민주주의인민공화국 투자지침(2016년 5월) 참조.

(2) 이윤분배

이윤의 배분은 결산이윤으로 기업소득세를 납부하고 예비기금 등 필요한 기금을 적립한 후 출자지분에 따라 합영당사자에게 분배하는 것을 원칙으로 한다.

합영기업은 등록자본의 25%에 해당한 금액이 될 때까지 해마다 얻은 결산이윤의 5%를 예비기금으로 적립하여야 하며, 예비기금은 합영기업의 결손을 보전하거나 등록자본을 증가하기 위해서만 사용할 수 있다(합영법 제35조). 합영기업은 결산이윤의 10% 범위 내에서[35] 생산확대 및 기술발전기금, 종업원들을 위한 상여금기금, 문화후생기금, 양성기금 같은 필요한 기금을 조성하여야 하며, 기금의 종류와 규모, 이용대상과 범위는 이사회에서 토의하여 결정한다(합영법 제36조).

합영기업은 결산문건을 재정검열원의 검열을 받고 이사회에서 비준한 후 이윤을 분배하여야 한다. 이윤분배는 결산이윤에서 소득세를 납부하고 예비기금을 비롯한 필요한 기금을 공제한 후 출자지분에 따라 합영당사자들에게 분배하는 방법으로 한다(합영법 제37조). 외국투자가는 합영기업에서 분배 받은 이윤의 일부 또는 전부를 북한에 재투자할 수 있고, 이 경우 이미 납부한 소득세에서 재투자분에 해당한 소득세의 일부 또는 전부를 환급 받을 수 있다(합영법 제41조). 외국투자가는 분배 받은 이윤과 기타 소득, 기업을 청산하고 지급받은 자금을 제한 없이 북한 밖으로 송금할 수 있다(합영법 제42조). 다만, 외화를 송금하려고 할 때에는 중앙투자관리기관의 확인문건이 첨부된 송금신청문건을 은행에 제출하여야 한다(합영법 시행규정 제122조).

바. 합영기업의 해산과 청산

합영기업은 존속기간의 만료, 지불능력의 상실, 당사자의 계약의무불이행, 지속적인 경영손실, 자연재해와 같은 사유로 기업을 운영할 수 없을 경우 해산된다(합영법 제43조). 한편, 합영기업의 존속기간은 존속기간 만료 6개월 전에 이사회에서 토의하여 결정한 후 투자관리기관의 승인을 받아 연장할 수 있으며, 이 경우

---

35) 조선대외경제투자협력위원회, 조선민주주의인민공화국 투자지침(2016년 5월) 참조.

존속기간은 기업창설을 승인한 날부터 계산한다(합영법 제45조).

합영기업은 존속기간이 만료되기 전에 해산사유가 발생하면 이사회에서 결정하고 중앙투자관리기관의 승인을 받아 해산할 수 있다(합영법 제44조). 중앙투자관리기관은 기업해산신청 서류를 접수한 날로부터 10일 내에 심의하여 승인여부를 결정한 후 신청자에게 그 결과에 관한 서류를 발송하여야 한다(합영법 시행규정 제131조). 한편, 청산위원회에서 작성한 청산방안은 이사회 또는 중앙투자관리기관의 동의를 받아야 하며, 기업파산을 이미 신청한 경우에는 법원의 동의를 얻어야 한다.[36)

중앙투자관리기관의 승인을 받은 경우 이사회가 조직한 청산위원회는 합영기업의 거래업무를 결속하고 청산을 종결한 때로부터 10일 안에 기업등록취소수속을 하여야 한다. 다만, 청산과정에서 기업의 파산이 필요하다고 판단되는 경우 법원에 파산신청을 하여야 한다(합영법 제44조).

합영기업이 청산하는 순서는 업무 관련 비용을 지불·청산하고, 세금을 납부한 후, 근로자 임금을 지급하고 기업채무를 변제한다. 잔여재산은 합영당사자의 출자지분에 따라 배분한다(합영법 시행규정 제139조). 한편, 합영당사자의 계약의무 불이행으로 인하여 기업이 해산되는 경우 그 손실에 대하여 책임이 있는 당사자가 배상하여야 한다.[37)

사. 분쟁해결

합영기업과 관련한 분쟁해결은 협의의 방법으로 해결하고, 협의의 방법으로 해결할 수 없을 경우에는 조정, 중재, 재판의 방법으로 해결한다(합영법 제46조). 중재 절차를 통해 외국인투자기업의 경영활동 중에 발생한 분쟁을 해결하는 경우 각 당사자 간에 사전에 중재에 관한 합의를 하여야 한다. 중재에 관한 합의가 되면 계약서에 중재 조항을 추가하거나 중재합의서를 별도로 작성하여야 한다.

---

36) 조선대외경제투자협력위원회, 조선민주주의인민공화국 투자지침(2016년 5월) 참조.
37) 조선대외경제투자협력위원회, 조선민주주의인민공화국 투자지침(2016년 5월) 참조.

4. 합작법

가. 총론

합작기업은 북한의 기관, 기업소, 단체(이하 '북한투자가')와 외국 기관, 기업, 외국인 또는 기타 경제조직, 외국국적을 가진 해외교포 및 북한 국적을 가진 해외교포(이하 '외국투자가', 북한투자가와 외국투자가를 총칭하여 '합작당사자')가 공동으로 투자하되, 운영은 북한투자가가 하며, 계약서에 따라 외국투자가에게 출자액을 상환하거나 이윤을 분배하는 기업을 의미한다(외국인투자법 제2조 제5호). 북한의 사회주의 헌법과 외국인투자법을 기본법으로 하되, 최고인민회의 상임위원회 정령으로 채택된 합작법(1992. 10. 5. 채택, 2014. 10. 8. 수정보충)이 합작기업에 관하여 구체적으로 규정하고 있다.

합작법은 세계 여러 나라들과의 경제기술협력과 교류를 확대 발전하는 것을 목적으로(합작법 제1조), 합작기업의 창설, 운영, 해산 및 청산에 관한 일반적인 사항에 관하여 규율하고 있는 합작기업에 관한 일반법이다. 합작법에 관한 구체적인 시행 및 집행을 위하여 내각결정으로 채택된 합작법 시행규정(2000. 3. 11. 채택, 2004. 12. 28. 수정보충)이 있으나, 합작법의 개정 속도에 맞춰 개정된 것이 아니어서, 현재의 합작법과 정확히 맞지 않는 측면이 있다. 이하에서는 현재의 합작법과 최신의 조선민주주의인민공화국 투자지침(2016년 5월)을 기본으로 하되, 합작법 시행규정은 합작법에 배치되지 않는 범위 내에서 소개하는 것으로 한다.

나. 기본원칙

북한투자자는 중앙투자관리기관의 승인을 받고 외국투자가와 합작기업을 창설할 수 있고, 수출제품을 생산하는 부문, 선진기술이 도입된 제품을 생산하는 부문에 창설운영하는 것을 기본으로 한다(합작법 제2조, 합작법 시행규정 제4조). 특히, 첨단기술과 현대적인 설비를 도입하는 부문, 국제시장에서 경쟁력이 높은 제품을 생산하는 부문, 과학연구 및 기술개발대상, 지하자원개발 및 하부구조건설대상(인프라건설)에는 합작기업의 창설 운영이 특별히 장려된다(합작법 제3조, 합작법 시행규정 제5조). 장려대상의 합작기업, 해외동포와 하는 합작기업, 특수경제지대에 창설 운영되는 합작기업에 대하여는 세금의 감면, 유리한 토지이용조건의 보장, 은행대부의 우선적 제공 같은 우대가 있다(합작법 제5조). 반면, 북한의 안전과 사회의 이익에 지장을 주거나, 북한이 따로 정한 대상의 합작은 금지되며, 환경보호기준을 초과하거나, 자원을 가공하지 않고 그대로 수출하거나, 경제기술적으로 뒤떨어지거나, 경제적 실리가 적거나, 식당, 상점 같은 서비스업의의 합작은 금지 또는 제한된다(합작법 제4조, 합작법 시행규정 제7조).

합작기업은 중앙투자관리기관에 등록한 날부터 북한의 법인이 되며(외국인투자법 제14조), 합작기업은 합작당사자들이 출자한 재산과 운영 과정에서 증가된 재산에 대해 소유권을 가지고 독자적인 경영활동을 한다(합작법 시행규정 제8조). 합작기업은 자기 소유재산의 범위 안에서 기업의 채무에 대하여 책임을 지며(합작법 시행규정 제9조), 합작기업의 재산은 국유화하거나 거두어 들이지 않으며, 합작기업과 합작당사자의 합법적 권리와 이익은 법적 보호를 받으며, 합작기업의 노동력과 재산은 불가피한 경우를 제외하고는 다른 일에 동원되지 않는다(합작법 시행규정 제10조). 합작기업은 중앙투자관리기관의 승인을 받고 북한 또는 외국에 지사, 사무소, 대리점 등을 설립할 수 있으며(외국인투자법 제13조), 해당 지사, 사무소, 대리점 등은 독립적인 법인격을 가지지 못한다(외국인투자법 제14조).

다. 합작기업의 창설

(1) 투자신청 및 심의절차

합작기업을 창설하려는 북한투자가는 먼저 합작계약 문건초안, 경제기술타산 문건초안을 만들어 관계기관과 협의한 다음 외국투자가와 함께 합작계약문건, 기업의 규약, 경제기술타산 문건을 만들어야 한다(합작법 시행규정 제15조). 합작기업의 설립절차는 북한투자가가 수행하는데,[38] 북한투자가는 우선 북한의 5대 기관[39] (국가계획기관, 중앙재정지도기관, 중앙과학기술행정기관, 국가건설감독기관, 국토환경보호기관)

---

[38] 조선대외경제투자협력위원회, 조선민주주의인민공화국 투자지침(2016년 5월) 참조.
[39] 조선민주주의인민공화국 투자지침(2016년)에서는 국가계획기관, 중앙재정지도기관, 중앙과학기술행정기관만을 언급하고 있지만, 중국 상무부 대외투자협력국별(지역별) 지침에서는 그 밖에 국가건설감독기관, 국토환경보호기관을 추가로 언급하고 있다.

에 합작계약서 사본, 합작기업 규약(정관) 사본, 경제기술타산서, 자금신용 증명자료 등을 첨부한 합작기업창설신청문건(이하 '신청문건')을 제출하여 합작기업 창설에 합의를 받아야 한다.[40]

필요서류의 내용

- **합작계약에 포함되어야 하는 내용(합작법 시행규정 제16조)**
  기업의 명칭, 소재지 / 계약당사자명, 소재지 / 기업의 창설목적과 업종, 존속기간 / 총 투자액, 등록자본, 출자지분과 출자액, 출자지분의 양도 / 계약당사자의 권리와 의무 / 경영관리기구와 노동력관리 / 기술이전 / 기금의 조성 및 이용, 결산과 분배 / 출자지분의 상환 또는 이윤분배 / 계약위반에 대한 책임과 면제조건, 분쟁해결 / 계약내용의 수정, 보충 및 취소, 보험, 준거법 / 해산의 청산 / 이밖의 필요한 내용

- **합작기업의 규약에 포함되어야 하는 내용(합작법 시행규정 제17조)**
  기업의 명칭, 소재지 / 출자자명, 소재지 / 기업의 창설목적, 업종, 경영활동범위, 규모, 존속기간 / 총 투자액, 투자단계와 기간, 등록자본, 줄자지분, 출자명세, 출자기간, 출자지분의 양도 / 공동협의기구의 구성과 임무, 운영방법 / 기업의 기구 및 관리성원과 그 임무, 기업의 책임자, 종업원수와 그 구성 / 계획 및 생산(영업 포함)조직, 생산물처리, 설비, 원료, 자재의 구입 / 회계, 노동력관리 / 결산, 출자지분의 상환, 이윤분배, 기금의 조성 및 이용 / 해산과 청산 / 규약의 수정보충 / 이 밖의 필요한 내용

- **합작기업의 경제기술타산문건에 포함되어야 하는 내용(합작법 시행규정 제18조)**
  투자관계 / 건설과 관련한 자료 / 생산 및 생산물처리와 관련한 자료 / 노동력 / 원료 / 자재 / 자금 / 동력 / 용수의 소요량과 그 보장대책 / 단계별 수익성타산자료 / 기술적 분석자료 / 환경보호 / 노동안전 및 위생과 관련한 자료 / 이 밖의 필요한 자료

- **합작기업창설신청문건에 포함되어야 하는 내용**
  기업의 명칭, 소재지 / 합작당사자명, 소재지 / 창설목적과 유익성 / 총 투자액, 투자단계와 기간, 등록자본, 출자지분과 출자액, 출자기간 / 계약날짜, 기업의 존속기간, 개업예정날자 / 업종, 경영활동범위 / 계좌를 개설할 은행 / 생산능력과 생산제품의 수출비율 / 부지면적과 위치 / 연간 예정이윤과 출자지분의 상환 또는 분배 / 관리기구 및 종업원수 / 이 밖의 필요한 내용

---

40) 조선대외경제투자협력위원회, 조선민주주의인민공화국 투자지침(2016년 5월) 참조.

구체적으로 북한투자가는 국가계획기관과는 총 투자액과 현물투자, 생산 및 생산물처리, 노동력, 자금, 자재, 원료, 연료, 동력, 용수, 가스, 중기의 소요량과 그 보장대책, 단계별 수익성타산과 관련한 자료에 관하여 합의하여야 하고, 중앙재정지관과는 총 투자액, 합작당사자들의 출자액, 출자내용과 그 보장대책, 출자지분의 상환 및 이윤분배방법에 관한 자료를 합의하여야 하여야 하고, 중앙과학기관과는 현물 및 기술투자의 기술분석, 기술이전과 관련한 자료를 합의하여야 하고, 이 밖의 관계기관에 해당한 자료를 합의하여야 한다(합작법 시행규정 제19조). 이러한 합의절차는 15일 정도 소요된다(합작법 시행규정 제20조).[41] 북한투자가는 합의를 받은 후 외국투자가와 합작계약을 맺고 중앙투자관리기관에 신청문건과 해당 기관의 합의문건을 제출하여야 한다(합작법 제6조, 합작법 시행규정 제22조, 제23조). 중앙투자관리기관은 신청문건을 접수한 날부터 30일 내에 심의하고 승인하였을 경우에는 신청자에게 합작기업창설승인서를 발급하고, 부결하였을 경우에는 그 이유를 밝힌 부결통지서를 발송한다(합작법 제6조).

(2) 기업등록

합작기업창설승인서를 발급받은 북한투자자는 90일 내에 중앙투자관리기관에 기업등록 신청서류를 제출하고 기업 창설등록를 완료하여야 한다.[42] 기업 창설등록 신청서류에는 기업명칭, 기업형태, 기업주소, 법인대표, 총 투자액, 자본금, 경영활동범위, 존속기간 등의 내용이 포함되어야 하며, 은행계좌 개설증명, 관련기관의 법인인감도장 등록증명, 관련 검증기관의 (총 투자액의 30% 이상을 납부하였음을 증명하는) 검증증명 등의 서류를 제출하여야 한다. 중앙투자관리기관은 기업 창설등록 신청서류에 기재된 내용이 사실인지 확인한 후 해당기업의 창설등록를 처리하고 기업 창설등록증을 발급하여야 한다.[43]

---

41) 중국 상무부 대외투자협력국별(지역별) 지침(2017년 9월) 참조.
42) 합작법 제7조에서는 합작기업창설승인서를 발급받은 날로부터 30일 내에 등록할 것을 요구하고 있지만, 조선민주주의인민공화국 투자지침(2016년 5월)에서는 설립승인서를 발급받은 날로부터 90일 내에 기업등록을 완료하는 것으로 설명되어 있다. 본 해설서에서는 조선민주주의인민공화국 투자지침(2016년 5월)의 내용을 따르기로 한다.
43) 조선대외경제투자협력위원회, 조선민주주의인민공화국 투자지침(2016년 5월) 참조.

합작기업은 중앙투자관리기관에 등록되고 기업 창설등록증을 발급받은 날로부터 북한의 법인이 된다. 합작기업은 기업 창설등록증을 발급받은 날로부터 30일 내에 기업소재지의 도(직할시) 인민위원회 또는 특수경제지대 관리기관에 주소를 등록하여야 하고 주소등록증을 발급받아야 한다(외국인투자기업등록법 제15조). 또한 위 등록한 날로부터 20일 내에 세무등록, 세관등록을 하여야 한다(합작법 제7조).

한편, 합작기업은 기업등록증을 발급받은 후 토지임대기관과 토지임대계약을 체결하여야 한다.[44]

(3) 출자비율 및 출자자산

합작당사자는 중앙투자관리기관이 승인한 합작 계약문건에 따라 출자하여야 한다(합작법 시행규정 제36조). 합작기업에 출자하는 지분율은 합작당사자들이 합의하여 정할 수 있으나, 외국투자가는 등록자본의 30% 이상을 출자하여야 한다(합작법 시행규정 제37조). 한편, 합작당사자는 상대방 합작당사자의 동의와 중앙투자관리기관의 동의를 받고 자신의 출자지분을 제3자에게 양도할 수 있다(합작법 제10조). 이때, 동일한 판매조건 하에서 상대방 합작당사자가 우선 매수할 권리를 가진다(합작법 시행규정 제52조).

합작당사자는 화폐재산, 현물재산, 공업소유권, 기술비결(노하우), 저작소유권과 같은 것으로 출자할 수 있고(합작법 시행규정 38조), 출자한 재산 또는 재산권의 가격은 해당 시점의 국제시장 가격에 준하여 당사자들이 합의하여 정한다.[45] 여기서 현물재산은 투자가의 소유이면서 합작기업의 생산에 필수적인 것이어야 하며, 북한 영내에 없거나 북한 영내에서 생산되더라도 수요에 공급이 미치지 못하는 것이어야 한다(합작법 시행규정 제39조). 또한 공업소유권, 기술비결(노하우), 저작소유권은 새로운 제품을 생산하거나 수출제품을 생산할 수 있거나, 제품의 질과 생산성을 높일 수 있거나, 노동력, 원료 등을 대폭 절약하거나 북한의 자원을 충분히 이용할 수 있거나, 노동안전을 보장하고 환경을 보호할 수 있거나, 경제조직과 경영관리를 개선할 수 있는 것이어야 한다(합작법 시행규정 제40조).

---

44) 조선대외경제투자협력위원회, 조선민주주의인민공화국 투자지침(2016년 5월) 참조.
45) 조선대외경제투자협력위원회, 조선민주주의인민공화국 투자지침(2016년 5월) 참조.

출자재산의 내용

• 현물재산 출자시 포함되어야 하는 내용(합작법 시행규정 제41조)
  현물재산명 / 규격 / 단위 / 수량 / 용도 / 단가 / 총액 / 생산공장 및 회사명 / 현물재산을 수입해오는 나라명 / 이 밖의 필요한 내용을 밝힌 명세서와 계산서 / 대외상품검사문건 등

• 공업소유권, 기술비결, 저작소유권 출자시 포함되어야 하는 내용(합작법 시행규정 제42조)
  공업소유권, 기술비결, 저작소유권의 명칭 / 소유자명 / 실용가치 / 유효기간(기술비결의 유효기간은 제외)같은 것을 밝힌 설명서와 기술문헌 / 도면 / 조작지도서와 같은 기술자료 / 평가가격의 계산근거 등

(4) 출자방법

합작당사자는 기업창설승인서에 기재된 기간(일반적으로 기업창설승인서 발급일로부터 1년[46]) 내에 출자를 완료하여야 하며(합작법 시행규정 제47조), 부득이한 사정이 있는 경우에는 기존 출자기간 만료 1달 전에 중앙투자관리기관에 출자연기 관련 신청서를 제출하고 이에 대한 승인을 받아 출자기간을 연장할 수 있다. 출자기간은 수회 연장이 가능하나 누적 연장기간은 12개월을 초과할 수 없다(합작법 시행규정 제48조). 투자당사자가 정해진 기간 내에 출자를 하지 않아 상대방 당사자에게 손해가 발생한 경우 그 손해를 배상하여야 한다(합작법 시행규정 제50조). 또한 투자주관부처는 기업창설승인을 직권취소 할 수 있으며(합작법 시행규정 제49조), 실제로 북한에 투자한 중국의 일기(一汽)자동차의 자동차 판매서비스 사업과 서양그룹(西洋集團)의 철광사업의 기업창설승인이 직권취소 되어 청산철차에 들어갔다고 알려져 있다.[47]

출자는 현금출자의 경우 해당 금액을 거래은행의 기업계좌에 입금하였을 때, 부동산은 그 소유권 및 이용권을 기업에 이전하는 절차를 마치고 해당 재산등록

---

46) 중국 상무부 대외투자협력국별(지역별) 지침(2017년 9월) 참조.
47) 중국 상무부 대외투자협력국별(지역별) 지침(2017년 9월) 참조.

기관에 등록하였을 때, 부동산 외의 현물재산은 소유권 또는 이용권의 이전 절차를 마친 다음 기업 내에 이전하였을 때, 기술비결은 계약에 정한 기술이전조건이 실현되었을 때 각 인정된다(합작법 시행규정 제43조).

합작기업은 합작당사자가 각 단계의 출자를 완료한 후 이사회의 확인을 거쳐 회계검증기관으로부터 투자에 대한 심사를 받아야 한다. 또한 중앙투자관리기관에 출자증명 서류를 제출하고 출자자에게 출자증서를 제공하여야 한다. 출자증서에는 출자자 이름, 출자지분, 출자액, 기업 존속기간, 기업 등록일 및 등록번호를 명시하여야 한다(합작법 시행규정 제51조).

(5) 투자총액과 등록자본

합작기업의 총 투자액은 실제로 합작기업을 설립하고 운영하는데 필요한 자금총액(고정 자본 및 유동자본 포함)이며, 합작기업의 등록자본은 합작기업이 중앙투자관리기관에 등록한 기업의 자본으로, 합작당사자들이 출자할 금액의 총액이다. 총 투자액과 등록자본의 차액은 차입금으로 충당할 수 있다(합작법 시행규정 제53조).

합작기업은 등록자본을 감소시킬 수 없고, 등록자본을 증액하고자 할 경우에는 공동협의기구에서 결정한 후 중앙투자관리기관의 승인을 받아 변경등록을 하여야 한다(합작법 시행규정 제54조). 합작기업은 출자기간의 연장, 출자지분의 양도 또는 상속, 등록자본의 변동이 있을 경우 20일 안으로 해당 기관에 변경등록을 하여야 한다(합작법 제55조).

(6) 영업허가

합작기업은 주소등록, 세무등록, 세관등록, 계약서상 투자를 완료한 후 영업허가를 받아야만 영업이 가능하며(합작법 시행규정 제56조), 영업허가의 심의·승인기관은 중앙투자관리기관(경제특구의 경우 특구관리기관)이다. 한편, 합작기업은 정해진 개업 예정일안에 영업허가를 받아야 하며, 중앙투자관리기관이 발급한 영업허가증을 받은 날을 합작기업의 개업일로 한다(합작법 제8조). 불가피한 사유로 인하여 개업예정일 전에 영업허가를 받지 못한 경우에는 개업연기신청서를 제출하여 개업연기승인을 받을 수 있다. 합작기업의 개업기일은 여러 번 연장할 수 있으나, 총

연장기간은 12개월을 넘을 수 없다(합작법 시행규정 제58조).

　영업준비를 끝낸 합작기업은 준공검사기관과 해당기관에 검사 또는 확인과 관련한 의뢰문건을 내야 한다. 검사, 확인과 관련한 의뢰문건을 받은 해당 기관은 정한 기간 안에 의뢰대상을 검사, 확인하고 결함이 있을 경우 이를 시정시킨 다음 검사, 확인문건을 발급해 주어야 한다(합작법 시행규정 제60조). 위 과정을 거친 후 영업허가신청문건을 영업허가기관에 제출하여야 한다(합작법 시행규정 제61조). 중앙투자관리기관은 영업허가 신청서류를 접수한 날로부터 15일 내에 영업허가증을 발급하거나 거부처리를 하여야 한다(합작법 시행규정 제62조). 영업허가증을 취득하기 전에는 경영활동을 할 수 없으며, 영업허가증 취득 전에 시험생산을 하더라도 시제품의 판매수입은 분배되어서는 아니 되고, 시험생산, 행정관리비 등에만 사용할 수 있다.[48]

영업허가 관련[49]

• 영업허가 요건(합작법 시행규정 제59조)
　－건물을 신설 또는 개건, 확장하는 경우에는 준공검사에 합격되어야 한다.
　－생산부문에서는 시운전을 한 다음 시제품을 생산하여야 한다.
　－서비스업부문에서는 해당 설비 및 시설을 갖추고 서비스업물자의 구입과 같은 서비스준비를 끝내야 한다.
　－합작기업창설승인문건에 정한 투자를 하여야 한다.
　－이 밖의 영업활동에 필요한 준비를 끝내야 한다.

• 영업허가 신청서에 포함되어야 하는 내용(합작법 시행규정 제61조)
　기업명칭 및 법정주소 / 예상 개업일자 / 투자총액 / 등록자본 / 실제 출자상황 / 업종 / 기업등기증 / 관련 기관의 투자확인 문건 / 준공점검 문건 / 생산공정 및 시설안전확인 문건 / 환경영향평가 문건 / 시범생산제품 샘플

---

48) 중국 상무부 대외투자협력국별(지역별) 지침(2017년 9월) 참조.
49) 조선대외경제투자협력위원회, 조선민주주의인민공화국 투자지침(2016년 5월) 참조.

라. 합작기업의 기구와 경영활동

(1) 공동협의기구

합작기업은 비상설 공동협의기구를 조직할 수 있다(합작법 제17조). 공동협의기구는 의장, 부의장 각 1명과 기타 구성원 여러 명으로 구성되며, 구성원 숫자는 합작당사자들이 협상을 통하여 정한다. 공동협의기구 구성원 중에는 합작당사자와 기업 책임자 포함되어야 한다(합작법 시행규정 제32조). 의장과 부의장은 어느 일방 합작당사자 측의 관계자로만 지정할 수 없다. 공동협의기구회의는 합작당사자들의 협의를 통해 필요한 경우 개최할 수 있다.[50] 회의날짜와 장소, 토의안건은 기업책임자가 회의소집 30일 전에 공동협의기구에 참가할 구성원에게 알려주어야 한다.

공동협의기구회의에서는 자본금 변경, 업무 변경, 존속기간 연장, 기업 발전방안 또는 연간 경영활동계획 수립, 신기술의 도입, 제품품질 향상, 투자 또는 재투자, 출자지분 양도 등 합작기업의 경영과 관련된 중요한 문제를 논의·결정한다(합작법 제17조). 합작당사자는 공동협의기구에서 결정된 문제를 성실히 이행하여야 한다.

(2) 경영관리기구

합작기업의 경영관리 구성원은 책임자, 재정검열원와 기타 필요 구성원으로 구성된다. 합작기업 책임자는 합작기업의 법인대표자이다.[51] 경영관리 구성원은 다른 기관 또는 다른 기업의 직무를 겸임할 수 없으나, 필요 시 중앙투자관리기관의 승인을 받아 예외를 둘 수 있다. 재정검열원은 합작기업의 회계문건을 검열하고 검열보고 문건을 만들어 기업책임자에게 제출하여야 한다.

(3) 경영활동과 존속기간

합작기업은 승인을 받은 범위 내에 경영활동을 하여야 하며, 업무의 변경 또는 추가가 필요한 경우 중앙투자관리기관의 허가를 받아야 한다(합작법 제9조).

---

50) 조선대외경제투자협력위원회, 조선민주주의인민공화국 투자지침(2016년 5월) 참조.
51) 조선대외경제투자협력위원회, 조선민주주의인민공화국 투자지침(2016년 5월) 참조.

합작기업의 존속기간은 합작기업창설승인서에 기재된 내용에 따르며(합작법 시행규정 제105조), 존속기간은 기업창설을 승인한 날부터 계산한다. 그리고 합작당사자 간의 협의를 거쳐 존속기간을 연장할 수 있다. 이 경우 기업 존속기간 만료 6개월 전에 공동협의기구에서 토의결정하거나, 합작당사자들이 합의한 후, 중앙경제협조관리기관(투자관리기관)에 존속기간연장신청문건을 내어 승인을 받아야 한다. 존속기간연장신청문건에는 기업의 명칭과 소재지, 연장기간과 근거를 밝힌 다음 공동협의회결정 또는 당사자합의문건, 경제기술타산문건 같은 것을 첨부하여야 한다(합작법 제22조, 합작법 시행규정 제106조). 중앙경제협조관리기관은 합작기업의 존속기간연장신청문건을 받은 날부터 30일 안에 심사하고 승인하거나 부결하는 결정을 한 후 신청자에게 해당한 통지문건을 보내주어야 한다(합작법 시행규정 제107조). 합작기업은 존속기간연장승인문건을 받은 날부터 20일 내에 해당 기업등록기관, 영업허가기관, 세무기관, 세관에 존속기간변경등록신청문건을 제출하여야 한다. 존속기간변경등록신청문건에는 기업의 명칭과 소재지, 연장기간 같은 것을 밝힌 다음 존속기간연장승인문건사본을 첨부하여야 한다(합작법 시행규정 제108조). 기업등록기관, 영업허가기관, 세무기관은 합작기업이 존속기간변경등록신청문건에 따라 해당한 변경등록을 한 다음 기업등록증, 영업허가증, 세무등록증을 다시 발급해주어야 한다(합작법 시행규정 제109조).

(4) 원재료 구입과 제품 판매

합작기업은 생산 및 경영에 필요한 노동력, 물자, 기술, 설비, 전력, 용수 등을 북한의 해당 기관, 기업에서 보장받으려고 하거나 생산한 제품을 북한의 해당 기관, 기업에 판매하려고 할 경우 중앙투자관리기관에 계획에 맞춰 중앙투자관리기관이 정한 절차에 따라 구입 또는 판매하여야 한다(합작법 시행규정 제67조). 북한의 기관, 기업은 합작기업과 맞물린 노동력, 물자, 전력, 용수 같은 것을 우선적으로 보장해주어야 한다. 합작기업은 투자물자, 생산과 경영에 필요한 물자, 기술, 저작소유권을 다른 나라에서 들여오거나 생산제품과 기술을 다른 나라에 반출할 수 있다. 투자물자, 생산과 경영활동에 필요한 물자를 다른 나라에서 들여 오거나 다른 나라에 내가려고 할 경우에는 중앙투자관리기관에 반출입승인신청문건을, 기술, 저작소유권을 다른 나라에서 들여오거나 다른 나라에 내가려고 할 경우에는 수출입허가신청문건을 해당 중앙투자기관에 제출하여 승인을 받아야 한다(합작법 시행규정 제68조, 69조).

북한은 합작기업의 제품 수출을 장려하지만, 합작기업에서 생산한 제품이 북한에서 긴급하게 필요한 제품 또는 수입품인 경우에는 북한에서 판매할 수 있다.[52] 합작기업이 생산과 경영활동에 필요한 물자를 다른 나라로부터 수입하거나 생산한 제품을 다른 나라에 수출하는 경우에는 관세를 부과하지 않지만, 관세를 면제받은 물자를 북한에서 판매할 경우에는 관세를 부과한다(합작법 제12조).

(5) 노동관계

합작기업은 근로자 채용, 근로 및 휴식, 임금, 노동보호, 사회보험, 사회보장, 해고 등에 있어 북한의 외국인투자기업로동법에 따라 노동력을 관리하여야 한다(합작법 시행규정 제78조 내지 제80조). 이와 관련된 구체적인 내용은 '제3장 4. 외국인투자기업로동법'에서 살펴보기로 한다.

(6) 토지사용

북한은 1993년 10월 27일 최고인민회의 상설회의 결정 제40호로 토지임대법을 통과시킴으로써 외국인투자기업 또는 외국투자자가 토지를 임대하거나 사용할 수 있게 하였다. 또한 1994년 9월 7일 정무원 결정 제35호로 토지임대법 시행규정을 승인함으로써 토지임대법의 세부규정을 정비하였다. 이에 따라 북한에서 기업을 설립하거나 거주하고자 하는 외국기관, 기업, 기타 경제조직, 외국인 및 해외교포 모두 토지임대법 및 그 시행규정에 근거하여 토지를 임대할 수 있게 되었다.

중앙국토환경보호관리기관은 토지임대차계약을 심의·승인하고 토지사용 현황에 대하여 감독한다. 각 도의 국토환경보호관리기관은 토지임차인과 토지임대차계약을 체결하며, 각 시·군의 국토환경보호관리기관은 토지임대차계약을 이행하고 등기업무를 수행한다. 한편, 합영기업 또는 합작기업에 토지사용권을 출자

---

52) 조선대외경제투자협력위원회, 조선민주주의인민공화국 투자지침(2016년 5월) 참조.

하고자 하는 북한의 기관, 기업, 단체는 소재지 도의 국토관리기관 또는 경제특구 관련 기관의 승인을 거쳐 토지사용권을 취득할 수 있다. 위와 같은 토지사용권은 임차한 토지의 사용권과 동일한 효력을 가진다. 임차한 토지의 사용권은 임차인의 재산권에 속하고, 토지의 임대기간은 그 용도와 투자내용에 따라 계약당사자들이 협상을 통하여 결정하며 50년 이내로 한다.[53] 이와 관련된 구체적인 내용은 '제3장 3. 토지임대법'에서 살펴보기로 한다.

(7) 자금 운용 등

합작기업이 보험에 가입하는 경우 북한의 보험회사의 보험에 가입하여야 하며, 의무보험은 중앙보험지도기관이 정한 보험회사의 보험에 가입하여야 한다(합작법 제13조).

마. 합작기업의 결산과 분배

(1) 결산

합작기업의 결산연도는 1월 1일부터 12월 31일까지로 하며, 연간 결산은 다음해 2월 안으로 한다. 합작기업의 결산은 합작기업은 경영활동과 관련한 결산을 분기별, 연별로 하여야 한다. 연간 결산은 총 수입에서 원가와 거래세, 기타 지출을 공제하고 결산이윤을 확정하는 방법으로 한다(합작법 시행규정 제94조).

합작기업은 정해진 세금을 납부하여야 하는 것이 원칙이지만, 장려부문의 합작기업은 일정한 기간 기업소득세를 감면 받을 수 있다. 합작기업은 경영활동에 대한 회계결산을 정기적으로 하여야 하며, 회계결산서는 정해진 기간 안에 해당 재정기관에 제출한다(합작법 제18조). 한편, 합작기업의 결산서류는 재정검열원의 검열을 받고, 중앙투자관리기관에 결산문건을 제출하여야 한다(합작법 시행규정 제101조, 제102조).

---

53) 조선대외경제투자협력위원회, 조선민주주의인민공화국 투자지침(2016년 5월) 참조.

(2) 투자상환 및 이윤분배

합작기업에서 외국투자가에 대한 투자상환은 합작기업의 생산품으로 하는 것을 기본으로 하며, 이윤분배는 합작당사자들이 계약에서 정한 방법으로 한다(합작법 제14조). 합작기업에서 생산된 제품과 얻은 수입은 합작계약에 따라 상환 또는 분배의무를 이행하는 데 먼저 사용할 수 있다(합작법 제15조). 합작기업의 외국투자가는 분배 받은 이윤과 기타 소득, 기업을 청산하고 지급받은 자금을 제한 없이 북한 밖으로 송금할 수 있다(합작법 제16조). 그리고 합작당사자들은 합작기업에서 얻은 이익금을 합작기업에 재투자할 수 있다(합작법 시행규정 제103조).

이윤의 배분은 결산이윤으로 소득세를 납부하고 예비기금 등 필요한 기금을 적립한 후 합작계약에 따라 상환하기로 한다(합작법 시행규정 제99조). 또한 합작기업은 예비기금, 생산확대 및 기술발전기금, 상여금기금, 문화기금, 양성기금 등 필요한 기금을 설립할 수 있으며, 합작기업은 자본금의 25%에 해당한 금액이 될 때까지 해마다 발생한 결산이윤의 5%를 예비기금으로 적립하여야 한다(합작법 시행규정 제95조). 예비기금은 합작기업의 결손금 보전, 자본금 증가에 사용할 수 있다. 합작기업은 결산이윤의 10% 범위 내에 생산확대 및 기술발전기금, 직원 상여금기금, 문화기금, 양성기금 등 필요한 기금을 적립할 수 있으며 기업의 계획에 따라 지출한다(합작법 시행규정 제96조).

바. 합작기업의 해산과 청산

합작기업은 존속기간이 끝났을 경우 해산된다(합작법 시행규정 제110조). 합작기업은 존속기간이 끝나기 전에도 1) 합작당사자들이 계약의무를 이행하지 않았거나, 지불능력이 없어 기업운영이 불가능한 경우, 2) 불가피한 사정으로 기업을 운영할 수 없는 경우, 3) 공동협의기구에서 토의하거나 합작당사자들이 합의하여 기업의 해산을 결정하였을 경우, 4) 기업이 파산되었을 경우, 5) 이 밖에 합작기업과 관련한 법규범을 엄중히 위반하였을 경우에 해산할 수 있다(합작법 제20조, 합작법 시행규정 제111조). 합작당사자들이 계약의무를 이행하지 않거나 지불능력이 없어 기업운영이 불가능한 경우, 불가피한 사정으로 기업을 운영할 수 없는 경우,

공동협의기구에서 토의하거나 합작당사자들이 합의하여 기업의 해산을 결정하였을 경우에는 기업해산신청문건을 중앙경제협조관리기관에 제출하여야 한다(합작법 시행규정 제112조). 중앙경제협조관리관은 기업해산신청문건을 접수한 날부터 20일 안에 심사하고 승인하거나 부결하는 결정을 한 다음 신청자에게 해당 통지문건을 보내주어야 한다(합작법 시행규정 제113조). 합작기업의 해산으로 생긴 손해에 대한 책임은 귀책사유 있는 당사자가 진다(합작법 제20조).

합작당사자들은 기업이 해산되는 경우 청산위원회를 조직하여야 한다(합작법 제21조). 합작기업의 해산이 승인된 날부터 15일 안에 공동협의기구에서 토의한 다음 청산위원회를 조직하여야 하며, 청산위원회 구성원에는 기업책임자, 채권자 대표, 합작당사자, 그 밖의 필요한 구성원이 포함되어야 한다(합작법 시행규정 제114조). 합작기업이 정한 기간 안에 청산위원회를 조직하지 않을 경우 채권자는 북한의 재판기관에 청산위원회를 조직하여 줄 것을 요구할 수 있다(합작법 시행규정 제115조). 채권자의 요구에 의한 경우 또는 합작기업의 파산을 선고할 경우에는 재판기관은 청산원을 임명한 다음 청산위원회를 조직하여야 한다(합작법 시행규정 제116조). 청산위원회는 합작기업의 거래업무를 결속하고 청산을 끝낸 다음 10일 안으로 기업등록취소수속을 하여야 한다(합작법 제21조). 구체적으로 청산위원회는 1) 채권자 회의를 소집하고 채권자대표를 선출하며, 2) 기업의 재산과 도장을 넘겨 받아 관할하고, 3) 채권채무관계를 확정하고 재정상태표와 재산목록을 작성하며, 4) 기업의 재산에 대한 가치를 재평가하고, 5) 결속하지 못한 해당 업무를 넘겨 받아 처리하며, 6) 청산안을 작성하고, 7) 거래은행, 기업등록기관, 세무기관에 기업의 해산에 대하여 통지하며, 8) 세금을 내고 채권채무를 청산하며 남은 재산을 처리하고, 9) 이 밖의 청산과 관련하여 제기되는 문제를 처리한다(합작법 시행규정 제117조).

청산위원회는 조직된 날부터 10일 내에 채권자와 채무자에게 기업의 해산에 대하여 통지를 하여야 한다(합작법 시행규정 제118조). 채권자는 해산통지를 받은 날부터 30일 내에 채권청구문건을 청산위원회에 내야 한다. 채권청구문건에는 채권자명, 채권의 내용, 근거를 밝히고 해당한 확인문건을 첨부하여야 한다(합작법 시행규정 제119조). 청산위원회는 채권청구문건을 접수한 순서대로 채권을 등록하며 청산안에 따라 채권자의 채권을 처리해주어야 하고, 청산안은 기업을 해산시킨 공동협의기구 또는 중앙경제협조관리기관(기업의 파산을 선고하였을 경우에는 재판기관)의 합의를 받아야 한다(합작법 시행규정 제120조). 합작기업의 청산재산은 청산사업과 관련한 비용, 세금, 종업원의 보수, 기업의 채문순위로 처리하며 남은 재산은 합작계약에 따라 처리하여야 한다(합작법 시행규정 제121조). 청산위원회(재판기관이 조직한 청산위원회 제외)는 청산재산이 채무보다 저을 경우 해당 재판기관에 기업의 파산선고를 신청하여야 한다. 재판기관의 판결로 파산이 선고되었을 경우에는 청산사업을 재판기관에 넘겨주어야 한다(합작법 제21조, 합작법 시행규정 122조). 청산위원회는 청산사업이 끝났을 경우 청산사업이 끝난 때로부터 10일 내에 청산보고문건을 만들어 중앙경제협조관리기관(기업의 파산에 의한 청산인 경우에는 재판기관)에 제출하여야 한다(합작법 시행규정 제123조). 청산위원회는 청산사업이 끝나는 대로 기업등록증, 영업허가증 및 세무등록증을 해당 기관에 제출하는 것과 함께 거래은행의 계좌를 취소신청하여야 한다(합작법 시행규정 제124조). 기업등록기관과 관련기관은 해산된 합작기업을 등록에서 삭제하여야 하며(합작법 시행규정 제125조). 청산위원회 구성원은 청산사업의 결과에 대하여 중앙경제협조관리기관 또는 해당 재판기관 앞에서 책임을 진다(합작법 시행규정 제126조).

사. 분쟁해결

합작기업과 관련한 분쟁해결은 협의의 방법으로 해결하고, 협의의 방법으로 해결할 수 없을 경우에는 조정, 중재, 재판의 방법으로 해결한다(합작법 제23조). 중재 절차를 통해 외국인투자기업의 경영활동 중에 발생한 분쟁을 해결하는 경우 각 당사자 간에 사전에 중재에 관한 합의를 하여야 한다. 중재에 관한 합의가 되면 계약서에 중재 조항을 추가하거나 중재합의서를 별도로 작성하여야 한다.

5. 외국인기업법

가. 총론

외국인기업은 외국 기관, 기업, 외국인 또는 기타 경제조직, 외국국적을 가진 해외교포 및 북한 국적을 가진 해외교포(이하 '외국투자가')가 단독으로 북한에 투자하여 창설한 후, 독자적으로 운영할 수 있는 기업을 의미한다(외국인투자법 제2조 제7호). 북한의 사회주의 헌법과 외국인투자법을 기초로 하여, 최고인민회의 상임위원회 정령으로 채택된 외국인기업법(1992. 10. 5. 채택, 2011. 11. 29. 수정보충)이 외국인기업에 관하여 구체적으로 규정하고 있다.

외국인기업법은 외국인기업의 창설운영을 통해 국제적인 경제기술협력과 교류를 확대 발전하는 것을 목적으로(외국인기업법 제1조), 외국인기업에 관한 일반적인 창설, 운영, 해산 등에 관한 사항을 규정하고 있는 일반법이다. 외국인기업에 관한 사항을 집행하기 위하여 구체적인 사항을 담아 내각결정으로 채택된 외국인기업법 시행규정(2000. 10. 27. 채택, 2005. 8. 1. 수정)이 있으나. 외국인기업법의 개정 속도에 맞춰 개정된 것이 아니어서 현재의 외국인기업법과 일부 모순되는 내용이 발견되기도 한다. 이하에서는 최고주권기관적 성격과 입법권을 가지고 있는 최고인민위원회 상임위원회의 결정(사회주의 헌법 제88조, 제112조, 제116조)이 내각 결정에 우선됨을 전제로, 현재의 외국인기업법과 최신의 조선민주주의인민공화국 투자지침(2016년 5월)을 기본으로 하되, 외국인기업법 시행규정은 외국인기업법에 배치되지 않는 범위 내에서 소개하는 것으로 한다.

나. 기본원칙

외국인기업은 외국투자가가 기업운영에 필요한 자본의 전부를 투자하여 북한에 설립하고, 이를 독자적으로 운영, 경영할 수 있는 기업(외국인기업법 제2조)을 의미한다. 외국투자가만이 투자하고 운영할 수 있다는 점에서, 북한투자가와 외국투자가의 공동 투자와 공동 운영 방식인 합영기업, 북한투자가와 외국투자가의 공동 투자와 북한투자가 단독 운영 방식인 합작기업과 구별된다. 또한 외국인기업은 특정 지역에서만 설립, 운영될 수 있다는 점에서(외국인기업법 제6조, 외국인기업법 시행규정 제2조), 투자 지역에 제한이 없는 합영기업 및 합작기업과 구별된다. 이와 같은 투자 주체와 운영 주체의 차이에 따라 투자 허용 부문, 설립 지역 등에 있어서 차이가 있다.

외국인기업을 창설할 수 있는 부문은 전자공업, 자동화공업, 기계제작공업, 동력공업부문, 식료가공공업, 피복가공공업, 일용품공업, 건재공업, 제약공업, 화학공업, 건설, 운수 및 봉사부문 및 그 밖의 필요 부문이며(외국인기업법 제3조, 외국인기업법 시행규정 제9조), 첨단기술과 현대적인 설비를 도입하거나, 국제시장에서 경쟁력이 높은 제품을 생산할 수 있어야 하고, 생산제품의 질을 세계적 수준으로 높일 수 있는 어느 하나의 조건을 만족시켜야 창설할 수 있다(외국인기업법 시행규정 제10조). 반면, 북한의 안전, 인민들의 건강보호, 국토 및 자원에 피해를 주거나, 기술적으로 뒤떨어지거나, 국내외 수요가 적거나 업종과 경영방법이 인민들의 건전한 사상감정과 생활기풍에 맞지 않아 부정적 영향을 줄 수 있는 경우는 창설이 승인되지 아니하며, 출판, 보도, 방송, 교육, 문화, 보건, 체신 등의 부문은 창설할 수 없다(외국인기업법 제3조, 외국인 기업법 시행규정 제11조, 제12조).

외국투자가가 외국인기업을 설립하기 위하여 투자한 자본과 이를 통해 얻은 운영수익은 법적으로 보호되며(외국인기업법 제4조), 외국투자가는 북한의 법과 규정을 존중하고 준수하여야 하고, 북한의 인민경제발전에 지장을 주는 행위를 하지 않아야 할 의무가 있다(외국인기업법 제5조). 외국인기업은 해당 도(직할시)인민위원회 또는 특수경제지대관리관에 등록한 날부터 북한의 법인이 된다(외국인기업법 제9조, 외국인투자기업등록법 제11조).

다. 외국인기업의 창설

(1) 투자신청 및 심의절차

외국투자가는 외국인기업창설을 위한 수속을 직접 하거나 대리인을 통하여 할 수 있다(외국인기업법 시행규정 제13조). 신청인은 외국인기업을 창설하려고 할 경우 외국인기업창설신청문건(이하 '신청문건')을 지역관리기관(도인민위원회)에 제출하여 계획, 재정, 과학기술, 국토환경보호, 건설과 같은 내용에 합의한 다음, (특수경제)지대관리기관을 통하여 투자관리기관에 신청문건을 제출하여야 한다. 이때 신청문건에 기업의 규약, 경제타산문건, 투자가와 관련한 증명문건, 투자하는 기계설비 및 자재명세, 투자하는 공업소유권, 기술노하우와 그에 대한 설명문건, 투자가의 자본신용확인문건 등을 첨부하여야 한다(외국인기업법 제7조, 외국인기업법 시행규정 제14조).

필요서류의 내용

• 외국인기업 규약(정관)에 포함되어야 하는 내용(외국인기업법 시행규정 제15조)
  기업의 명칭 / 소재지 / 기업의 창설목적 / 경영범위 / 생산규모 / 총투자액 / 등록자본 /
  투자방식과 기간 / 기업의 기구 및 그 직능(이사장, 사장, 회계책임자, 재정검열원의
  임무와 권한) / 경영기간 / 해산 및 청산 / 규약의 수정절차 / 기타 필요한 내용

• 외국인기업 경제기술타산서에 포함되어야 하는 내용(외국인기업법 시행규정 제16조)
  기업의 명칭 / 총투자액과 등록자본 / 투자계획 / 생산계획과 관련한 자료 / 주요생산
  공정설비의 기술 및 유리성분분석자료 / 건축공사와 관련한 자료 / 주요원자재의 품
  종과 소요량 / 생산제품의 판매와 관련한 자료 / 종업원의 채용 및 기술인원양성계획 /
  단계별 수익성타산자료 / 기타 필요한 내용

• 외국인기업창설신청문건에 포함되어야 하는 내용(외국인기업법 시행규정 제14조)
  투자가명 / 창설하려는 외국인기업의 명칭 / 책임자명(국적, 민족, 직무) / 업종 / 생산
  품종 및 규모 / 총 투자액 / 등록자본 / 계좌를 개설할 은행, 투자방식과 기간 / 주요생
  산 및 기술공정자료 / 생산제품의 판매시장과 판매방식 / 기업의 기관, 종업원 수 및
  인력채용과 관련한 자료 / 건설부지 면적과 희망하는 장소 / 용수·동력 및 원자재 소
  요량 / 연도별 생산계획 / 경영기간 / 개업 예정일자 / 기타 필요한 내용

• 기계설비 및 자재명세(외국인기업법 시행규정 제17조)
  기계설비 및 자재 명칭 / 규격 / 용도 / 단위 / 수량 / 단가 / 총액 / 생산공장 및 회사명 /
  수입해 오는 국가명 / 기타 필요한 내용

• 공업소유권, 기술노하우 설명문건(외국인기업법 시행규정 제18조)
  공업소유구권과 기술노하우의 명칭·소유자명·실용가치·유효기간 등 / 기술문헌·도
  면·조작지도서와 같은 기술자료 / 평가가격의 계산 근거 / 공업소유권증서사본 등

　외국인기업창설을 위한 심사승인은 투자관리기관이 하는데, 이때 지역관리기
관은 신청인으로부터 신청문건을 접수한 날부터 10일 안에 의견을 첨부하여 투
자관리기관에 제출하여야 한다(외국인기업법 시행규정 제20조). 투자관리기관은 신청
문건을 접수한 날부터 30일 안에 심의한 다음, 승인 또는 이유를 밝힌 부결통지
문건을 지역관리기관을 통하여 신청자에게 발송하여야 한다(외국인기업법 제8조, 외
국인기업법 시행규정 제21조 참고).

(2) 기업등록

외국인기업창설승인서를 발급받은 외국투자가는 30일 안에 기업소재지의 도(직할시)인민위원회 또는 특수경제지대관리기관에 등록하여야 한다. 세무등록, 세관등록은 도(직할시)인민위원회 또는 (특수경제)지대관리기관에 등록한 날부터 20일 안에 한다(외국인기업법 제9조). 외국인기업은 투자관리기관에 창설등록을 한 날부터 북한의 법인이 된다(외국인투자기업등록법 제11조).

외국인기업은 투자관리기관의 승인을 받고 북한 또는 외국에 지사, 사무소, 대리점 등을 설립할 수 있다(외국인기업법 제10조).

외국인기업은 기업등록증을 발급받은 후 토지임대기관과 토지임대계약을 체결하여야 하며,[54] 외국투자가는 외국인기업을 창설하는 데 필요한 건설을 북한의 건설기관에 위탁하여 할 수 있다(외국인기업법 제11조).

(3) 투자절차와 방법

외국투자가는 외국인기업창설승인서에서 정해진 기간(일반적으로 승인 증서 발급 1년 내) 전에 기업창설승인문건에 정한 바에 따라 투자를 완료하여야 한다(외국인기업법 제12조, 외국인기업법 시행규정 제27조). 만약, 부득이한 사정으로 정해진 기간 안에 투자를 완료하지 못하는 경우에는 투자관리기관의 승인을 받아 투자기간을 연장할 수 있다(외국인기업법 제12조). 위와 같은 연장 없이 정해진 기간 안에 정당한 이유 없이 투자하지 아니한 경우 외국인기업창설승인은 취소될 수 있다(외국인기업법 제13조).

총투자액 4억 5천만 북한원까지는 총투자액의 65% 이상, 총투자액이 4억 5천만 북한원 이상부터 15억 북한원까지는 총투자액의 45% 이상, 총투자액 15억 북한원 이상부터 45억 북한원까지는 총투자액의 35% 이상, 총투자액이 45억 북한원 이상은 총투자액의 30% 이상을 각 등록자본으로 하여야 한다(외국인기업법 시행규정 제28조). 등록자본은 증액만 가능하고, 감액할 수는 없으며, 증액하는 경우 변경등록이 필요하다(외국인기업법 제25조, 외국인기업법 시행규정 제30조).

---

54) 조선대외경제투자협력위원회, 조선민주주의인민공화국 투자지침(2016년 5월) 참조.

외국인기업은 다른 사람에게 양도할 수 있는데, 이 경우 투자관리기관의 승인을 받아야 하며, 변경등록도 필요하다(외국인기업법 시행규정 제31조).

투자는 화폐재산, 현물재산, 공업소유권, 기술노하우 등으로 할 수 있고(외국인기업법 시행규정 제32조), 투자하는 현물재산, 공업소유권, 기술노하우의 가격은 외국인기업이 해당 시기 국제시장가격에 준하여 정하여야 한다(외국인기업법 시행규정 제33조). 이때, 투자하는 현물재산, 공업소유권, 기술노하우는 투자가의 소유권 또는 이용권에 속하거나, 경쟁력이 있는 수출제품을 생산할 수 있는 것이거나, 공업소유권과 기술노하우의 평가액이 등록자본의 20%를 초과하지 않는 것이어야 한다(외국인기업법 시행규정 제34조).

투자하는 현물재산은 수출입상품검사검역기관에 의뢰하여 검사를 받아야 하며(외국인기업법 시행규정 제35조), 외국인기업은 기업운영에서 얻은 이윤의 일부 또는 전부를 재투자할 수 있고, 이때 하부구조건설대상에 대하여 재투자시 재투자분에 해당한 소득세 전액을, 그 밖에 대상에 대하여는 재투자분에 해당한 소득세 50%를 환급받을 수 있고, 재투자한 때로부터 5년 내에 재투자 자본을 회수할 경우 반환 받았던 소득세를 환급하여야 한다(외국인기업법 시행규정 제36조). 외국인기업은 등록자본을 투자할 때마다 검증기관이 발급한 투자확인문건(투자검증보고 문건 첨부 필요)을 투자관리기관에 제출하여야 한다(외국인기업법 시행규정 제37조).

(4) 영업허가

투자가 완료되면, 정상 경영을 위해 지역관리기관에 영업허가증을 신청하여야 한다. 외국인기업은 주소등록, 세무등록, 세관등록, 계약서상 투자를 완료한 후 영업허가를 받은 날부터 민사법률관계의 당사자로서 독자적인 경제활동을 할 수 있다(외국인기업법 시행규정 제38조). 외국인기업은 정해진 개업 예정일안에 영업허가를 받아야 하며, 불가피한 사정으로 영업허가를 개업예정일 안에 받을 수 없는 경우에는 투자관리기관으로부터 개업일 연장 승인을 받아야 한다(외국인기업법 시행규정 제39조).

영업허가를 받기 위해서는 지역관리기관에 영업허가신청문건을 제출하여야 한다. 영업허가신청문건에는 투자를 확인한 검증기관의 투자확인문건, 생산공정 및 시설물의 안전성과 환경보호를 담보하는 해당기관의 확인문건, 생산한 시제품의 견본 등을 첨부하여야 하며(외국인기업법 시행규정 제40조), 지역관리기관은 접수받은 날로부터 15일 안에 영업을 허가하거나 부결하여야 한다(외국인기업법 시행규정 제41조). 투자가 모두 이루어진 뒤 자본 조사를 하고 공장 준공 증명서를 취득한 후에야 영업허가증이 발급되며, 영업허가증을 취득하기 전에는 경영활동을 할 수 없고, 영업허가증 취득 전 시험생산을 하더라도 시제품의 판매 수입은 수익으로 분배되어서는 아니 되며, 시험 생산, 행정관리비 등에만 사용될 수 있다.[55]

영업허가 관련[56]

• 영업허가 요건
  - 기업설립 관련 허가서류에 기재된 출자를 완료하고 투자검증기관의 심사를 받는다.
  - 국토환경보호기관의 환경평가를 받아야 하며 기준에 부합하여야 한다.
  - 택지신축 또는 증축의 경우 준공검사를 받아야 하며 기준에 부합하여야 한다.
  - 생산기업은 시험생산을 하여야 하며 시제품을 생산하여야 한다.
  - 서비스기업은 서비스 장비 및 시설을 구비한 후 위생방역기관의 위생검역을 받아야 하며 영업준비를 완료하여야 한다.
  - 해상운송 및 여객운송 기업이 출자를 받거나 매입한 선박 등 운송수단과 관련하여, 감독기관의 기술심사를 받고 등기를 진행한 후 관련 증서를 발급받아야 하며, 운항준비 및 안전운항을 완료하여야 한다.
  - 기타 경영활동에 필요한 준비를 완료하여야 한다.

• 영업허가 신청서에 포함되어야 하는 내용
  기업명칭 및 법정주소 / 예상 개업일자 / 투자총액 / 등록자본 / 실제 출자상황 / 업종 / 기업등록증 / 관련 기관의 투자확인 문건 / 준공점검 문건 / 생산공정 및 시설안전확인 문건 / 환경영향평가 문건 / 시범생산제품 샘플

---

55) 중국 상무부 대외투자협력국별(지역별) 지침(2017년 9월) 참조.
56) 조선대외경제투자협력위원회, 조선민주주의인민공화국 투자지침(2016년 5월) 참조.

라. 외국인기업의 기구와 경영활동

(1) 경영조직 및 경영관리기구

외국인기업법에는 합영기업의 이사회와 합작기업의 공동협의기구와 같은 경영조직에 관한 규정이 없다. 다만, 기업규약에 "기업의 기구 및 그 직능(이사장, 사장, 회계책임자, 재정검열원의 임무와 권한)"에 관한 사항을 규정하여야 한다는 점에 비추어 볼 때, 이사회와 경영관리기구로서 사장, 회계책임자, 재정검열원 등이 필요할 것으로 판단된다. 이에 대해 조선민주주의인민공화국 투자지침(2016년 5월)에서는 "기업상황에 따라 필요한 기관을 설립"할 수 있는 것으로 설명하고 있다.

(2) 경영활동과 존속기간

외국인기업은 승인된 업종에 따라 경영활동을 하여야 하며, 업종의 변경 또는 추가가 필요한 경우 투자관리기관의 승인을 받아야 한다(외국인기업법 제14조). 이때 업종변경은 승인 받은 업종에 대한 투자를 마친 후, 이에 대한 영업허가를 받은 후에야 가능하다(외국인기업법 시행규정 제42조). 외국인기업은 투자관리기관에 연, 분기 생산 및 수출입계획을 제출하고 등록한 후 이를 실행하여야 한다(외국인기업법 제15조, 외국인기업법 시행규정 제43조).

외국인기업의 존속기간은 기업창설승인문건에 기재된 내용에 따르며, 존속기간의 계산은 기업을 등록한 날부터 한다. 존속기간을 연장하고자 할 때에는 존속기간이 끝나기 6개월 전에 지역관리기관을 통하여 투자관리기관에 존속기간 연장신청문건을 제출하여야 하며, 지역관리기관은 이를 검토 하여 검토한 다음 투자관리기관에 의견을 제출하여야 한다. 투자관리기관은 존속기간 연장신청문건을 접수한 날부터 30일 안에 승인하거나 부결하여야 한다. 존속기간을 연장 받은 경우, 연장 받은 날부터 20일 내에 경영기간 변경등록을 한다(외국인기업법 시행규정 제70조 내지 제72조).

(3) 경영물자의 구입과 제품 판매

외국인기업은 투자관리기관을 통하여 북한에서 원료, 자재, 설비를 구입하거나 생산한 제품을 북한에서 판매할 수 있다(외국인기업법 제16조). 외국인기업이 소재한 지역 외에서의 이를 구입, 판매의 경우에는 북한의 해당 무역기관을 통하여야 하며, 외국에서 구입, 수출하는 경우에는 지역관리기관에 반출입승인신청문건을 제출하여 승인을 받아야 한다(외국인기업법 시행규정 제44조).

외국인기업이 생산한 상품은 북한의 무역기관에 위탁하여 수출할 수 있으며, 이때 수출입상품의 가격은 해당 시기 국제시장가격에 준하여 적용된다. 그리고 외국인기업은 수입한 물자의 보관 및 이용, 생산 제품의 수출내역을 장부에 기재하여야 한다(외국인기업법 시행규정 제46조 내지 제48조).

외국인기업이 생산과 경영활동에 필요한 물자를 수입하거나 생산 제품을 수출하는 경우에는 이에 대해 관세를 부과하지 않는다(외국인기업법 제24조). 한편, 외국인기업이 보험에 가입하는 경우 북한 보험회사의 상품에 가입하여야 한다(외국인기업법 제22조).

(4) 재정관리

외국인기업은 북한의 은행 또는 외국투자은행에 계좌를 개설하여야 하며, 외화관리기관의 승인을 받아 외국에 있는 은행에도 계좌를 개설할 수 있다(외국인기업법 제17조). 이때 외국인기업의 거래에 따르는 결제는 거래은행에 개설된 계좌를 통해서만 할 수 있다(외국인기업법 시행규정 제51조). 북한의 은행 또는 국외 금융기관으로부터 대여받을 수 있다(외국인기업법 시행규정 제54조 내지 제58조).

외국인기업은 재정회계문건을 기업에 비치하여야 하며, 재정관리와 회계는 외국인투자기업에 적용되는 재정회계법규(외국투자기업회계법, 외국인투자기업재정관리법)에 따라야 한다(외국인기업법 제18조). 외국인기업의 회계는 북한 화폐를 기준으로 하는 것이 원칙이다(외국인기업법 시행규정 제50조).

(5) 노동력의 관리

외국인기업은 북한 인력을 채용하여야 하며 이를 위하여 지역 인력알선기관과 인력채용계약을 맺어야 한다. 다만, 일부 관리인원과 특수한 직종의 기술자, 기능공은 투자관리기관에 통지하고 승인을 받아 외국 인력으로 채용할 수 있다

(외국인기업법 제19조, 외국인기업법 시행규정 제61조). 채용한 북한 인력은 직업동맹조직과 인력알선기관과 합의되지 않는 한 계약기간 종료 전에 해고할 수 없다(외국인기업법 시행규정 제62조).

외국인기업에서 일하는 종업원들은 종업원의 권리와 이익을 대리하여 조정해 줄 수 있는 직업동맹조직을 설립할 수 있다(외국인기업법 제20조, 외국인기업법 시행규정 제66조). 외국인기업은 종업원의 권리와 이익에 관계되는 문제를 직업동맹대표와 합의하여 처리하여야 하고, 직업동맹조직의 사업조건과 활동조건을 보장하여야 한다. 또한 외국인기업은 직업동맹조직에 가입한 종업원의 숫자가 500명까지는 전체 종업원의 월임금의 2%에 해당하는 금원, 500~1,000명까지는 전체 종업원의 월임금의 1.5%에 해당하는 금원, 1,000명 이상은 전체 종업원의 월임금 1%에 해당하는 금원을 활동자금으로 지원해주어야 한다(외국인기업법 시행규정 제67조 내지 제69조).

마. 결산과 분배

(1) 결산

외국인기업의 결산연도는 1월 1일부터 12월 31일까지이다. 외국인기업을 창설한 경우 그 해의 결산연도는 기업창설일부터 12월 31일까지로 하고, 외국인기업을 종결할 경우 그 해의 결산연도는 그 해 1월 1일부터 종결할 때까지로 한다(외국인기업법 시행규정 제52조).

외국인기업은 결산이윤에서 기업소득세를 납부한 다음 예비기금과 종업원들을 위한 상금기금, 문화후생기금 등을 조성하여야 하며, 예비기금은 등록자본의 25%가 될 때까지 해마다 결산이윤의 5%씩 적립하여야 한다. 적립된 예비기금은 등록자본을 증액하거나 결손금 보전에만 사용할 수 있다. 외국인기업은 경영활동과 관련한 분기 및 연간 결산을 하여야 하며, 회계문건을(결산문건, 고정재산문건은 기업의 경영기간이 끝날 때까지) 5년간 보관하여야 한다.

(2) 이윤 및 투자상환

기업운영과정에서 얻은 합법적 이윤과 소득은 재투자할 수 있고, 이를 국외로 송금할 수 있다(외국인기업법 제21조). 외국인기업은 정해진 세금을 납부하여야 하며, 장려부문의 외국인기업은 일정기간 기업소득세를 감면 받을 수 있다(외국인기업법 제23조). 투자관리기관과 관련 재정기관은 외국인기업의 투자 및 세금납부상태를 조사할 수 있다(외국인기업법 제26조).

바. 해산과 청산

외국인기업은 경영기간의 종료에 따라 해산되며, 종료되기 전에 기업을 해산하거나 그 기간을 연장하고자 할 때에는 투자관리기관의 승인을 받아야 한다(외국인기업법 제27조). 외국인기업이 해산되는 사유로는 경영기간이 만기되었을 경우, 불가피한 사정으로 인하여 경영을 계속할 수 없는 경우, 경영손실의 회복이 곤란하여 기업해산을 결정한 경우, 법원의 판결에 따라 파산이 선고된 경우, 기타 외국인기업법의 위반에 따라 해산이 선고 또는 결정된 경우가 있다(외국인기업법 시행규정 제73조).

외국인기업이 해산되거나 파산되는 경우 투자관리기관에 기업의 해산 또는 파산 신청을 하여야 하며, 외국인기업의 재산은 청산절차가 종료되기 전에 임의로 처리할 수 없다(외국인기업법 제29조).

기업 해산이 승인된 날이 기업 해산일이 된다. 외국인기업은 해산이 결정된 날부터 10일 내에 기업의 해산을 공개하고 채권, 채무자에게 통지하여야 한다. 외국인기업은 해산을 공개한 날부터 15일 내에 투자관리기관의 합의를 받아 청산위원회를 조직하며, 청산위원회는 조직된 날부터 1주일 내에 청산사업에 착수하여야 한다. 청산위원회는 외국인기업의 대표, 채권자의 대표, 재정기관의 대표, 투자당사자 등에 의해 구성되며, 채권자회의를 소집하고, 기업의 재산과 인감을 관리하며, 채권채무관계를 확정하고 재정상태표와 재산목록을 작성하고, 기업의 가치를 평가한 후 청산안을 작성하여야 한다. 그 후 세금을 납부하고 채권채무를 청산하며 남은 재산을 처리한다. 외국인기업은 위 청산이 끝나기 전까지는 재산을 임의로 처리할 수 없다. 외국인기업의 청산재산은 청산사업과 관련하여 제기되는 비용, 종업원의 보수, 기업의 채무 순으로 처리된다. 청산위원회는 청산사업이 완료되면 청산보고문건을 작성하여 투자관리기관에 제출하고, 지역관리기관에 기업등록증과 영업허가증을 반납한 후, 기업 및 세무등록취소수속 및 계좌 폐쇄를 진행한다(외국인기업법 시행규정 제74조 내지 제80조). 외국인기업의 파산에 의한 해산은 북한의 외국인투자기업파산에 관한 법규범에 따라야 한다.

사. 감독

외국인기업의 경영활동에 대한 감독은 투자관리기관 지도 하에 있는 지역관리기관이 하며(외국인기업법 시행규정 제82조), 외국인기업법의 규정을 위반할 경우 벌금, 영업중지, 해산까지 가능하며, 위반의 정도에 따라 형사처벌까지 받을 수 있다(외국인기업법 제28조).

아. 분쟁의 해결

외국인기업에 관한 분쟁은 협의로 해결하고, 협의의 방법으로 해결할 수 없을 경우에는 북한의 중재기관 또는 법원을 통해 해결한다(외국인기업법 제30조, 외국인기업법 시행규정 제84조).

6. 경제개발구법

가. 총론

최고인민회의 상임위원회 정령으로 채택된 경제개발구법(2013. 5. 29. 채택)은 북한 내 특정 지역에 경제 및 과학기술분야의 개발을 목표로 하는 경제개발구를를 지정하기 위해 제정되었는데, 이에 따라 8개의 도(직할시)의 일부 지역에 총 13개의 경제개발구를 조성하기로 결정하였다.[57]

---

57) 중국 상무부 대외투자협력국별(지역별) 지침(2017년 9월) 참조.

북한은 인프라 건설 선행 원칙에 따라 건축, 도로, 전력, 통신 등 개발 마스터 플랜을 수립했으며, 해당 계획에 따르면 청진·압록강·만포·혜산(이상 '경제개발구'), 흥남·현동·위원(이상 '공업개발구'), 온성섬·신평(이상 '관광개발구'), 송림·와우도(이상 '수출가공구'), 어랑·북청(이상 '농업개발구')의 개발 사업을 적극적으로 추진할 계획이다.[58]

경제개발구법은 경제개발구의 지정, 개발 및 운영에 관한 대원칙 등을 위주로 규정하는 기본법적인 성격을 가지며(경제개발구법 제9조), 보다 먼저 제정된 라선경제무역지대법 등과 그 내용에서 대동소이하다. 특별법적인 성격을 가진 법률이 제정되어 적용되고 있는 라선경제무역지대(라선경제무역지대법), 개성공업지구(개성공업지구법), 금강산국제관광특구(금강산관광지구법)에는 경제개발구법이 적용되지 않는다(경제개발구법 부칙 제2조).

경제개발구법은 경제개발구에 투자한 자의 재산권 보장 및 각종 혜택(세제혜택 및 토지사용료의 면제) 등을 명시하고 있고, 경제개발구 내에서의 간소화된 기업 설립 절차 등을 제시하여 외국인 투자 유치 및 대외개방을 위한 제도를 법제화하였다는 점에서 의미를 가진다. 다만, 경제개발구법의 내용은 상당 부분이 추상적이며 이의 시행과 집행에 필요한 세부적인 사항을 담고 있는 하위법규 및 시행규칙 등이 아직 마련되지 않은 상태이므로, 북한의 본격적인 경제 개방을 위해서는 그러한 하위법규의 정비가 요구된다.

나. 기본원칙

경제개발구는 국가가 특별히 정한 법규에 따라 경제활동에 특혜가 보장되는 특수경제지대이며, 공업개발구, 농업개발구, 관광개발구, 수출가공구, 첨단기술개발구 등으로 구분된다(경제개발구법 제2조). 경제개발구는 관리소속에 따라 중앙급경제개발구와 지방급경제개발구로 구분하며, 경제개발구의 명칭과 소속은 비상설국가심의위원회에서 결정한다(경제개발구법 제3조). 경제개발구의 창설과 관련된 사업은 중앙특수경제지대지도기관이 포괄적으로 담당한다(경제개발구법 제4조).

---

58) 중국 상무부 대외투자협력국별(지역별) 지침(2017년 9월) 참조.

경제개발구에서는 외국법인, 개인, 경제조직, 해외동포 등이 기업, 지사, 사무소 등을 설립하고 경제활동을 자유롭게 영위할 수 있으며, 토지이용, 노동력 채용, 세금 등에 있어 혜택이 부여된다(경제개발구법 제5조).

경제개발구에서는 하부구조건설부문과 첨단과학기술부문, 국제시장에서 경쟁력이 있는 상품을 생산하는 부문의 투자를 특별히 장려하고 있으며, 국가의 안전과 주민들의 건강, 건전한 사회도덕생활, 환경보호에 저해를 주거나 경제기술적으로 낙후된 대상에 대한 투자와 경제활동은 금지되거나 제한된다(경제개발구법 제6조).

경제개발구에 투자한 자의 권리, 재산 및 합법적 소득은 보호를 받으며, 적법한 절차 및 충분한 보상 없이 국유화하지 아니함을 원칙으로 하고 있다(경제개발구법 제7조). 또한 경제개발구에서 개인의 신변안전은 법에 따라 보호되며, 법에 근거하지 않고는 구속, 체포되지 않으며 거주하는 곳을 수색 당하지 않고, 신변안전에 관한 별도의 조약이 있는 경우에는 이에 따른다(경제개발구법 제8조).

다. 경제개발구의 창설

경제개발구의 창설은 국가의 경제발전전략에 따라 이루어지며(경제개발구법 제10조), 대외경제협력과 교류에 유리한 지역, 나라의 경제 및 과학기술발전에 이바지할 수 있는 지역, 주민지역과 일정하게 떨어진 지역, 국가가 정한 보호구역을 침해하지 않는 지역에 선정하는 것을 원칙으로 한다(경제개발구법 제11조). 한편, 경제개발구의 창설승인은 비상설국가심의위원회가 하며, 창설의 공포는 최고인민회의 상임위원회가 한다(경제개발구법 제17조 내지 제18조).

외국투자가가 경제개발구의 창설, 개발과 관련하여 문제를 제기한 경우, 중앙특수경제지대지도기관에서 이를 검토, 확인하고 처리한다(경제개발구법 제12조).

라. 경제개발구의 개발

외국투자가는 경제개발구를 단독 또는 공동으로 개발할 수 있으며, 북한의 기관 및 기업도 승인을 받고 개발할 수 있다(경제개발구법 제20조). 개발기업에 대한 승인은 중앙특수경제지대지도기관이 하며, 중앙특수경제지대기관은 개발기업을 등록하고 개발사업권 승인증서를 발급한다(경제개발구법 제21조). 경제개발구의 개발총계획과 세부계획 등은 지역국토건설총계획에 기초하여 해당 기관 또는 개발기업이 작성한다. 한편, 개발총계획의 승인은 내각이 하고, 세부계획의 승인은 중앙특수경제지대지도기관이 하며, 개발계획의 변경승인은 해당 계획을 승인한 기관이 한다(경제개발구법 제22조).

개발기업이 토지를 임대하려는 경우 해당 국토관리기관과 임대기간, 면적, 구획, 용도, 임대료 지급기관 및 지급방법 등이 기재된 토지임대차계약을 체결해야 하며, 해당 국토관리기관은 토지임대료를 지급한 기업에게 토지이용증을 발급해야 한다(경제개발구법 제24조). 경제개발구 내에서 토지는 최대 50년까지 임대할 수 있으며 이는 갱신이 가능하고, 토지임대기간은 해당 기업에게 토지이용증을 발급한 날부터 기산한다(경제개발구법 제25조). 한편, 기관, 기업소, 단체는 외국투자가와 함께 개발기업을 설립하는 경우 토지이용권을 출자할 수 있다(경제개발구법 제26조).

경제개발구 내에 있는 건물과 부속물의 철거, 이설 및 주민이주에 소요되는 비용은 개발기업이 부담한다(경제개발구법 제27조). 경제개발구의 하부구조와 공공시설의 건설은 개발기업이 하며(경제개발구법 제28조), 토지이용권 및 건물소유권은 매매, 재임대, 증여, 상속 및 담보로 제공할 수 있으며, 이 경우 관련 가격은 개발기업이 정할 수 있다(경제개발구법 제29조).

기업이 토지이용권 또는 건물소유권을 취득한 경우 관리기관에 등록하고 해당 증서를 발급받아야 하며, 이에 관해 변동이 발생한 경우에는 변경등록을 하고 해당 증서를 재발급 받아야 한다(경제개발구법 제30조).

마. 경제개발구의 관리

경제개발구의 관리는 중앙특수경제지대지도기관과 해당 도(직할시)인민위원회의 지도 하에 경제개발구관리기관이 담당한다(경제개발구법 제31조).

바. 경제개발구에서의 경제활동

경제개발구에 기업을 창설하려는 투자자는 경제개발구관리기관에 기업창설신청문건을 제출하여야 하며, 경제개발구관리기관은 기업창설신청문건을 접수한 날로부터 10일 내에 기업창설을 승인하거나 부결하고 그 결과를 통지해야 한다(경제개발구법 제38조). 창설 승인을 받은 기업은 정해진 기일 내에 창설등록, 주소등록, 세관등록 및 세무등록을 하여야 하고, 관기기관에 창설등록을 한 날부터 북한 법인으로 되지만, 외국 기업의 지사, 사무소는 북한 법인으로 되지 않는다(경제개발구법 제40조).

경제개발구 내에 설립된 기업은 북한 노동자를 우선적으로 채용해야 하며, 이 경우 해당 노동행정기관에 노동자채용신청문건을 제출하고 노동자를 제공받아야 한다. 한편, 외국인 노동자를 채용할 경우에는 경제개발구관리기관에 협의해야 한다(경제개발구법 제41조). 경제개발구의 노동자 월 최저임금은 중앙특수경제지대 지도기관이 관리기관 또는 해당 도(직할시)인민위원회와 협의하여 정한다(경제개발구법 제42조).

기업들은 취급하는 재화 및 용역의 가격을 자유롭게 정할 수 있다(경제개발구법 제43조). 경제개발구 내에서의 기업소득세율은 결산이윤의 14%이며, 장려 부문의 기업소득세율은 결산이윤의 10%이다(경제개발구법 제45조). 경제개발구에서의 유통 화폐와 결제화폐는 조선원 또는 정해진 화폐로 한다(경제개발구법 제46조). 경제개발구에서는 외화의 반출입이 자유롭고, 이윤 및 기타 소득도 경제개발구 밖으로 제한 없이 송금할 수 있으며, 경제개발구로 반입한 재산과 합법적으로 취득한 재산을 경제개발구 밖으로 반출할 수 있다(경제개발구법 제47조).

경제개발구에서 지적재산권은 보호되며(경제개발구법 제48조), 유가증권의 거래가 허용된다(경제개발구법 제51조).

사. 장려 및 특혜

경제개발구에서 기업용 토지는 토지의 사용목적 및 용도에 따라 임대기간, 임대료, 임대료 납부방법 등에서 특혜를 받을 수 있고, 하부구조시설이나 공공시설, 장려부문에 투자하는 기업에 대하여는 토지의 위치선택에 있어 우선권을 주며 소정의 기간 동안 토지 사용료를 면제받을 수 있다(경제개발구법 제52조).

경제개발구에서 10년 이상 기업을 운영하는 경우 기업소득세의 감면 또는 면제 혜택을 받을 수 있고(경제개발구법 제53조), 이윤을 재투자하거나 새로운 기업을 설립하여 5년 이상 운영하는 경우에는 재투자분에 대해 기업소득세액의 50%를 환급받을 수 있으며, 하부구조건설 부문에 재투자할 경우에는 재투자분에 대해 소득세액 전부를 환급 받을 수 있다(경제개발구법 제54조). 한편, 경제개발구의 개발기업은 관광업, 호텔업 등의 경영권취득에 있어 우선권을 가지며, 개발기업의 재산, 하부구조시설, 공공시설의 운영에는 세금이 부과되지 않는다(경제개발구법 제55조).

경제개발구 내에서는 특혜적 관세가 적용되며, 경제개발구 건설용 물자와 각종 무역을 위해 반입하는 물자, 기업의 생산 및 경영에 필요한 물자와 생산된 수출상품, 투자자가 사용할 생활용품, 그 밖에 국가에서 정한 물자에 대해서는 관세가 부과되지 않는다(경제개발구법 제56조). 경제개발구에서 물자의 반출입은 신고제로 운영되며, 물자반출입신고서를 해당 세관에 제출해야 한다(경제개발구법 제57조).

아. 분쟁의 해결

경제개발구 내에서 활동하는 개인 또는 기업은 경제개발구관리기관 또는 중앙특수경제지대지도기관 등에 민원을 제기할 수 있으며, 이 경우 해당 민원은 30일 내에 처리가 완료되어야 한다(경제개발구법 제59조).

경제개발구에서 당사자들은 조정을 통해 분쟁을 해결할 수 있고(경제개발구법 제60조), 당사자 간에 중재합의가 있는 경우 북한 또는 외국의 국제중재기관에 중재를 제기해 분쟁을 해결할 수 있다(경제개발구법 제61조). 또한 분쟁 당사자들은 해당 경제개발구를 관할하는 도(직할시) 재판소 또는 최고재판소에 소송을 제기해 분쟁을 해결할 수 있다(경제개발구법 제62조).

7. 라선경제무역지대법과 황금평·위화도 경제지대법

가. 총론

북한은 1980년대와 1990년대 사회주의권 경제와 붕괴와 내부경제 악화로 외국자본의 유치를 통해 경제문제를 해결하기 위해 대외개방법제를 마련하였다. 이러한 대외경제개방정책의 법적 체계를 마련하기 위해 외국인투자법, 합작법, 외국인기업법 등과 더불어 라선경제무역지대법을 1990년대에 제정하였고, 이에 따라 함경북도 북단에 위치한 라진－선봉 지역이 북한 최초의 경제특구인 라선경제무역지대로 지정되었다.

2000년대 초중반에는 남한과의 경제협력 및 남한을 대상으로 한 경제특구 개발 등을 위해 금강산관광지구법, 개성공업지구법, 북남경제협력법, 신의주특별행정구기본법 등이 제정되었다. 그런데 2008년 이후 남북관계가 정체됨으로 인해 남한으로부터의 투자 및 남한과의 경제교류가 난관에 부딪히자 중국 및 러시아로부터 외국자본을 유치하기 위해 황금평·위화도 경제지대법 제정을 비롯하여 관련 법령을 재정비하였다.

라선경제무역지대와 황금평·위화도 경제지대는 북한과 중국의 공동개발로 주목을 받았다. 북한은 중국과 2010년에 '라선경제무역지대와 황금평·위화도 경제지대 공동개발 및 공동관리에 관한 협정'(이하 '조중협정')을 체결한 후, 2011년에는 '조중라선경제무역지대와 황금평경제지대 공동개발 총계획요강'을 체결하여, 중국 주도의 개발이 본격적으로 시작되었다.[59] 이후 북한은 2015년 11월 '라선경제무역지대 종합개발계획'의 발표를 통해 9곳의 산업구(라진항 물류산업구, 신흥경공업구 등)와 10곳의 관광지(신해국제회의구 등)를 조성해 총 18조를 투자할 계획을 밝혔다.

2013년 3월 말 기준으로 33개의 중국 기업이 중국 상무부 승인을 거쳐 라선경제무역지대에 투자했으며, 이들의 주된 투자 분야는 석유화학공업, 의류가공업, 수산가공업 및 서비스업으로 알려져 있다.[60] 라선경제무역지대법의 하위법규로 시행규정 및 시행세칙이 있다.

라선경제무역지대법 및 황금평·위화도 경제지대법은 각 경제무역지대에 투자한 자의 재산권 보장 및 각종 혜택(세제혜택 및 토지사용료의 면제) 등을 명시하고 있고, 각 경제무역지대 내에서의 간소화된 기업 설립 절차 등을 제시하여 외국인 투자 유치 및 대외개방을 위한 제도를 법제화하였다는 점에서 의미를 가진다. 다

---

59) 최우진, "라선경제무역지대의 법제도 정비 현황".
60) 중국 상무부 대외투자협력국별(지역별) 지침(2017년 9월) 참조.

만, 이 두 법의 내용은 상당 부분이 추상적이며 이의 시행과 집행에 필요한 세부적인 사항을 담고 있는 하위법규 및 시행규칙 등이 아직 마련되지 않거나 미비한 상태이므로, 북한의 본격적인 경제 개방을 위해서는 그러한 하위법규의 정비가 요구되는 바이다.

나. 라선경제무역지대법[61]

(1) 기본원칙

최고인민회의 상설회의 결정으로 채택된 라선경제무역지대법(1993. 1. 31. 채택, 2011. 12. 3. 수정보충)은 라선경제무역지대를 국제적인 중계수송, 무역 및 투자, 금융, 관광, 봉사지역으로 발전시키는 것을 목표로 한다(라선경제무역지대법 제1조). 라선경제무역지대는 자유로운 경제활동이 가능하고 토지이용, 인력채용, 세금납부, 시장진출 등의 분야에서 특혜정책이 실시되는 특수경제지대이다(라선경제무역지대법 제2조, 제5조).

북한은 라선경제무역지대에 첨단기술산업, 국제물류업, 장비제조업, 1차 가공업, 경공업, 봉사업, 현대농업 등을 기본으로 하는 산업을 건설하고자 한다(라선경제무역지대법 제3조). 라선경제무역지대에는 외국 법인, 개인, 또는 경제조직의 투자가 허용되며, 북한 이외 지역에 거주하는 북한동포도 투자할 수 있다(라선경제무역지대법 제4조).

라선경제무역지대에서는 하부구조건설부문과 첨단과학기술부문, 국제시장에서 경쟁력이 높은 상품을 생산하는 부문의 투자가 특별히 장려된다. 한편, 국가의 안전과 주민들의 건강, 건전한 사회도덕생활에 저해를 줄 수 있는 대상, 환경보호와 동식물의 생장에 해를 줄 수 있는 대상, 경제기술적으로 낙후된 대상의 투자는 금지 또는 제한된다(라선경제무역지대법 제6조). 투자한 투자자의 재산, 소득, 권리 등은 법으로 보호되며, 사회공공의 이익과 관련하여 부득이한 경우가 아닌 이상 재산을 국유화하거나 수용하지 않는다(라선경제무역지대법 제7조).

---

61) 라선경제무역지대법의 시행세칙 등 하위규정에 관한 내용은 최우진, "라선경제무역지대의 법제도 정비 현황" 논문을 정리하여 인용하였다.

경제무역지대의 개발과 관리, 기업운영 같은 경제활동에는 라선경제무역지대법과 그 시행규정, 시행세칙, 시행준칙을 적용하고, 경제무역지대의 법규가 북한과 다른 나라 사이에 체결된 협정, 양해문, 합의서와 같은 조약의 내용과 충돌할 경우에는 조약을 우선 적용하며, 경제무역지대 밖에 적용하는 북한의 다른 법규와 충돌하는 경우에는 라선경제무역지대법을 우선 적용한다(라선경제무역지대법 제10조).

(2) 경제무역지대의 개발

라선경제무역지대는 일정한 면적의 토지를 기업이 종합적으로 개발 및 경영하는 방식, 기업에게 하부구조 및 공공시설의 건설과 관리, 경영권을 특별히 허가해 주어 개발하는 방식, 또는 개발당사자들 사이에 합의한 방식 등 다양한 방식의 개발이 허용된다(라선경제무역지대법 제13조). 라선경제무역지대 개발기업에 대한 승인은 중앙특수경제지대지도기관이 관리위원회 또는 라선시인민위원회를 통하여 개발기업에게 개발사업권승인증서를 발급하는 방식으로 한다(라선경제무역지대법 제14조).

토지종합개발경영방식으로 개발하는 경우 개발기업은 국토관리기관과 임대기간, 면적, 구획, 용도, 임대료의 지급기간과 지급방식, 그 밖의 필요한 사항이 규정된 토지임대차계약을 체결하여야 하고, 국토관리기관은 토지임대료를 지급한 개발기업에게 토지이용증을 발급해 주어야 한다. 토지임대기간은 토지이용증을 발급한 날로부터 50년까지이며, 갱신이 가능하다(라선경제무역지대법 제16조).

경제무역지대에서 기업은 규정에 따라 토지이용권, 건물소유권을 취득할 수 있고, 이 경우 해당 기관은 기업에게 토지이용증 또는 건물소유권등록증을 발급해준다(라선경제무역지대법 제17조).

개발기업은 개발계획과 하부구조건설의 진행에 따라 개발한 토지와 건물을 양도, 임대할 권리를 가지며, 양도, 임대가격은 개발기업이 정할 수 있다(라선경제무역지대법 제18조). 한편, 기업은 라선경제무역지대에서 유효기간 안에 토지이용권과 건물소유권을 매매, 교환, 증여, 상속의 방법으로 양도하거나 임대 및 담보로 제공할 수 있다. 이 경우 토지이용권, 건물소유권의 변경등록을 한 후 토지이용증 또는 건물소유권등록증을 재발급받아야 한다(라선경제무역지대법 제19조).

한편, 경제무역지대에서 투자가는 해당 기관과 계약을 체결한 후 도급생산방식으로 농업토지, 산림토지, 수역토지를 개발·이용할 수 있다(라선경제무역지대법 제22조).

(3) 경제무역지대의 관리

관리위원회는 라선경제무역지대의 관리운영을 담당하는 현지관리기관으로서(라선경제무역지대법 제24조), 개발 및 관리에 필요한 준칙 등을 작성할 수 있으며, 투자를 유치할 수 있고, 기업의 창설승인과 등록, 영업허가 및 투자의 장려, 제한, 금지목록을 정하여 공포할 수 있는 권한을 가진다(라선경제무역지대법 제27조). 또한 라선시인민위원회는 라선경제무역지대법과 규정의 시행세칙을 작성하고, 개발 및 기업활동에 필요한 노동력을 보장하며, 기타 중앙특수경제지대지도기관으로부터 위임받은 사업을 수행한다(라선경제무역지대법 제30조). 나아가 중앙특수경제지대 지도기관은 경제무역지대의 발전전략을 작성하고, 국내기관들과의 사업을 연계하며, 외국정부들과의 협조 및 연계를 하고, 기업창설 심의기준을 승인하며, 경제무역지대에 투자할 북한기업을 선정하는 등의 사업을 수행한다(라선경제무역지대법 제31조).

중앙특수경제지대 지도기관과 라선시인민위원회는 관리위원회의 사업에 적극 협조하여야 한다(라선경제무역지대법 제33조). 한편, 원산지관리기관은 경제무역지대 법규와 국제관례에 원산지를 관리하여야 한다(라선경제무역지대법 제35조).

(4) 기업창설 및 경제무역활동

라선경제무역지대에서는 경제무역활동과 관련된 심의와 승인절차를 간소화하도록 하고 있다(라선경제무역지대법 제36조). 라선경제무역지대 산업구 내에서 합영기업, 합작기업, 외국인기업 등의 외국인투자기업과 도급생산기업을 설립 및 운영할 수 있다(라선경제무역지대법 시행세칙 제3조).

기업의 설립은 관리위원회에 신청하며, 산업구 밖에서의 기업을 설립하는 경우라선시인민위원회에 기업창설신청문건을 제출하여야 하고, 기업 설립 신청의 승인또는 부결 처리에 대한 통지는 신청일로부터 10일 내에 이루어진다(라선경제무역지대법 제37조). 기업창설승인을 받은 기업은 정해진 기간 안에 기업등록을 하고 기업등록증을 발급받아야 하며, 해당 기업등록증의 발급일이 기업의 설립일이 된다(라선경제무역지대법 시행규정 제9조). 기업등록증을 받은 날로부터 14일 내에 세관에 세관 등록 및 라선시인민위원회에 세무 등록을 완료하여야 한다(라선경제무역지대법 시행규정 제14조). 이와 같이 설립된 기업은 북한 법인이 된다(라선경제무역지대법 제38조).

기업의 설립 이후에는 출자가 이행되어야 하며, 출자는 화폐, 현물재산, 또는 재산권으로 이루어질 수 있고, 현물재산 또는 재산권의 가치의 평가는 출자 당시의 국제시장 가격을 기초로 하여 검증기관의 검증을 받아야 한다(라선경제무역지대법 시행규정 제11조). 합영기업 및 합작기업의 출자 지분은 투자자들이 자유로이 합의하여 정할 수 있으나, 투자자가 외국인인 경우에는 등록자본의 30% 이상을 출자해야 한다(라선경제무역지대법 시행세칙 제37조).

투자자들은 자신의 지분을 제3자에게 매각 또는 증여의 방법으로 양도하거나 상속할 수 있으나, 합영기업이나 합작기업의 투자자가 지분을 양도할 경우에는 상대방 투자자의 동의를 얻고 기업의 이사회 또는 최고결의기구에서 결의를 거쳐 기업의 설립을 승인한 기관의 승인을 받아 7일 내에 해당 기관과 세무기관에 변경등록을 완료하여야 한다(라선경제무역지대법 시행세칙 제42조).

라선경제무역지대 내의 기업은 북한 노동자를 우선적으로 채용하여야 하며, 외국 노동자를 채용하고자 할 경우에는 라선시인민위원회 또는 관리위원회에 이를 통지하여야 한다(라선경제무역지대법 제49조). 라선경제무역지대법 및 하위규정에 따른 노동 관련 규정의 주요내용은 아래와 같다.[62]

분류	내용
노동 관리기관	라선시인민위원회 / 관리위원회
외국인 고용	라선시인민위원회 / 관리위원회에 보고
채용 계약	기업 및 노동자 간 체결
노동 계약	기업과 직업동맹조직 / 노동자 대표 간 체결
해고 사유	1. 노동자가 질병/부상(작업 중 입은 부상은 제외)으로 치료 받았으나 본래 직종 또는 기업 내 다른 직종에서 일할 수 없는 경우 2. 기업의 경영조건 또는 기술조건의 변동으로 인하여 잉여 노동자가 발생한 경우 3. 노동자가 기술/기능의 부족으로 자신의 직종에서 일할 수 없을 경우 4. 노동자가 기업의 재산에 막대한 손실을 주었거나 노동생활질서를 위반하여 엄중한 결과를 발생시킨 경우

---

62) 최우진, "라선경제무역지대의 법제도 정비 현황".

노동시간	하루 8시간, 주 평균 48시간(생산, 경영상 특성에 따라 하루 3시간 연장가능)
명절/공휴일 근무한 경우 대체휴가	7일 이내 대체휴가
정기휴가	연간 14일
중노동 종사자에 대한 보충휴가	7~21일
산전/산후 휴가	산전 60일, 산후 90일 휴가
휴가비	휴가 받기 전 마지막 3개월간의 노임을 실가동 일수에 따라 평균한 하루 노임에 휴가일수 적용
산전/산후 휴가비	90일에 해당하는 휴가비
최저임금	라선시인민위원화와 관리위원회과 협의
보수 할증	• 휴가기간 중 근무: 휴가비+노임의 100% • 야간 근무(22시부터 6시) / 시간외 근무: 노임의 150% • 시간외 야간 근무: 노임의 200% • 명절 또는 공휴일 근무한 후 대체휴가를 제공하지 않은 경우: 노임의 200%
퇴직금	직전 3개월 평균 노임에 일한 연수 적용(1년 이하 근로자는 1개월분 노임 적용)
사회보험료 부담	월 노임 총액의 15%

　　라선경제무역지대 내에 설립된 기업은 기타 북한 지역에서 제품을 판매하거나 원료를 구입하는 등의 경제활동을 할 수 있으며(라선경제무역지대법 제43조), 이때 적용되는 상품의 가격은 국제시장가격에 준하여 당사자들의 협의하여 정할 수 있다(라선경제무역지대법 제44조). 다만, 식량 및 기초식품 등 주요 대중필수품의 가격 및 공공봉사요금 등은 라선시인민위원회가 정한 것에 따라야 하며, 이에 따라 손해가 발생한 경우 재정적 보상이 제공된다(라선경제무역지대법 제44조).

　　경제무역지대에서는 하부구조시설과 공공시설에 대하여 특별허가대상으로 경영하게 할 수 있고, 특별허가경영권을 부여 받은 기업은 해당 기관의 승인을 받고 특별허가경영권을 양도하거나 공유할 수 있다(라선경제무역지대법 제46조). 또한 경제무역지대의 기업은 생산에 필요한 원료, 연료를 확보하기 위하여 해당 기관의 승인을 받아 경제무역지대 내의 자연자원을 개발할 수 있고, 중앙특수경제지대 지도기관의 통해 경제무역지대 밖의 자연자원을 개발할 수 있다(라선경제무역지대법 제47조).

기업의 해산은 이사회 또는 최고결의기구에서 해산이 의결된 경우, 기업에 대하여 파산이 선고된 경우, 기업등록증이 회수되었거나 영업중지의 처벌을 받은 경우 또는 그 밖에 해산 사유가 발생한 경우에 이루어진다(라선경제무역지대법 시행규정 제39조). 기업해산이 선고되면 14일 내에 청산위원회가 조직되어야 하며(라선경제무역지대법 시행규정 제40조), 청산위원회는 기업의 자산에서 청산 비용, 임금 및 보상금, 세금 및 채무를 청산하고 남은 재산을 출자 비율 또는 별도로 정한 분배 비율에 따라 출자자에게 분배한다(라선경제무역지대법 시행규정 제43조).

(5) 관세

라선경제무역지대에서는 특혜관세제도가 적용되며(라선경제무역지대법 제53조), 경제무역지대 개발에 필요한 물자, 기업의 경영에 필요한 수입물자 및 수출상품, 가공무역이나 중계 무역 등을 목적으로 들여오는 물자 등에 대해서는 관세가 면제된다(라선경제무역지대법 제54조). 다만, 관세면제대상으로 수입한 물자를 경제무역지대 안에서 판매하는 경우에는 관세가 부과되며(라선경제무역지대법 제55조), 생산한 제품을 수출하지 않고 북한 내에서 판매할 경우에는 관세가 부과될 수 있다(라선경제무역지대법 제56조).

(6) 통화 및 금융

라선경제무역지대에서 유통되는 화폐는 북한의 통화인 조선원 또는 정해진 화폐로 하며, 외화의 조선원으로의 환산은 지대외화관리기관이 정한 바에 따른다(라선경제무역지대법 제59조).

투자가는 규정에 따라 은행 또는 은행의 지점을 설립하여 은행 업무를 영위할 수 있으며(라선경제무역지대법 제60조), 기업은 라선경제무역지대에 설립된 북한의 은행이나 외국투자은행에 계좌를 개설하여야 한다(라선경제무역지대법 제61조). 경제무역지대의 기업은 북한 은행이나 외국 금융기관으로부터 필요한 자금을 대출받을 수 있다(라선경제무역지대법 제62조).

한편, 경제무역지대에서 투자가는 보험회사를 설립하여 보험 사업의 운영이 가능하고(라선경제무역지대법 제63조), 유가증권의 거래가 규정에 따라 가능하다(라선경제무역지대법 제64조).

(7) 장려 및 특혜

라선경제무역지대에서는 경제활동에 따른 이윤과 이자 등의 소득을 자유롭게 외국으로 송금할 수 있다(라선경제무역지대법 제65조). 기업이 사용하는 토지는 우선적으로 제공되며, 사용분야와 용도에 따라 임대기간, 임대료, 납부 방법 등에서 우대를 받을 수 있다(라선경제무역지대법 제69조).

라선경제무역지대 내에서의 기업 소득세율은 결산이윤의 14%이며, 특별히 장려되는 부문에 대해서는 10%의 기업 소득세율이 적용된다(라선경제무역지대법 제67조). 기업소득세는 매 분기 미리 납부하며 세무부처에서 실제 결산이윤을 심사한다.[63] 라선경제무역지대에서 10년 이상 운영된 기업에 대해서는 소득세가 면제 또는 감면될 수 있다(라선경제무역지대법 제68조). 라선경제무역지대에서 경영 활동을 통하여 얻은 이윤을 재투자하여 등록자본을 증가하거나 새로운 기업을 설립하여 5년 이상 운영하는 경우에는 재투자분에 해당하는 소득세액의 50%가 환급된다(라선경제무역지대법 제71조).

라선경제무역지대 내에서는 서비스업 수입에 부과되는 영업세율이 통상적으로 외국 기업에 부과되는 2~10%의 절반인 1~5%로 적용되며, 건축물에 대해서는 5년간 재산세가 면제된다.[64]

라선경제무역지대 내에서 세금과 관련하여 적용되는 특혜는 2014. 12. 29. 채택된 '라선경제무역지대 세금규정 시행세칙'에서 상세히 규정하고 있다. 외국인투자자에게는 9종의 세금이 부과되며, 그 주요 내용은 아래와 같다.[65]

---

63) 중국 상무부 대외투자협력국별(지역별) 지침(2017년 9월) 참조.
64) 중국 상무부 대외투자협력국별(지역별) 지침(2017년 9월) 참조.
65) 최우진, "라선경제무역지대의 법제도 정비 현황".

분류	내용
기업소득세	일반: 14% 하부구조, 첨단과학기술: 10%
	1. 외국정부, 국제금융기구의 차관 등: 이자소득 면제 2. 장려부문투자: 4년 면제, 3년 50% 경감 3. 생산부문투자: 3년 면제, 2년 50% 경감 4. 건설(설계포함), 동력, 교통운수, 통신, 금융, 보험, 도시경영 투자기업: 1년 면제, 2년 50% 경감 5. 이윤의 재투자: 재투자분에 해당한 기업소득세의 50% 환급, 하부구조건설 부문의 기업은 전부 환급
개인소득세	1. 노동보수: 월 500€ 이상인 경우 5~30% 2. 이자소득, 배당소득, 지적소유권, 기술비결 제공, 재산임대소득, 경영봉사: 20% 3. 증여소득: 5,000유로 이상인 경우 2~15% 4. 상품판매소득: 20% 5. 재산판매소득: 25% 6. 기타 소득: 20%
재산세	건물: 연 1% 선박, 비행기: 연 1.4%
상속세	상속재산에서 ① 피상속인의 채무, ② 장례비용, ③ 상속재산 관리비용, ④ 공증료를 공제한 잔액의 5~30%
거래세	0.3~12.5%(수출은 면제)
영업세	0.6~6%(카지노는 50%)
지방세 (도시경영세)	기업: 월노임총액의 1% 개인: 월수입총액의 1% 종업원 아닌 개인: 월 10€ 이상
지방세 (자동차이용세)	대당 연 32~388€

(8) 분쟁의 해결

라선경제무역지대에서 개인 또는 기업은 관리위원회, 라선시인민위원회, 중앙특수경제지대지도기관 등에 민원을 제기할 수 있으며, 이 경우 해당 기관은 30일 안에 민원을 처리하여야 한다(라선경제무역지대법 제80조). 관리위원회 또는 해당기관은 분쟁당사자들의 요구에 따라 분쟁을 조정할 수 있으며(라선경제무역지대법 제81조), 북한 또는 외국의 국제중재기관의 중재규칙에 따라 중재로 분쟁을 해결하거나(라선경제무역지대법 제82조) 라선경제무역지대의 관할재판소에 소송을 제기할 수 있다(라선경제무역지대법 제83조).

(9) 하위법규(시행규정 및 시행세칙)

2015년 기준으로 라선경제무역지대법에는 8개의 시행규정(인민보안단속규정, 도로교통규정, 기업창설운영규정, 외국투자기업노동규정, 관리위원회 운영규정, 개발규정, 환경보호규정, 부동산규정)과 3개의 시행세칙(기업창설운영규정 시행세칙, 외국투자기업 노동규정 시행세칙, 세금규정 시행세칙)이 제정된 것으로 알려져 있다.[66]

다. 황금평·위화도 경제지대법

최고인민회의 상임위원회 정령으로 채택된 황금평·위화도 경제지대법(2011. 12. 3. 채택)의 기본 구조 및 장려 정책은 라선경제무역지대법의 내용과 대부분 동일하다.

다른 점이 있다면, 황금평지구는 정보산업, 경공업, 농업, 상업, 관광업을 기본으로 개발하는 것이 기본적인 제정목적이며, 위화도지구는 위화도개발계획이 별도로 정한 바에 따른다(황금평·위화도 경제지대법 제3조). 황금평지구의 경우, 개발기업이 전체 면적이 토지를 임대 받아 종합적으로 개발 및 경영하는 방식으로 개발하며, 위화도지구의 경우에는 개발당사자들 간에 합의한 방식으로 개발하도록 규정하고 있다(황금평·위화도 경제지대법 제13조).

그 이외 부분은 라선경제무역지대법의 내용과 거의 동일하므로, 별도로 다루지 않는다.

---

66) 최우진, "라선경제무역지대의 법제도 정비 현황".

03

기타 투자관련 북한법

제3장
기타 투자관련 북한법

1. 외국투자기업 및 외국인세금법

가. 총론

최고인민회의 상설회의 정령으로 채택된 외국인투자기업 및 외국인세금법(2015. 9. 9. 수정보충)은 외국투자기업 및 외국인(이하 "납세자")에게 공정하게 세금을 부과하고 납세자가 제때에 정확하게 세금을 납부하는 데 기여하는 것을 목적으로 한다(외국투자기업 및 외국인세금법 제1조). 납세자는 외국투자기업 및 외국인세금법과 관련 실시세칙에 따라 세금을 납부하는 것이 원칙이다. 다만, 북한이 외국과 체결한 다른 세금 관련 조약이 있는 경우에는 그 조약에 따른다(외국투자기업 및 외국인세금법 제7조).

나. 기본원칙

(1) 적용대상

외국투자기업 및 외국인세금법은 북한 내에 경제거래를 통하여 소득을 얻은 외국투자기업(외국투자은행 포함)과 외국인(해외동포 포함)에게 적용된다(외국투자기업 및 외국인세금법 제6조). 그 구체적인 내용은 아래와 같다.[1]

기업은 외국투자기업, 외국투자은행, 외국인투자기업 또는 외국투자은행이 외국에

---

1) 조선대외경제투자협력위원회, 조선민주주의인민공화국 투자지침(2016년 5월) 참조.

서 설립한 대리점, 사무소, 출장소 등을 포함한다. 북한에서 기업을 설립하지 아니하고 투자를 통하여 소득을 얻은 외국은행 등의 외국기업 역시 납세자에 포함된다.

개인은 외국인과 해외공민을 포함한다. 외국인은 북한 내에서 180일 이상 체류하거나 거주하고 경제활동을 통하여 소득을 얻는 외국국적자 및 해외교포를 포함한다. 해외공민은 북한 내에서 180일 이상 체류하거나 거주하고 경제활동을 통하여 소득을 얻는 북한국적의 해외교포를 말한다.

대리납세자는 납세자에게 수익액을 지급하는 외국투자기업, 외국인 또는 은행을 포함한다.

(2) 세무관리기관 및 세무등록의무

납세자에 대한 제반 세무관리는 중앙세무지도기관과 경제특구 등 경제개발지대의 세무국, 세무처, 세무소 등 세무기관이 책임지고 수행한다(외국투자기업 및 외국인세금법 제2조). 납세자는 정해진 규정에 따라 해당 세무기관에 세무등록을 하고 세무등록증을 발급받아야 하며, 외국투자기업이 통합, 분리, 해산될 경우에는 세무변경등록 및 등록취소수속을 하여야 한다(외국투자기업 및 외국인세금법 제3조).

i) 기업은 기업의 설립, 합병, 분할, 해산 시와 자동차의 소유, 이전, 폐기 시 14일 내에 관련업무, 영업장소, 자동차의 세무등기 또는 변경·취소등기를 처리하여야 하며, ii) 개인은 1년 내에 180일 이상 체류·거주하거나 180일 이상 체류·거주한 후 출국하는 경우 14일 내에 세금부과 해당 항목인 재산, 소득의 세무등기 또는 취소등기를 처리하여야 한다. 세무기관은 세무등기신청서 또는 세무변경등기신청서를 접수한 날로부터 10일 내에 세무등기증을 발급하여야 한다. 납세자는 세무등기서류를 대여, 판매, 분실, 수정, 훼손 또는 위조하여서는 안 된다.[2]

(3) 세금의 종류

납세자에게 기업소득세, 개인소득세, 재산세, 상속세, 거래세, 영업세, 자원세, 도시경영세, 자동차사용세가 부과되며,[3] 구체적인 내용은 아래에서 살피기로 한다.

---

2) 조선대외경제투자협력위원회, 조선민주주의인민공화국 투자지침(2016년 5월) 참조.
3) 조선대외경제투자협력위원회, 조선민주주의인민공화국 투자지침(2016년 5월) 참조.

다. 기업소득세

(1) 납부의무자 및 부과대상

북한 국내 또는 국외에서의 경영활동을 통해 소득을 얻은 외국투자기업은 그 소득에 대하여 기업소득세를 납부하여야 한다(외국투자기업 및 외국인세금법 제8조). 외국투자기업이 국외에 지사, 사무소, 대리점을 설립하여 얻은 소득에 대하여서도 기업소득세를 납부하여야 한다(외국투자기업 및 외국인세금법 제9조).

기업소득세의 부과대상은 생산물 판매소득, 건축물 인도소득, 운임 및 요금 소득 같은 기업활동을 하여 얻은 기본소득과 이자소득, 배당소득, 고정재산임대소득, 재산판매소득, 지적소유권과 기술비결의 제공에 의한 소득, 경영과 관련한 서비스제공에 의한 소득, 증여소득 같은 기타소득이 속한다(외국투자기업 및 외국인세금법 제9조).

기본소득은 기업이 국가로부터 승인 받은 업무를 수행하면서 경영활동을 통하여 얻은 기본소득에서 표준단위 소모정액으로 계산하는 원료 및 자재비, 연료비, 동력비와 세무기관에 등기한 감가상각 방법으로 계산하는 감가상각비를 공제한 후 남은 금액을 의미한다. 기타소득은 고정자산 및 유동자산 판매소득, 이자소득, 배당소득, 고정자산 및 부동산 임대소득, 특허권 사용료 소득, 외국에서 투자한 기업 및 분공사 소득, 무상물자 판매소득, 무역소득, 환율변동이익소득, 위약금소득, 근로자 벌금소득 등 기업이 승인 받은 업무와 관련이 없는 소득을 포함한다.[4]

예를 들어, 외국인투자기업과 외국투자은행의 기업소득세 부과대상은 기본소득과 기타소득 등 기업의 총 수입에서 노동비용, 물자구입비, 판매원가, 기업관리비, 세금 및 국가납부금, 기타 지출(공제가 가능한 기타지출)를 공제한 후 산정되는 이윤이다. 한편, 외국기업 기본소득에 대하여 부과되는 기업소득세의 부과 대상은 기본소득에서 기업관리비, 기타지출, 세금 및 국가납부금을 공제한 후 산정되는 이윤이며, 배당소득, 이자소득, 고정자산 및 부동산임대소득, 특허권 사용료 소득 등 업무와 관련이 없는 기타소득의 경우에는 지출비용을 공제하지 않고 기타소득액(기타 수익액)에 대하여 직접 세금을 부과한다.[5]

---

4) 조선대외경제투자협력위원회, 조선민주주의인민공화국 투자지침(2016년 5월) 참조.
5) 조선대외경제투자협력위원회, 조선민주주의인민공화국 투자지침(2016년 5월) 참조.

(2) 기업소득세율

외국인투자기업과 외국투자은행의 기업소득세 표준세율은 결산이윤의 25%로 하며(외국투자기업 및 외국인세금법 제10조), 외국기업이 얻은 배당소득, 이자소득, 임대소득, 특허권사용료 등 기타소득의 기업소득세율은 기타소득의 20%로 한다(외국투자기업 및 외국인세금법 제11조).

다만, 아래의 경우에는 기업소득세의 적용에 있어 특혜가 인정되며(외국투자기업 및 외국인세금법 제16조), 외국투자기업 또는 외국투자은행에게 적용되는 세율이 기준보다 낮은 경우 세금을 감면하거나 납부한 세액을 환급해 준다.

- 경제특구 등 경제개발구 내에 설립한 기업인 경우 기업소득세율은 14%로 한다.
- 첨단기술, 인프라 건설, 과학기술 연구 등 장려 분야의 기업소득세율은 10%로 한다.
- 외국정부, 국제금융기구가 북한에 대출하여 준 경우이거나 외국 은행이 우대 조건으로 북한의 기업에 대출하는 경우, 또는 외국 기업이 북한에 상주기관을 설립하지는 않았지만 소득을 얻은 경우에 그 이자소득에 대하여 기업소득세를 면제한다.
- 장려부문에 투자하여 15년 이상 경영하는 기업인 경우에는 기업소득세를 3년간 면제할 수 있으며 납부면제 기간이 종료한 후의 그 다음 2년 동안 기업소득세를 50% 범위에서 감면할 수 있다.
- 국가가 제한하는 업종을 제외한 생산 분야에 투자하여 10년 이상 경영하는 기업인 경우에는 기업소득세를 2년간 면제할 수 있다.
- 정해진 서비스 분야에 10년 이상 투자하고 경영하는 기업인 경우에는 기업소득세를 1년간 면제할 수 있다.
- 존속기간이 10년 이상인 장려부문의 기업 투자당사자가 분배 받은 이윤을 재투자하여 자본금을 증가시키는 경우 투자인가시점에 따라 재투자분에 대하여 납부한 기업소득세액의 전액을 환급 받을 수 있다.[6]

---

6) 조선대외경제투자협력위원회, 조선민주주의인민공화국 투자지침(2016년 5월) 참조.

- 존속기간이 10년 이상인 기업 투자당사자가 분배 받은 이윤을 재투자하여 자본금을 증가시키거나 기업을 신설하고 10년 이상 경영을 지속하는 경우 투자인가시점에 따라 재투자분에 대하여 납부한 기업소득세의 50%에 해당하는 금액을 환급 받을 수 있다.[7]

한편, 기업소득세의 감면 기간은 외국투자기업을 설립한 다음해부터 적용하며 (외국투자기업 및 외국인세금법 제17조), 그 구체적인 내용은 아래와 같다.[8]

- 기업이 설립되거나 중앙투자관리기관에 등기된 두 번째 해부터 기업소득세와 관련한 혜택을 제공한다.
- 기업설립허가를 받아 설립된 외국인투자기업 또는 외국투자은행 등의 기업은 기업설립허가를 받은 해부터 세금 혜택을 받을 수 있다.
- 기업등기를 거쳐 경영승인을 받은 외국기업, 외국은행의 지사 등의 기업은 경영승인을 받은 해부터 세금 혜택을 받을 수 있다.
- 북한에 기업을 설립하지 않고 소득을 얻은 외국은행 등의 외국기업은 이윤을 창출하기 시작한 해부터 세금 혜택을 받을 수 있다.

기업소득세를 감면 받으려는 외국투자기업은 해당 세무기관에 기업소득세 감면신청서와 경영기간, 재투자액을 증명하는 확인문건을 제출하여야 하며, 감면신청서에는 기업의 명칭과 창설일, 소재지, 업종, 이윤이 발생한 연도, 총투자액, 거래은행, 계좌번호 등을 명시하여야 한다(외국투자기업 및 외국인세금법 제18조).

기업소득세를 감면 받은 외국투자기업이 감면기간에 해산, 통합, 분리되거나 재투자한 자본을 회수한 경우 이미 감면 받은 기업소득세를 다시 부과할 수 있다 (외국투자기업 및 외국인세금법 제19조).[9]

---

7) 조선대외경제투자협력위원회, 조선민주주의인민공화국 투자지침(2016년 5월) 참조.
8) 조선대외경제투자협력위원회, 조선민주주의인민공화국 투자지침(2016년 5월) 참조.
9) 참고로 중국 상무부 대외투자협력국별(지역별) 지침(2017년 9월)에서는 이윤을 재투자하고 경영 기간이 5년 이상인 기업의 경우, 이미 납부한 기업소득세의 50%를 환급 또는 납부해야 할 기업소득세에서 공제받을 수 있지만, 재투자 후 5년 이내 투자를 회수하거나 청산할 경우에는 이미 면제받은 소득세에 해당하는 세금을 납부해야 한다고 규정하고 있다.

(3) 기업소득세의 계산

기업소득세는 매해 1월 1일부터 12월 31일까지의 총수입금에서 원료 및 자재비, 연료 및 동력비, 노동비, 감가상각금, 물자구입경비, 기업관리비, 보험료, 판매비 등을 포함한 원가를 차감하여 이윤을 확정한 후 그 이윤에서 거래세 또는 영업세와 기타 지출을 공제한 결산이윤에 대하여 정해진 세율을 적용하여 계산한다(외국투자기업 및 외국인세금법 제12조).

(4) 기업소득세의 납부

외국투자기업은 기업소득세를 분기마다 분기가 끝난 다음달 15일 안으로 기업소득세납부서를 해당 세무기관에 예정납부하여야 한다(외국투자기업 및 외국인세금법 제13조). 외국투자기업은 연간 결산에 따라 기업소득세를 확정하여 미납금을 추가납부하며 과납액은 환급받는다. 기업이 해산될 경우에는 해산일부터 20일 안에 해당 세무기관에 납세에 대한 담보를 제공하고 결산이 끝난 날부터 15일 안에 기업소득세를 납부하여야 한다. 기업이 통합되거나 분리될 경우에는 그 시점까지의 기업소득에 대하여 결산하고 통합, 분리일부터 20일 안에 기업소득세를 납부한다(외국투자기업 및 외국인세금법 제14조).

외국기업의 기타 소득에 대한 소득세는 소득이 발생한 때부터 15일 안에 해당 세무기관에 수익인이 신고납부하거나 수익금을 지급하는 자가 공제납부한다(외국투자기업 및 외국인세금법 제15조).

라. 개인소득세

(1) 납부의무자 및 부과대상

북한에서 180일 이상[10] 체류하거나 거주한 외국인이 북한 내에서 또는 외국에서 소득을 얻은 경우에는 개인소득세를 납부하여야 한다(외국투자기업 및 외국인세

---

10) 외국투자기업 및 외국인세금법 제20조에서는 "1년 이상"으로 규정하고 있지만, 조선민주주의인민공화국 투자지침(2016년 5월)에서는 "180일" 이상으로 규정하고 있다.

금법 제20조).

개인소득세의 부과 대상은 근로소득, 이자소득, 배당소득, 고정자산 임대소득, 재산판매소득, 지식재산권 또는 기술의 제공에 의한 소득, 경영 관련 서비스의 제공에 따른 소득, 증여 받은 소득 등이며(외국투자기업 및 외국인세금법 제21조), 구체적인 부과대상은 아래와 같다.[11]

소득의 종류	개인소득세 부과 대상
근로소득	개인이 한 달 동안 노동계약에 따라 일정한 노동을 제공한 후 그 대가로 받는 임금, 수당, 상여금 등의 총소득에서 관련 규정 및 세칙에서 명시하는 표준금액을 공제한 후 남은 부분
이자소득	개인이 한 분기에 은행 등 기타 기관 또는 개인으로부터 받는 예금이자 또는 대출이자 등의 소득
배당소득	개인이 자본을 투자한 후 대가로 분기별 또는 매년 배당 받는 이윤배당, 기타 배당금 등의 소득
고정자산 임대소득	개인이 토지, 건축물, 기계, 장비, 자동차, 선박 등 고정자산을 임대한 후 그 대가로 한 분기에 얻은 모든 소득의 20%를 공제한 후 남은 부분
재산판매소득	개인이 기타 기관 또는 개인에게 자신의 고정자산 또는 유동자산을 판매한 후 한 달 내에 취득한 모든 소득
지식재산권 또는 기술 제공에 의한 소득	개인이 한 분기 내에 특허권 등 재산권, 특허 출원을 하지 않았거나 공개하지 않는 기술(문헌, 기능, 경험 포함), 소설 등 문예작품을 양도 또는 제공한 후 취득한 모든 소득
경영 관련 서비스의 제공에 의한 소득	개인이 법인에게 경영 관련 서비스를 제공한 후 그 대가로 한 분기 내에 취득한 모든 소득
증여 받은 소득	개인이 무상으로 취득한 화폐재산, 현물재산, 지식재산권, 기술 등의 재산 또는 재산권 소득

---

11) 조선대외경제투자협력위원회, 조선민주주의인민공화국 투자지침(2016년 5월) 참조.

(2) 개인소득세율

개인소득세율은 아래와 같다(외국투자기업 및 외국인세금법 제22조).[12]

- 근로소득과 관련하여 매월 소득에서 관련 규정 및 세칙에서 명시하고 있는 표준금액을 공제한 후 남은 부분에 대하여 5~30%의 누진세율로 개인소득 세액을 계산한다.
- 이자소득, 배당소득, 지식재산권 또는 기술의 제공에 의한 소득, 경영 관련 서비스의 제공에 의한 소득의 세율은 매 분기 소득의 20%로 한다.
- 고정자산 임대소득과 관련하여 매 분기 소득에서 20%를 공제한 후 남은 부분에 대하여 20%의 세율을 적용하여 세액을 계산한다.
- 증여 받은 소득과 관련하여 매월 소득에서 관련 규정 및 세칙에서 명시하고 있는 표준금액을 공제한 후 남은 부분에 대하여 2~15%의 누진세율을 적용하여 세액을 계산한다.[13]
- 재산판매소득의 세율은 매월 소득의 25%로 한다.

(3) 개인소득세의 계산

개인소득세의 구체적인 계산방법은 아래와 같다(외국투자기업 및 외국인세금법 제 23조 내지 제26조).[14]

- 근로소득에 대한 개인소득세는 매월 한 번 노동보수를 계산하는 날에 관련 규정 및 세칙에서 명시하고 있는 세금부과 대상에 대하여 규정된 누진세율 을 적용하여 세금을 계산한다.
- 이자소득, 배당소득, 지식재산권 또는 기술의 제공에 의한 소득, 경영 관련 서비스의 제공에 의한 소득, 고정자산 임대소득에 대한 개인소득세는 매 분기 한 번 분기가 끝난 첫 번째 달의 2영업일 내에 세금부과 대상에 대하여

---

12) 조선대외경제투자협력위원회, 조선민주주의인민공화국 투자지침(2016년 5월) 참조.
13) 참고로 중국 상무부 대외투자협력국별(지역별) 지침(2017년 9월)에서는 75만 북한 원 미만의 증여소득에는 개인소득세를 부과하지 않으며 75만 북한 원을 초과하는 증여소득의 경우, 2~15%의 개인소득세를 부과한다고 설명하고 있다.
14) 조선대외경제투자협력위원회, 조선민주주의인민공화국 투자지침(2016년 5월) 참조.

규정된 세율을 적용하여 세금을 계산한다. 다만, 고정재산임대소득에 대한 개인소득세는 임대료에서 임금, 포장비, 수수료 같은 비용으로 20%를 공제한 나머지 금액에 규정된 세율을 적용하여 계산한다.

- 재산판매소득에 대한 개인소득세는 매월 한 번 당월이 끝난 다음달의 2영업일 내에 세금부과 대상에 대하여 규정된 세율을 적용하여 세금을 계산한다.
- 증여 받은 소득의 개인소득은 매월 한 번 당월이 끝난 다음달의 2영업일 내에 관련 규정 및 세칙에서 명시하는 세금부과 대상에 대하여 규정된 누진세율을 적용하여 세금을 계산한다.
- 개인소득세의 부과대상이 현물 또는 유가증권인 경우 개인소득세의 계산은 소득을 취득한 당시의 현지 시장가격을 기준으로 한다.

(4) 개인소득세의 납부

개인소득세는 대리납세자가 원천징수를 하거나 납세자가 신고 납부하며, 구체적인 절차는 아래와 같다(외국투자기업 및 외국인세금법 제27조).[15]

- 대리납세자가 개인소득세를 납부하는 경우 개인소득을 계산하는 날로부터 5영업일 내에 세무기관에 개인소득세납부신고서와 증빙서류를 제출하여 승인을 받은 후 세금을 납부한다.
- 납세자가 개인소득세를 직접 납부하는 경우 개인이 개인소득세를 계산하는 날로부터 10영업일 내에 세무기관에 개인소득세 납부신고서와 증빙서류를 제출하여 승인을 받은 후 세금을 납부한다.
- 개인이 북한 국외에서 취득한 소득의 경우 납세자는 분기별로 개인소득세를 계산하며 소득을 취득한 그 다음 분기의 첫 번째 달의 25영업일 내에 세무기관에 신고 납부하여야 한다.
- 납세자가 북한 국외에 개인소득세를 이미 납부한 경우 관련 규정에서 계산된 개인소득세 범위 내에 세금면제를 신청할 수 있다. 이 경우에 세금면제

---

15) 외국투자기업 및 외국인세금법의 내용과 조선민주주의인민공화국 투자지침(2016년 5월)의 내용이 불일치 하는 경우에는 조선민주주의인민공화국 투자지침(2016년 5월)의 내용을 따랐다.

신청서류에 관련 내용을 기재하고 외국 세무기관에서 발급한 납세증명서(원본)를 별도로 지참하여야 한다.

마. 재산세

(1) 납부의무자 및 부과대상

외국투자기업과 외국인은 북한에서 소유하고 있는 재산에 대하여 재산세를 납부하여야 한다(외국투자기업 및 외국인세금법 제28조).

재산세의 부과 대상은 건물, 선박, 비행기와 같은 재산과 기업의 업무범위 외의 고정자산(외국투자기업 및 외국인세금법 제29조) 및 유동자산의 판매, 이전, 폐기로 인한 소득이다. 다만, 국가의 조치에 따라 재산의 소유권이 국가로 이전된 경우 국가보상을 통하여 얻은 소득은 재산세 납부를 면제받을 수 있다.[16]

(2) 재산등록의무

외국인은 북한에서 재산을 점유한 후 20영업일 내에 세무기관에 개인재산 등기신청 서류를 제출하고 재산을 등록하여야 한다. 외국인은 재산소유자가 등기한 재산의 가치가 변동된 경우 20영업일 내에 등록을 변경하거나 취소하여야 한다. 외국인은 매년 1월 1일 당시의 시장가격으로 등록재산의 가치를 평가하고 2월까지 재등록 하여야 한다. 외국인은 재산을 폐기하였을 경우에는 20일 내에 등록취소수속을 하여야 한다(외국투자기업 및 외국인세금법 제30조).

그 밖에 기업은 외국투자기업 재무관리법규에 따라 재산을 등록하여야 한다.[17]

(3) 재산세율

재산세의 세율은 등기재산액의 1~1.4%로 한다(외국투자기업 및 외국인세금법 제32조). 개인재산세율과 관련하여 건축물은 등기재산액의 1%로 하고 선박 또는 비행기는 등기재산액의 1.4%로 한다. 기업재산세율은 관련 세금부과 대상의 1.4%

---

16) 조선대외경제투자협력위원회, 조선민주주의인민공화국 투자지침(2016년 5월) 참조.
17) 조선대외경제투자협력위원회, 조선민주주의인민공화국 투자지침(2016년 5월) 참조.

로 한다.[18)

　한편, 재산세의 과세대상액은 해당 세무기관에 등록된 값으로 한다(외국투자기업 및 외국인세금법 제31조).

(4) 재산세의 계산

　재산세는 등록한 다음달부터 해당 세무기관에 등록된 값에 정한 세율을 적용하여 계산하며(외국투자기업 및 외국인세금법 제33조), 그 구체적인 방법은 아래와 같다.[19)

- 개인재산세는 이듬해 1월의 3영업일까지 계산하여야 한다.
- 세무기관에 등기된 건축물, 선박, 비행기 등의 재산액에서 관련 규정 및 세칙에서 명시하고 있는 세율에 따라 개인재산세를 계산한다.
- 기업이 판매한 고정자산의 재산세 계산일은 기업이 고정자산판매계약을 체결하는 날로 하며 세무기관에 등기된 재산액에서 1.4%의 세율로 계산한다.
- 고정자산을 임대하는 경우 재산세 계산일은 고정자산 임대차계약서상의 임대료 지급일로 하며 소득액에서 1.4%의 세율로 계산한다.
- 유동자산을 판매하는 경우 재산세는 유동자산을 판매한 후 얻은 소득액에서 1.4%의 세율로 계산한다.

(5) 재산세의 납부

　개인재산세와 관련하여 매년 1월까지 세금을 계산한 후 3영업일 내에 재산세납부신고서 및 증빙서류를 세무기관에 제출하여 심사·승인을 받은 후 세금을 납부하여야 한다(외국투자기업 및 외국인세금법 제34조). 재산을 임대하거나 저당하는 경우에도 재산세를 납부하여야 한다. 기업은 재산세를 계산한 후 1영업일 내에 재산세납부신고서 및 증빙서류를 세무기관에 제출하여 심사·승인을 받은 후 1영업일 내에 세무기관의 관련 은행계좌로 재산세를 납부하여야 한다.[20)

---

18) 조선대외경제투자협력위원회, 조선민주주의인민공화국 투자지침(2016년 5월) 참조.
19) 조선대외경제투자협력위원회, 조선민주주의인민공화국 투자지침(2016년 5월) 참조.
20) 조선대외경제투자협력위원회, 조선민주주의인민공화국 투자지침(2016년 5월) 참조.

바. 상속세

(1) 납부의무자 및 부과대상

북한 내에 있는 재산을 상속받은 외국인은 상속세를 납부하여야 하며, 북한에서 거주하고 있는 외국인이 외국에 있는 재산을 상속받고 이를 북한으로 반입하는 경우 상속세를 납부하여야 한다(외국투자기업 및 외국인세금법 제33조).[21]

상속세의 부과대상은 상속받은 재산에서 피상속인의 채무변제비용, 상속인이 지불한 장례비, 상속재산 관리비와 수수료를 공제한 후 남은 금액이다(외국투자기업 및 외국인세금법 제34조). 상속재산의 가치평가는 재산을 상속받을 당시의 국제 시장가격을 기준으로 한다(외국투자기업 및 외국인세금법 제37조).

(2) 상속세율

상속세의 세율은 관련 규정 및 세칙에서 규정하는 세금부과 대상에 따라 정하며, 일반적으로 상속받은 금액의 6~30%로 한다(외국투자기업 및 외국인세금법 제38조).

(3) 상속세의 계산

상속세는 부과대상에 대하여 규정된 세율을 적용하여 계산한다(외국투자기업 및 외국인세금법 제39조).

(4) 상속세의 납부

납세자는 재산을 상속받은 후 75영업일 내에 상속세 납부신고서를 세무기관에 제출하여 심사·승인을 받은 후 상속받은 후 상속세를 납부하여야 한다(외국투자기업 및 외국인세금법 제39조).[22]

상속인이 두 명인 경우 각자의 상속분에 대하여 상속세를 납부하여야 하며, 상속세 세액이 정해진 금액을 초과하거나 현물로 세금을 납부할 수 밖에 없는 경

---

21) 조선민주주의인민공화국 투자지침(2016년 5월)에서는 북한에 거주하는 외국인이 외국에서 상속받은 재산을 '북한에 반입하는 경우'에 상속세를 납부하도록 규정하고 있다.
22) 조선대외경제투자협력위원회, 조선민주주의인민공화국 투자지침(2016년 5월) 참조.

우 세무기관의 심사·승인을 거쳐 세금을 분납하거나(외국투자기업 및 외국인세금법 제
40조), 상속받은 현물로 세금을 납부할 수 있다.[23]

사. 거래세

(1) 납부의무자 및 부과대상

생산부문과 건설부문의 외국투자기업은 제품판매로 소득을 얻은 경우 거래세
를 납부하여야 한다(외국투자기업 및 외국인세금법 제41조). 다만, 광물자원, 산림자원,
동·식물자원, 수산자원, 수자원 등 자원을 개발하는 기업은 제품판매로 소득을
얻은 경우 거래세 납부를 면제받을 수 있다.[24]

거래세의 과세대상에는 생산물판매수입금과 건설공사인도수입금 등이며(외국
투자기업 및 외국인세금법 제42조), 구체적인 내용은 아래와 같다.[25]

- 기업이 고객에게 제품을 판매하는 경우 세금부과 대상은 판매소득액이다.
- 생산업종 및 서비스업종을 병행하는 기업이 자사의 서비스망을 통하여 제품
  을 판매하는 경우 세금 부과대상은 서비스망을 통하여 얻은 서비스 소득액
  이다.
- 기업이 완공된 건축물을 건설위탁업체나 고객에게 매각하는 경우 세금부과
  대상은 건설공사가 완공·인도된 후의 소득액이다.

(2) 거래세율

일반제품(소비 제한이 없는 제품) 소득액의 거래세율은 품목에 따라 정하며 일반
적으로 1~15%로 하고, 기호품(소비와 생산이 제한되는 제품) 등 제품 소득액의 거래
세율은 품목에 따라 정하며 일반적으로 16~50%로 한다(외국투자기업 및 외국인세금
법 제43조).

---

23) 조선대외경제투자협력위원회, 조선민주주의인민공화국 투자지침(2016년 5월) 참조.
24) 조선대외경제투자협력위원회, 조선민주주의인민공화국 투자지침(2016년 5월) 참조.
25) 조선대외경제투자협력위원회, 조선민주주의인민공화국 투자지침(2016년 5월) 참조.

기업이 국제시장에서 경쟁력이 높은 제품 또는 수출제한이 없는 제품을 생산 및 수출하여 판매소득을 얻은 경우, 또는 국가의 요구에 따라 북한 기관 및 기업에 저가로 제품을 판매하여 소득을 얻은 경우에는 외국투자기업 및 외국인세금법 시행규정에 따라 거래세를 감액할 수 있다.[26)

거래세는 제품 매출액에 따라 0.6~3%를 부과하며, 그 중 전자업계는 1.2~2.4%, 연료업계는 0.6~1.5%, 금속업계는 1.2~2.1%, 기계·설비업계는 1.25%~1.5%, 화학공업은 0.6~1.8%, 건축자재는 1.2~3%의 거래세를 부과한다.[27)

(3) 거래세의 계산

거래세는 생산물판매액 또는 건설공사인도 수입액에 규정된 세율을 적용하여 계산한다(외국투자기업 및 외국인세금법 제46조). 외국투자기업이 생산업과 서비스업을 함께 영위할 경우에는 거래세와 영업세를 각각 계산한다(외국투자기업 및 외국인세금법 제44조).

(4) 거래세의 납부

거래세는 제품판매 소득액 또는 건설공사 완공·인도 후의 소득액을 얻을 때마다 기업이 신고 납부하거나 대리납세자가 원천징수 하여야 하며(외국투자기업 및 외국인세금법 제45조), 그 구체적인 납부방법은 아래와 같다.[28)

- 기업은 매월 5, 10, 15, 20, 25번째 영업일에 거래세납부신고서 및 증빙서류를 세무기관에 제출하여 심사·승인을 받은 후 1영업일 내에 세무기관의 관련 은행계좌로 거래세를 납부하여야 한다.
- 기업의 제품생산 주기가 25일 이상인 경우 그 다음달의 3번째 영업일 내에 거래세 납부신고서를 1회 제출하여야 한다.
- 대리납세자는 기업에 소득액을 지급할 때마다 납세자의 거래세 세액을 공제한 후 세무기관의 관련 은행계좌로 세금을 납부한다.

---

26) 조선대외경제투자협력위원회, 조선민주주의인민공화국 투자지침(2016년 5월) 참조.
27) 중국 상무부 대외투자협력국별(지역별) 지침(2017년 9월) 참조.
28) 조선대외경제투자협력위원회, 조선민주주의인민공화국 투자지침(2016년 5월) 참조.

아. 영업세

(1) 납부의무자 및 부과대상

서비스 분야의 외국투자기업은 영업세를 납부하여야 한다(외국투자기업 및 외국인세금법 제47조).

영업세의 부과 대상은 교통운송, 통신, 동력, 상업, 무역, 금융, 보험, 관광, 광고, 숙박, 요식, 엔터테인먼트, 위생 등의 서비스 제공을 통해 취득한 소득액이다(외국투자기업 및 외국인세금법 제48조). 생산 업무를 영위하는 기업은 영업세의 납부를 면제받을 수 있으며, 생산 업무와 서비스 업무를 병행하는 기업 역시 자사의 서비스망을 통하여 자사의 제품을 판매하여 얻은 서비스 소득액은 영업세의 부과 대상에 속하지 아니한다.[29]

(2) 영업세율

일반 서비스 업종의 세율은 서비스 종류에 따라 일반적으로 세금부과 대상의 2~10%로 한다. 카지노 등 특수업종에 대한 세율은 최고 50%로 할 수 있다(외국투자기업 및 외국인세금법 제49조).

다만, 도로, 철도, 항만, 비행장, 오수 및 오물처리 같은 하부구조부문에 투자하여 운영하는 외국투자기업에 대하여는 일정한 기간 영업세를 감면할 수 있으며, 첨단과학기술봉사부문의 기업에 대하여서는 일정한 기간 영업세를 50% 범위 내에서 감액할 수 있다(외국투자기업 및 외국인세금법 제52조).

(3) 영업세의 계산

영업세는 업종별 수입금에 정한 세율을 적용하여 계산하며, 외국투자기업이 여러 업종의 영업을 할 경우에는 영업세를 업종별로 계산한다(외국투자기업 및 외국인세금법 제52조). 영업세는 소득액을 얻을 때마다 서비스 소득액이 확정되는 시점에 규정된 세율에 따라 영업세를 계산하여야 한다.[30]

---

29) 조선대외경제투자협력위원회, 조선민주주의인민공화국 투자지침(2016년 5월) 참조.
30) 조선대외경제투자협력위원회, 조선민주주의인민공화국 투자지침(2016년 5월) 참조.

(4) 영업세의 납부

납세자는 매월 3, 6, 9, 12, 15, 18, 21, 24번째 영업일에 영업세 납부신고서 및 관련 서류를 세무기관에 제출하여 심사·승인을 받은 후 1영업일 내에 세무기관의 관련 은행계좌로 영업세를 납부하여야 한다(외국투자기업 및 외국인세금법 제51조).[31]

자. 자원세

(1) 납부의무자 및 부과대상

외국투자기업은 광물자원[32]을 비롯한 산림자원, 동·식물자원, 수산자원, 수자원 등 자연자원을 포함하는 자원을 수출하거나 판매 또는 자체소비를 목적으로 자원을 개발하는 경우 자원세를 납부하여야 한다(외국투자기업 및 외국인세금법 제53조).

자원세의 과세대상은 자원의 수출 또는 판매를 통해 취득한 소득액 또는 규정된 가격이다(외국투자기업 및 외국인세금법 제54조). 즉, 기업이 자원을 개발하여 외국 또는 북한에서 판매하여 소득을 얻은 경우 세금부과 대상은 제품판매 소득액이고, 기업이 자원을 개발하여 스스로 소비하는 경우 세금부과 대상은 규정된 가격과 수량으로 계산되는 금액이다.[33]

(2) 자원세의 세율

자원세의 세율은 자원의 종류에 따라 정한다(외국투자기업 및 외국인세금법 제55조). 일반적으로 1~25%로 하며, 자원의 종류별 세율은 관련 규정 및 세칙에 따른다. 다만, 아래와 같은 경우에는 자원세를 감면 받을 수 있다(외국투자기업 및 외국인세금법 제58조).

---

31) 조선대외경제투자협력위원회, 조선민주주의인민공화국 투자지침(2016년 5월) 참조.
32) 2008년 8월 북한은 외국자본 관련 법규를 개정하여 광물자원을 비장려 분야로 분류하여 기존 소득세 감면 정책을 폐지하고 광물 자원세 항목을 추가하였다. 단, 2008년 11월 이전에 설립된 광물자원 분야 기업은 상기 개정된 법규를 적용하지 않고 이전 규정을 적용한다. 광물자원 분야 신규 기업의 경우에는 새로 개정된 법규 규정을 적용한다. 중국 상무부 대외투자협력국별(지역별) 지침(2017년 9월) 참조.
33) 조선대외경제투자협력위원회, 조선민주주의인민공화국 투자지침(2016년 5월) 참조.

- 석유, 천연가스 등 자원을 개발하는 기업은 5~10년간 자원세를 면제받을 수 있다.
- 기업이 자원을 그대로 판매하지 않고 현대화된 기술로 고부가가치 가공품을 생산하여 수출하는 경우 또는 국가의 조치에 따라 북한의 기관, 기업, 단체에 상기한 제품을 판매하는 경우에는 자원세를 감액할 수 있다.
- 장려 부문의 외국투자기업이 생산에 이용하는 지하수에 대하여는 자원세를 감액할 수 있다.
- 2008년 11월 이전에 설립된 외국인투자기업은 자원세를 감면 받을 수 있다.[34]

참고로 자원세의 구체적인 세율은 아래와 같다.

- 철정광, 구리정광, 텅스텐정광, 몰리브덴정광: 25%
- 납정광, 납아연정광, 니켈정광, 크롬정광, 석재, 석고, 희망초(묽은 망초): 22%
- 감람석, 연옥, 진주암 등 보석: 20%
- 금정광, 은정광, 탄탈룸－나이오븀, 티탄철, 지르코늄, 금홍석: 12%
- 사문석, 대리석, 화강암, 흑연정광, 형석, 모래: 10%
- 미광, 맥석, 배출물, 채굴이 어려운 광물: 3%

(3) 자원세의 계산

자원세는 자원을 수출하거나 판매하고 얻은 수입금 또는 정해진 가격에 해당 세율을 적용하여 계산하며, 채취과정에 여러 자원이 함께 채취되는 경우 자원의 종류별로 계산한다(외국투자기업 및 외국인세금법 제56조). 자원세의 구체적인 계산방법은 아래와 같다.[35]

- 제품판매 소득을 취득할 때마다 소득액이 확정되는 시점으로부터 1영업일 내에 자원의 종류에 따라 관련 규정 및 세칙에서 정한 세율을 적용하여 자원세를 계산하여야 한다.

---

34) 중국 상무부 대외투자협력국별(지역별) 지침(2017년 9월) 참조.
35) 조선대외경제투자협력위원회, 조선민주주의인민공화국 투자지침(2016년 5월) 참조.

- 기업이 외국으로 자원을 수출하는 경우 제품판매소득액이 확정되는 시점으로부터 1영업일 내에 또는 세관 수속을 처리하기 시작하는 시점으로부터 1영업일 내에 계약서의 수량 및 가격으로 반영된 총 금액에서 자원의 종류별 세율을 적용하여 자원세를 계산한다.
- 기업이 자원을 자체 소비하는 경우 매월 첫 번째 영업일 전에 이미 소비한 자원의 수량 및 가격으로 계산하는 총 금액에서 자원의 종류별 세율을 적용하여 자원세를 계산하여야 한다.

(4) 자원세의 납부

자원의 수출 또는 판매에 의하여 소득을 얻거나 자원을 소비할 때마다 기업은 자원세는 신고 납부하거나 소득액을 지급하는 대리납세자가 자원세를 원천징수를 하여야 한다(외국투자기업 및 외국인세금법 제57조). 기업은 자원을 국내에서 판매 또는 외국으로 수출하거나 스스로 소비하는 경우 자원세를 계산한 후 1영업일 내에 자원세납부신고서 및 관련 서류를 관련 세무기관에 제출하여 심사·승인을 거친 후 1영업일 내에 자원세를 신고·납부하여야 한다.[36]

차. 도시경영세

(1) 납부의무자 및 부과대상

외국투자기업과 북한에서 거주하는 외국인은 거주지역의 공원 관리 및 오물·폐수 배출 등 공공사업을 위하여 도시경영세를 납부하여야 한다(외국투자기업 및 외국인세금법 제59조).

도시경영세의 부과 대상은 기업의 경우 매월 지급하는 근로자(임시직원, 견습생, 인턴, 수강생, 경비원, 기타 근로자 포함)에 대한 급여 총액이고, 개인의 경우 개인소득세 부과대상의 총액이다(외국투자기업 및 외국인세금법 제59조).

---

36) 조선대외경제투자협력위원회, 조선민주주의인민공화국 투자지침(2016년 5월) 참조.

(2) 도시경영세의 세율

도시경영세의 세율은 세금 부과대상의 1%이며(외국투자기업 및 외국인세금법 제61조), 구체적인 내용은 아래와 같다.[37]

- 외국투자기업, 외국투자은행, 외국은행 지사가 납부하여야 하는 도시경영세의 세율은 매월 근로자(임시직원, 견습생, 인턴, 수강생, 경비원, 기타 근로자 포함)에게 지급하는 급여 총액의 1%로 한다.
- 외국투자기업, 외국투자은행, 외국은행 지사에 속하지 않은 개인이 납부하여야 하는 도시경영세의 세율은 매월 소득 총액의 1%로 한다.
- 외국투자기업, 외국투자은행 또는 외국은행 지사가 도시경영세를 이미 납부한 경우 그 기업에 속하는 개인은 도시경영세를 면제받을 수 있으며, 외국투자기업, 외국투자은행 또는 외국은행 지사에 속하는 개인이 취득한 그 밖의 소득(재산세, 상속세 등의 부과 대상)에 대하여 도시경영세를 면제한다.

(3) 도시경영세의 계산 및 납부[38]

납세자는 매월 1회 익월 5번째 영업일까지 세금부과 대상에 대하여 규정된 세율에 따라 도시경영세를 계산하여야 한다. 납세자는 도시경영세를 계산하는 날로부터 1영업일 내에 도시경영세납부신고서 및 증빙서류를 세무기관에 제출하여야 하며, 승인을 받은 날로부터 1영업일 내에 세금을 신고 납부하여야 한다. 납세자가 계산을 잘못하여 도시경영세금을 정정하는 경우 그 납부일은 세금을 계산한 후 2영업일을 초과하면 안 된다. 개인에게 금원을 지급하는 대리납세자는 금원을 지급하는 당일에 지급 금액에서 개인소득세 및 도시경영세를 공제하여 세무기관에 납부하여야 한다.

---

37) 조선대외경제투자협력위원회, 조선민주주의인민공화국 투자지침(2016년 5월) 참조.
38) 조선대외경제투자협력위원회, 조선민주주의인민공화국 투자지침(2016년 5월) 참조.

카. 자동차이용세

(1) 납부의무자 및 등록의무

외국투자기업과 외국인이 자동차를 사용하는 경우 거주지역의 도로유지보수사업을 위하여 자동차이용세를 납부하여야 한다(외국투자기업 및 외국인세금법 제62조).

납세자는 세무기관에 차량을 등록하여야 한다(외국투자기업 및 외국인세금법 제63조). 등록대상 차량은 승용차, 버스, 화물차, 특장차와 기타 차량이다. 특장차는 크레인차, 소방차, 발전차, 콘크리트 믹서차, mobile drilling derricks, 로드 롤러(road roller), 그레이더(grader), 도로 정비차, 쓰레기 수거차, 제설차, 살수차, 소독차 등 사람이나 화물 운송의 목적이 아닌 전문장비나 구조를 갖추는 차량을 가리킨다. 기타 차량으로는 트랙터, 불도저, 굴착기, 셔블로더(shovel loader), 부수차, 오토바이 등이 있다.

기업은 차량을 소유한 후 그 투자를 인정받은 날로부터 25영업일 내에 고정재산등록법에 따라 세무기관에 차량을 등록하여야 하며, 개인이 차량을 소유하는 경우 차량감독기관에 차량을 등록하는 날로부터 25영업일 내에 세무기관에 차량을 등록하여야 한다.[39]

(2) 자동차이용세의 세율

자동차의 차종별 이용세액은 중앙세무지도기관이 정한다(외국투자기업 및 외국인세금법 제64조). 대략 1년에 1대당 15~100€ 정도의 자동차이용세를 징수한다.[40]

(3) 자동차이용세의 계산[41]

납세자는 매년 1회 다음해 2월의 10번째 영업일까지 관련 규정에 따른 세율을 적용하여 차종에 맞는 이용세를 계산한다. 한 달 동안 자동차 미사용 일수가

---

39) 외국투자기업 및 외국인세금법 제63조에서는 차량을 소유한 날로부터 30일 안에 등록하여야 한다고 규정하고 있지만, 조선민주주의인민공화국 투자지침(2016년 5월)의 세부내용에 따라 기재하였다.
40) 중국 상무부 대외투자협력국별(지역별) 지침(2017년 9월) 참조.
41) 조선대외경제투자협력위원회, 조선민주주의인민공화국 투자지침(2016년 5월) 참조.

25영업일에 달하고 수개월 지속되는 경우 납세자는 해당 월수의 자동차이용세를 계산하지 않을 수 있다.

(4) 자동차이용세의 납부[42]

납세자는 자동차이용세를 계산하는 날로부터 1영업일 내에 자동차이용세 납부신고서 및 증빙서류를 세무기관에 제출하여 승인을 받은 날로부터 1영업일 내에 세금을 신고 납부한다. 납세자 또는 대리납세자가 불가피한 사유로 규정된 기한 내에 상기한 각 세금을 납부하지 못한 경우 연기비용을 별도로 납부하는 것을 전제로 세무기관의 승인을 받아 납부기한을 연장할 수 있으나 25영업일을 초과하여서는 안 된다.

타. 벌칙

(1) 지도기관

세무사업에 대한 국가의 통일적인 지도는 중앙세무지도기관이 한다(외국투자기업 및 외국인세금법 제66조).

(2) 연체료 부과

외국투자기업과 외국인이 세금을 정한 기일 안에 납부하지 않았을 경우에는 연체된 세액에 대하여는 매일 0.3%에 해당한 연체료가 부과된다(외국투자기업 및 외국인세금법 제68조).

(3) 영업중지 및 몰수

정당한 이유 없이 6개월 이상 세금을 미납하거나 벌금통지서를 수령한 후에도 1개월 이상 벌금을 미납한 경우 또는 해당 세무기관의 정상적인 조사에 응하지 않거나 필요한 자료를 제공하지 않았을 경우에는 그 영업을 중지시킬 수 있다

---

42) 외국투자기업 및 외국인세금법 제65조에서는 자동차이용세를 매해 2월 안에 납부하여야 한다고 규정하고 있지만, 조선민주주의인민공화국 투자지침(2016년 5월)의 세부내용에 따라 기재하였다.

(외국투자기업 및 외국인세금법 제69조).

한편, 고의적인 탈세행위가 발견된 경우에는 해당 재산을 몰수한다(외국투자기업 및 외국인세금법 제70조).

(4) 벌금

아래의 경우에는 벌금을 부과한다(외국투자기업 및 외국인세금법 제71조).

- 정당한 이유 없이 세무등록, 재산등록, 자동차등록을 제때에 하지 않았거나 세금납부신고서, 연간회계결산서 등의 세무문건을 제때에 제출하지 않았을 경우 외국투자기업에게는 100~5,000$까지, 외국인에게는 10~1,000$까지의 벌금을 부과한다.
- 공제납부의무자가 세금을 적게 공제하였거나 공제한 세금을 납부하지 않았을 경우에는 납부하지 않은 세액의 2배까지의 벌금을 부과한다.
- 부당한 목적으로 장부와 자료를 사실과 맞지 않게 기록하였거나 수정하였을 경우 또는 이중장부를 이용하거나 장부를 고의로 멸실하였을 경우 외국투자기업에게는 1,000~100,000$까지, 외국인에게는 100~1,000$까지의 벌금을 부과한다.
- 세무담당자의 세무조사를 고의적으로 방해하였을 경우에는 그 정상에 따라 100~5,000$까지의 벌금을 부과한다.
- 고의로 세금을 납부하지 않거나 적게 납부하였을 경우와 재산 또는 소득을 악의적으로 유출하거나 은닉하였을 경우에는 납부하지 않은 세액의 5배까지의 벌금을 부과한다.

(5) 행정책임 및 형사책임

외국투자기업 및 외국인세금법을 위한하여 중대한 결과가 발생한 경우에는 정상에 따라 행정책임 또는 형사책임이 부과된다(외국투자기업 및 외국인세금법 제72조).

(6) 의견제시

외국투자기업과 외국인은 세금납부와 관련하여 의견이 있을 경우 중앙세무지도기관과 해당 기관에 민원을 제기할 수 있고, 민원을 접수한 해당 기관은 30일 안에 이를 처리하여야 한다(외국투자기업 및 외국인세금법 제73조).

2. 세관법

가. 총론

최고인민회의 상설회의 결정으로 채택된 세관법(1983. 10. 14. 채택, 2012. 4. 3. 수정보충)은 세관 등록과 수속, 검사, 관세의 부과와 납부 절차에 관한 내용을 규정하고 있는 법률이다(세관법 제1조).

(1) 설치장소 및 지도기관

북한의 세관은 국경교두, 국경철도역, 무역항, 국제항공역, 국제우편물취급장소 등에 설치되어 있으며(세관법 제2조), 북한 국경을 통과하는 물자와 운송수단은 세관이 설치된 곳에서 정해진 검사와 검역을 받은 후에만 북한으로 반입되거나 북한에서 반출될 수 있다(세관법 제19조, 세관법 제30조). 한편, 세관사업에 대한 통일적인 지도는 중앙세관지도기관이 한다(세관법 제63조). 또한, 내각의 지도 하에 비상설관세심의위원회를 두어 세관사업을 집행한다(세관법 제64조).

(2) 세관의 임무

세관의 임무는 아래와 같다(세관법 제3조).

- 북한에 반입되거나 북한에서 반출되는 물자, 운송수단, 국제우편물, 기타 물자의 검사 및 감독
- 북한에서 출국하거나 북한에 입국하는 사람의 물자 및 휴대품의 검사
- 관세, 선박톤세, 세관요금의 부과 및 징수
- 보세지역, 보세공장, 보세창고, 보세전시장과 보세물자의 반출입 감독
- 관세면제 물자와 임시반출입 물자의 이용 및 처리의 감독

- 반출입금지품, 반출입통제품의 밀수 등에 대한 조사단속
- 세관통계의 작성
- 그 밖에 국가가 위임한 사업

(3) 적용대상

세관법은 북한 국경을 통과하는 물자, 운송수단, 국제우편물을 반입하거나 반출하는 기관, 기업, 단체, 북한 공민에게 적용하며, 외국투자기업과 북한에 주재하는 외국 또는 국제기구의 대표기관, 법인, 외국인 역시 세관법의 적용을 받는다. 다만, 특수경제지대의 세관사업절차는 별도로 정한다(세관법 제10조).

나. 세관 등록 및 수속

(1) 세관 등록

수출입허가를 받은 기관, 기업, 단체는 세관 등록을 하여야만 물자를 반출입할 수 있다(세관법 제11조). 세관 등록을 하려는 기관, 기업, 단체는 세관 등록신청서와 함께 무역회사영업허가증, 기업창설승인서, 은행담보서, 수출기지등록증, 세무등록증 등 필요한 문서를 해당 세관에 제출하여야 한다. 세관 등록신청서를 접수한 세관은 관련 자료를 정확히 검토하고 세관 등록 여부를 결정하여야 한다(세관법 제12조).

(2) 세관 수속

물자와 운송수단을 북한에 반입하거나 반출하는 기관, 기업, 단체 및 북한 공민은 의무적으로 세관 수속을 하여야 한다(세관법 제13조). 세관 수속은 정해진 세관에서 진행하며 해당 물자가 세관에 도착하기 전에 마쳐야 한다(세관법 제14조).

세관 수속당사자는 세관수속문서를 전자무역수속체계를 통하여 제출하여야 하나, 부득이한 경우에는 관련 문서를 직접 세관에 제출할 수 있다. 관련 문서를 접수한 세관은 서류를 검토 후 적시에 수속절차를 진행해야 한다(세관법 제15조).

(3) 세관 수속의 구체적 유형

입출국하는 북한 공민은 국경교두, 국경철도역, 무역항, 국제항공역에 도착하면 휴대품과 귀금속, 보석, 화폐, 유가증권, 별도 화물 등을 세관에 정확히 신고하여야 한다(세관법 제16조).

북한을 거쳐 외국으로 중계수송되는 물자에 대한 세관 수속은 그 중계수송을 책임지는 기관이 담당한다. 이 경우 반출입통제품은 해당 기관의 승인을 받은 후 세관 수속을 할 수 있지만, 반출입금지품은 북한을 통한 중계수송이 불가능하다(세관법 제17조).

북한을 경유하여 외국으로 이동하는 운송수단 역시 세관 수속을 하여야 한다. 이 경우 세관 수속당사자는 운송수단에 대한 문서와 운송되는 물자의 명세서를 세관에 제출하여야 한다(세관법 제18조).

다. 세관검사와 감독

(1) 세관검사 대상

세관은 북한에 반입 또는 북한에서 반출되는 모든 물자, 국제 우편물, 북한 공민의 휴대품과 운송수단에 대하여 세관검사를 한다(세관법 제20조). 그러나 당, 국가, 정부대표단성원, 북한에 주재하는 외국 또는 국제기구대표기관의 외교권소지자 그 밖에 별도로 정한 북한 공민의 휴대품과 물자, 외교우편물과 외교신서물에 대하여서는 세관검사를 하지 않는다. 다만, 반출입금지품 또는 반출입통제품이 있다고 인정될 경우에는 세관검사를 할 수 있다(세관법 제21조).

무기, 총탄, 폭발물, 독약, 극약, 마약 등의 반출입금지품과 승인을 받지 않은 반출입통제품, 국가무역계획에 포함되어 있지 않은 물자, 가격승인을 받지 않은 물자는 북한에의 반입과 북한에서의 반출이 금지된다(세관법 제22조).

(2) 세관검사 장소

세관검사는 국경교두, 국경철도역, 무역항, 국제항공역, 국제우편물취급장소와 그 밖의 정해진 곳에서 하는 것이 원칙이나, 북한 공민의 물자와 휴대품에 대한 검사는 열차나 선박 등의 운송수단 안에서도 할 수 있다(세관법 제23조).

(3) 일반적인 세관검사

세관은 물자와 국제우편물, 휴대품을 기계로 검사하거나 손으로 수색할 수 있다. 밀수혐의가 있을 경우에는 해당 장소 또는 운송수단, 북한 공민에 대하여도 수색할 수 있다(세관법 제24조). 세관의 필요에 따라 세관이 감독하는 물건 또는 그 것을 보관한 창고, 운송수단의 화물칸 등에 봉인을 할 수 있고, 봉인은 세관의 승인 없이 뜯을 수 없다(세관법 제29조).

세관은 수입하는 대형설비, 화물 등에 대한 세관검사를 도착지의 기관에 의뢰할 수 있다. 이 경우 화물의 소유자가 화물 관련 정보를 해당 기관에 적시에 신고하여야 하며 도착지의 기관은 검사결과를 세관에 회신하여야 한다(세관법 제26조). 한편, 세관검사를 의뢰한 화물은 도착지까지 세관의 감독 하에 수송된다. 해당 교통 운송기관은 세관검사를 의뢰한 화물을 책임지고 수송하며 세관의 승인 없이 화물의 도착지를 변경하는 등의 행위를 하여서는 안 된다(세관법 제27조).

세관은 국경교두, 국경철도역, 무역항, 국제항공역, 보세창고, 면세창고, 면세점 등에서 관할하고 있는 물자, 관세를 면제받은 물자 등이 손실되거나 승인 없이 처분되지 않도록 감독하여야 한다. 정해진 기간 내에 찾아가지 않는 물자 또는 소유자가 없는 물자 등은 세관이 해당 절차에 따라 처리할 수 있다(세관법 제31조).

세관검사를 받거나 세관이 감독하는 화물을 보관, 이용, 가공, 처분하는 기관, 기업, 단체와 북한 공민, 외국투자기업은 세관검사 또는 감독에 협조하여야 한다(세관법 제33조). 또한 기관, 기업, 단체와 공민은 세관이 관할하는 화물과 운송수단을 이동할 경우 세관의 승인을 받아야 하며, 화물의 포장, 재포장, 선별작업 등의 경우에도 세관의 승인을 받아야 한다(세관법 제34조).

(4) 특수한 세관검사

세관은 내각이 정하는 절차에 따라 이동하는 운송수단 또는 북한을 통과하는 외국 물자를 검사할 수 있다(세관법 제25조). 세관은 운송수단에 대한 세관검사를 할 경우 화물칸, 객실, 선원실, 승무원실 등의 필요한 장소를 검사할 수 있다. 검사과정에서 반출입금지품 또는 반출입통제품을 발견하였을 경우 그 이용을 중지시키거나 해당 물자를 일정한 화물칸에 보관하고 감독한다(세관법 제28조).

(5) 기타 유의할 사항

잘못 반입한 물자의 처리 (세관법 제32조)	잘못 반입한 외국 물자, 국제우편물, 소유자 없는 물자는 세관의 승인 하에서만 처리할 수 있다.
물자의 사고신고 (세관법 제35조)	세관이 관할하는 물자를 운송, 보관, 관리하는 자는 포장이 손상되었거나 기타 사고가 발생하였을 경우 즉시 세관에 신고하여야 한다.
국제우편물 이용 시 금지사항 (세관법 제36조)	기관, 기업, 단체와 북한 공민은 북한에 반입하거나 외국으로 반출하는 편지나 인쇄물 안에 기타 다른 물건을 포함시킬 수 없으며, 소포 안에도 편지, 화폐, 유가증권, 귀금속, 보석 등을 포함시킬 수 없다. 국제우편물을 이용하여 반출입금지품과 반출입통제품을 반입하거나 반출하는 행위, 영업을 목적으로 물건을 반출입하는 행위를 하여서는 아니 된다.
공민의 물자와 휴대품 (세관법 제37조)	북한 공민은 출입국시 사업에 필요한 물건과 생필품, 기념품을 소지할 수 있다. 직업적으로 출입국이 많은 북한 공민은 직무수행에 필요한 작업용품과 생필품만을 소지할 수 있다.
이사짐과 상속재산의 반출입 (세관법 제38조)	이사짐과 상속재산은 북한에 반입하거나 외국으로 반출할 수 있다. 그러나 반출입금지품에 해당하는 이사짐과 상속재산은 반출입할 수 없으며 반출입통제품은 해당 기관의 승인을 받은 후 반출입이 가능하다.
이동통신 규제[43]	2013년 1월 7일부터 북한 정부는 통신서비스에 대한 규제를 완화하고 북한을 방문하는 외국인의 휴대전화 소지 및 북한 내 사용을 허용했다. 이후 외국인의 북한 방문 시 북한 세관에서 휴대전화를 압수하지 않고 있으며, 북한 세관에서 국제모바일기기 식별코드(IMEI) 등록표를 작성하면 휴대전화를 소지할 수 있다. 단, 국제전화만 발신할 수 있으며 북한 현지 전화 발신 및 인터넷 연결은 불가능하다.

---

43) 중국 상무부 대외투자협력국별(지역별) 지침(2017년 9월) 참조.

라. 관세, 선박톤세, 세관요금

(1) 납부의무

세관은 관세와 선박톤세, 세관요금을 부과하며, 관련 기관, 기업, 단체와 북한 공민은 관세와 선박톤세, 세관요금을 의무적으로 납부하여야 한다(세관법 제39조). 선박톤세란, i) 외국의 선박, ii) 북한 소유의 외국 국적 선박, iii) 북한 국적의 외국 소유 선박이 북한에 출입국하는 경우 납부하여야 하는 세금을 의미한다. 선박톤세는 외국선박대리기관이 납부한다(세관법 제60조). 세관요금이란, 기관, 기업, 단체와 북한 공민이 부담하는 세관검사료, 세관화물보관료 같은 요금을 의미한다. 해당 기관은 세관요금을 정한다(세관법 제61조). 아래에서는 관세에 대해서 좀 더 자세히 살펴보도록 한다.

(2) 관세부과의 기준

북한은 수출입을 장려하는 물자에 대하여는 관세를 면제하거나 낮은 관세를 부과하지만 수출입을 제한하는 물자에는 높은 관세를 부과하고 있다(세관법 제6조). 관세 부과 기준가격은 수입품의 경우 국경도착가격으로 하고, 수출품의 경우 국경인도가격으로 하며, 국제우편물과 북한 공민이 반출입하는 물자의 경우 소매가격으로 한다(세관법 제40조). 관세경계선을 통과하여 반출입한 후 사용 및 소비되는 물자에도 관세를 부과한다(세관법 제42조).

(3) 관세율

관세부과대상과 관세율은 비상설관세심의위원회에서 심의결정하며, 관세부과대상과 관세율을 공포하는 사업은 내각이 한다(세관법 제42조). 북한 내각은 매년 새로운 관세 세칙을 제정하여 수출입 관세율을 조정한다.[44]

관세는 해당 물자의 가격과 국경을 통과할 당시의 관세율에 따라 계산한다. 세관은 관세계산의 기초로 삼은 물자의 가격이 당시 국제시장가격보다 낮게 신고되었다고 인정될 경우 해당 가격제정기관에 신고된 물자의 가격을 재평가해줄 것

---

44) 중국 상무부 대외투자협력국별(지역별) 지침(2017년 9월) 참조.

을 요구할 수 있다(세관법 제41조).

북한과 외국 사이에 체결된 조약에 관세특혜조항이 있을 경우 해당 특혜관세율을 적용하며, 관세특혜조항이 없을 경우에는 기본관세율을 적용한다(세관법 제43조). 관세율이 정해져 있지 않은 물자에는 그와 유사한 물자의 관세율을 적용한다(세관법 제44조).

(4) 관세의 납부방법 및 납부시기

관세와 세관요금은 북한이 정한 화폐로 납부하여야 하며(세관법 제45조), 기관, 기업, 단체는 해당 기관에서 발급한 관세납부계산서에 따라, 북한 공민은 해당 기관에서 발급한 관세납부통지서에 따라 관세를 납부한다(세관법 제46조). 물자를 수출입하려는 기관, 기업, 단체는 해당 물자의 반출입 전에 미리 관세를 납부하여야 한다(세관법 제47조).

정해진 기준을 초과하는 북한 공민의 국제우편물과 물자는 세관이 정한 기간 내에 관세를 납부하여야 반환 받을 수 있다. 세관은 정해진 기간 내에 관세를 납부하지 못할 경우 관세액에 상응하는 물자를 담보물로 제공받고 나머지 물자들을 우선 반환할 수 있다(세관법 제48조).

(5) 관세의 면제대상

아래의 경우에는 관세가 면제된다(세관법 제49조).

- 국가적 조치에 따라 반입하는 물자
- 외국, 국제기구, 비정기구에서 북한 정부 또는 해당 기관에 무상 기증, 지원한 물자
- 외교여권을 가진 북한 공민, 북한에 주재하는 외국 또는 국제기구의 대표기관이나 그 구성원이 이용하거나 소비할 목적으로 정해진 기준의 범위 안에서 반입하는 사무용품, 설비, 비품, 운송수단, 식료품
- 외국인투자기업의 (투자지분액에 속하는) 고정자산과 생산 및 경영에 필요한 원료, 자재, 경영용 물품[45]

---

45) 조선대외경제투자협력위원회, 조선민주주의인민공화국 투자지침(2016년 5월) 참조.

- 외국투자기업이 생산 또는 가공하여 수출하는 물자, 무관세상점물자
- 가공무역, 중계무역, 재수출 같은 목적으로 반출입하는 보세물자
- 국제상품전람회나 전시회 같은 목적으로 임시반출입하는 물자
- 조약에 따라 관세가 면제되는 물자
- 이사짐과 상속재산
- 정해진 기준을 초과하지 않는 북한 공민의 물자, 국제우편물

다만, 아래의 경우에는 관세 면제대상에 해당하더라도 관세를 부과한다(세관법 제50조).

- 외국투자기업이 생산과 경영을 위하여 반입한 물자와 생산한 제품을 북한 내에서 판매하려 할 경우
- 면세점 물자를 용도에 맞지 않게 판매하려 할 경우
- 가공, 중계, 재수출 등의 목적으로 반입한 보세물자를 북한 내에서 판매하거나 정해진 기간 안에 반출하지 않을 경우
- 국제상품전람회나 전시회 등의 목적으로 임시 반입한 물자를 북한 내에서 사용, 소비하는 경우
- 대표단성원과 외교여권을 가진 공민, 북한 주재 외국 또는 국제기구의 대표기관이나 그 구성원이 정해진 기준을 초과하여 물자를 반출입하는 경우
- 국제우편물 또는 공민의 짐이 정해진 기준을 초과할 경우

(6) 관세의 추가 부과 및 관세의 반환

세관은 관세를 부과하지 못하였거나 적게 부과한 경우 해당 물자를 통과시킨 날로부터 3년 내에 관세를 추가로 부과할 수 있다(세관법 제52조).

세관은 ⅰ) 국가적 조치로 해당 물자의 반출입이 중지되었을 경우, ⅱ) 수출입물자가 불가항력적 사유로 운송 도중 전부 또는 일부가 훼손된 경우, ⅲ) 관세를 초과 납부한 경우에는 관세의 전부 또는 일부를 반환하여 한다(세관법 제53조). 관세납부당사자는 세관법 제53조의 사유가 있을 경우 관세를 납부한 날부터 1년 안에 해당 관세를 반환하여 줄 것을 세관에 신청할 수 있고, 세관은 관세반환신청을 받은 날부터 30일 안에 이를 처리하여야 한다(세관법 제54조).

마. 보세지역

(1) 보세지역의 운영 및 보세기간

내각은 대외경제교류를 발전시키기 위하여 보세지역, 보세공장, 보세창고, 보세전시장을 설립 및 운영한다(세관법 제55조). 보세기간은 보세공장, 보세창고에서는 2년으로 하며, 보세전시장에서는 세관이 정한 기간으로 하고, 보세기간에는 보세물자에 관세를 부과하지 않는다(세관법 제56조). 부득이한 사정으로 보세기간을 연장 받으려는 물자의 소유자는 보세기간이 종료하기 10일 전에 보세기간연장신청서를 해당 세관에 제출하여야 한다. 세관은 보세기간을 6개월까지 연장하여 줄 수 있다(세관법 제57조).

(2) 보세물자의 반출입 담보

보세물자를 가공, 포장, 조립하기 위하여 보세지역 밖으로 반출하려는 경우에는 관세에 상응하는 액수의 담보물 또는 담보금을 세관에 제공하여야 한다. 세관은 보세물자가 정해진 기간 안에 반입되는 경우 담보물 또는 담보금을 반환하고, 보세물자가 정해진 기간 내에 반입되지 않는 경우 담보물 또는 담보금을 관세로 처리하여 징수할 수 있다(세관법 제58조).

바. 세관법 위반시 제재 및 불복

물자, 운송수단, 국제우편물, 휴대품을 불법적으로 북한에 반입하거나 북한에서 반출하는 자는 억류, 몰수, 벌금, 업무활동중지 등의 처벌을 받을 수 있다(세관법 제70조). 세관법을 중대하게 위반한 기관, 기업, 단체의 직원, 북한 공민 역시 위반 정도에 따라 행정적 또는 형사적 책임을 부담하게 된다(세관법 제71조).

세관사업과 관련하여 의견이 있을 경우에는 중앙세관지도기관 또는 해당 기관에 불복하는 민원을 제기할 수 있으며, 민원을 접수한 기관은 접수한 날로부터 30일 이내에 처리하여야 한다(세관법 제72조).

3. 토지임대법

가. 총론

최고인민회의 상설회의 결정으로 채택된 토지임대법(1993. 10. 27. 채택, 2011. 11. 29. 수정보충)은 외국투자가와 외국투자기업에 필요한 토지를 임대하고 임차한 토지를 이용과 관련된 절차를 규정하는 법률이다(토지임대법 제1조).

나. 기본원칙

북한 헌법에 따르면 토지는 국가와 협동 단체의 소유이다. 따라서 외국투자가와 외국투자기업은 토지임대법에 근거하여 토지를 임대 받아 사용할 수 있을 뿐이며(토지임대법 제2조) 토지를 직접 소유할 수 없다. 토지임차인은 토지이용권을 가지나, 토지에 매장된 천연자원과 매장물은 토지이용권의 대상에 속하지 않는다(토지임대법 제3조).

토지임대는 중앙국토환경보호지도기관의 승인을 받아야 하며, 토지임대차계약은 해당 도(직할시)인민위원회 국토환경보호부서가 체결한다(토지임대법 제4조). 한편, 북한의 기관, 기업소, 단체는 합영, 합작기업에게 토지이용권을 출자할 수 있고, 이 경우 역시 해당 토지를 관리하는 도(직할시)인민위원회 등 관련 기관의 승인을 받아야 한다(토지임대법 제5조).

토지의 임대기간은 50년을 넘지 않는 범위 내에서 계약당사자들이 합의하여 정한다(토지임대법 제6조). 다만, 기업은 승인 받은 경영기한보다 더 장기의 토지이용권을 취득할 수 없다.[46]

다. 토지의 임대방법

토지의 임대차는 협상의 방법으로 하며, 특수경제지대에서는 입찰과 경매의

---

46) 중국 상무부 대외투자협력국별(지역별) 지침(2017년 9월) 참조.

방법으로도 토지를 임대할 수 있다(토지임대법 제9조).

토지임대기관은 토지임차희망자에게 아래의 자료를 제공한다(토지임대법 제10조).

- 토지의 위치와 면적, 지형도
- 토지의 용도
- 건축면적, 토지개발과 관련한 계획
- 건설기간, 투자의 최저한도액
- 환경보호, 위생방역, 소방과 관련한 요구
- 토지임대기간
- 토지개발상태

(1) 협상의 방법

협상을 통한 토지의 임대절차는 아래와 같다(토지임대법 제11조).

- 임차희망자는 제공된 토지의 자료를 검토한 후 기업창설승인 또는 거주승인 문건사본을 첨부한 토지이용신청문건을 토지임대기관에 제출한다.
- 토지임대기관은 토지이용신청문건을 수령한 날로부터 20일 안에 신청자에게 승인 여부를 통지한다.
- 토지임대기관과 임차희망자는 토지의 면적, 용도, 임대목적과 기간, 총투자액과 건설기간, 임대료와 그 밖에 필요한 사항을 내용을 하는 토지임대차계약을 체결한다.
- 토지임대기관은 토지임대차계약에 따라 토지이용권을 이전하고 이에 대한 대가를 수령한 후 토지이용증을 발급하고 등록한다.

(2) 입찰의 방법

입찰을 통한 토지의 임대절차는 아래와 같다(토지임대법 제12조).

- 토지임대기관은 토지의 자료와 입찰장소, 입찰 및 개찰일자, 입찰절차를 비롯한 입찰에 필요한 사항을 공시하거나 입찰안내서를 지정한 대상자에게 발송한다.

- 토지임대기관은 응찰대상자에게 입찰문건을 판매한다.
- 토지임대기관은 입찰과 관련한 상담을 한다.
- 입찰자는 정한 입찰보증금을 납부하고 봉인한 입찰서를 입찰함에 넣는다.
- 토지임대기관은 경제, 법률부문 등 관계부문과 관련된 입찰심사위원회를 조직한다.
- 입찰심사위원회는 입찰서를 심사·평가하여 토지개발 및 건설과 임대료조건을 고려하여 낙찰자를 결정한다.
- 토지임대기관은 입찰심사위원회가 결정한 낙찰자에게 낙찰통지서를 발급한다.
- 낙찰자는 낙찰통지서를 수령한 날부터 30일 안에 토지임대기관과 토지임대차계약을 체결하고 해당 토지이용권의 대가를 지급한 후 토지이용증을 발급받고 이를 등록한다. 사정에 의하여 계약 체결을 연기하는 경우 정한 기간이 종료되기 10일 전에 토지임대기관에 신청을 하면 30일간 연장 받을 수 있다.
- 낙찰 받지 못한 응찰자에게는 낙찰이 결정된 날부터 5일 안에 해당 사유를 통지하고 입찰보증금을 반환한다. 이 경우 별도 이자는 지급하지 않는다.
- 낙찰자가 정한 기간 안에 토지임대차계약을 체결하지 않는 경우 낙찰을 무효로 하며 입찰보증금을 반환하지 않는다.

(3) 경매의 방법

경매를 통한 토지의 임대절차는 아래와 같다(토지임대법 제13조).

- 토지임대기관은 토지의 자료, 토지 경매일자, 장소, 절차, 토지의 기준가격 같은 경매에 필요한 사항을 공시한다.
- 토지임대기관은 공시한 토지의 기준가격을 기준으로 경매를 진행하고 제일 높은 가격을 제시한 임차희망자를 낙찰자로 결정한다.
- 낙찰자는 토지임대기관과 토지임대차계약을 체결한 후 토지이용증을 발급받고 이를 등록한다.

토지임차인은 토지를 임대차계약에서 정한 용도에 맞게 이용하여야 하며, 토지의 용도를 변경하려는 경우에는 토지임대기관과 용도변경에 관한 보충계약을 별도로 체결하여야 한다(토지임대법 제14조).

라. 토지이용권의 양도와 저당

토지임차인은 임대차 계약기간의 범위 내에서 토지임대기관의 승인을 받아 토지이용권을 제3자에게 양도(판매, 재임대, 증여, 상속)하거나 저당권을 설정할 수 있다(토지임대법 제15조). 이 때, 토지임차인은 임대차계약에서 정한 소정의 토지이용권 양도비용을 지급하고 계약에서 정한 투자금액을 투자하여야 임차 토지이용권을 판매, 재임대, 증여 또는 저당권을 설정할 수 있다(토지임대법 제16조).

(1) 토지이용권의 양도

토지이용권의 양도 시 토지이용과 관련된 권리, 의무, 토지 상의 건축물 및 기타 부착물과 관련된 권리도 함께 양도된다(토지임대법 제17조). 토지임차인이 토지이용권을 판매하려는 경우 토지임대기관은 이를 우선적으로 구매할 수 있는 권리를 가진다(토지임대법 제19조).

토지이용권의 양도 절차는 아래와 같다(토지임대법 제18조).

- 토지이용권의 양도인과 양수인은 계약을 체결한 후 공증기관의 공증을 받는다.
- 토지이용권의 양도인은 계약서 사본을 첨부한 토지이용권판매신청문건을 토지임대기관에 제출한 후 승인을 받는다.
- 토지이용권의 양도인과 양수인은 해당 토지를 임대한 기관에 토지이용권명의변경등록을 한다.

(2) 토지이용권의 재임대

토지임차인은 임차한 토지를 재임대할 수 있으며, 이 경우 토지임대차계약서 사본을 첨부한 재임대신청서를 토지임대기관에 제출한 후 승인을 받아야 한다(토지임대법 제20조).

(3) 토지이용권의 저당

토지임차인은 은행 또는 기타 금융기관으로부터 대출을 받기 위하여 토지이용권에 저당권을 설정할 수 있다. 이에 관한 구체적인 사항은 아래와 같다(토지임대법 제21조).

저당권의 범위 (토지임대법 제21조)	토지에 있는 건축물, 기타 부착물 등에도 함께 저당권의 효력이 미친다.
저당권설정계약 체결 (토지임대법 제22조)	저당권자는 저당권설정자에게 임대차계약서 또는 양도계약서 사본, 토지이용증사본, 토지 실태자료를 요구할 수 있으며, 저당권설정자와 저당권자는 토지임대차 계약의 내용에 따라 저당권설정계약을 체결하여야 한다.
저당권 등록 (토지임대법 제23조)	저당권설정자와 저당권자는 저당권설정계약을 체결한 날로부터 10일 내에 토지를 임대한 기관에 토지이용권저당등록을 하여야 한다.
저당권이 설정된 토지이용권의 처분 (토지임대법 제24조)	저당권자는 저당권설정자가 저당권 설정기간이 경과하였음에도 채무를 변제하지 않거나 저당권설정계약기간 안에 기업이 해산, 파산하는 경우, 저당권설정계약에 따라 토지이용권 및 토지상의 건축물 및 기타 부착물을 처분할 수 있다.
처분된 저당토지의 이용 (토지임대법 제25조)	저당권자가 처분한 토지이용권, 토지 상의 건축물과 기타 부착물을 매수한 자는 공증기관의 공증을 받고 해당 등록기관에 명의변경등록을 한 후 토지임대차계약에 따라 토지를 이용하여야 한다.
재저당 및 양도 (토지임대법 제26조)	저당권자는 저당계약기간 중에 저당권설정자의 승인 없이 토지이용권에 다시 저당권을 설정하거나 토지이용권을 타인에게 양도할 수 없다.
토지이용권 저당등록의 취소 (토지임대법 제27조)	채무상환이나 기타 원인으로 인하여 저당권설정계약이 종료되는 경우, 저당권자와 저당권설정자는 10일 내에 토지이용권저당등록을 취소하는 절차를 밟아야 한다.

마. 토지임대료와 토지사용료

토지임대료, 토지사용료 등의 구체적인 내용은 아래와 같다.[47]

토지임대료 (토지임대법 제28조, 제30조)	토지임차인은 토지임대차계약을 체결한 날로부터 90일 이내에 약정된 토지임대료를 토지임대기관에 전액 납부하여야 한다. 다만, 토지종합개발대상과 같이 대규모 면적의 토지를 임차하였을 경우에는 토지임대기관이 승인한 기간 내에 토지임대료를 분납할 수 있다.

---

47) 조선대외경제투자협력위원회, 조선민주주의인민공화국 투자지침(2016년 5월) 참조.

토지개발비 (토지임대법 제29조)	토지임대기관은 개발한 토지를 임대한 경우 토지임대료에 토지개발비를 포함시켜서 지급받는다. 토지개발비에는 토지정리와 도로건설 및 상수도, 전기, 통신, 난방시설건설에 지출된 비용 등이 포함된다.
이행보증금 (토지임대법 제31조)	협상, 경매를 통하여 토지를 임차한 자는 임대차계약을 체결한 날로부터 15일 내에 토지임대료의 10%에 해당하는 이행보증금을 납부하여야 한다. 이행보증금은 토지임대료에 충당할 수 있다.
토지임대료 미납시 연체료 (토지임대법 제32조)	임차인이 토지임대료를 정해진 기간 내에 납부하지 않는 경우 그 기간이 도과된 날로부터 매일 미납금의 0.05%에 해당하는 연체료를 지급하여야 한다. 연체료를 50일간 계속하여 지급하지 않는 경우, 토지임대기관은 토지임대차계약을 취소할 수 있다.
토지사용료 (토지임대법 제33조)	외국투자기업과 외국투자은행은 해당 재정기관에 토지사용료를 매년 지급하여야 한다. 다만, 투자의 규모, 내용, 경제효율 등에 따라 장려대상분야와 경제특구 내에 투자하는 프로젝트에 대하여는 토지사용료를 10년의 범위 내에서 감액하거나 면제할 수 있다. 토지임대 목적이 북한 정부가 장려하는 산업 또는 대형 투자일 경우 북한측과 협의하여 납부기간을 3년 이내로 조정할 수 있다.[48]
토지사용료의 납부기간	토지사용료는 토지이용권을 등록한 날로부터 기산하며 매년 12월 20일 전에 완납하여야 한다.

토지사용료의 납부의무자는 아래와 같다.[49]

- 토지임대기관으로부터 임차한 토지임차인
- 거래를 통하여 토지이용권을 양도받은 자
- 토지이용권을 재임대한 자
- 토지이용권을 출자 받은 합영기업 또는 합작기업

바. 토지이용권의 반환

토지임차인은 토지이용권 임대계약이 취소되거나 토지임대계약의 임대기간이 만료되는 경우 토지이용권을 반환하여야 한다.

---

48) 중국 상무부 대외투자협력국별(지역별) 지침(2017년 9월) 참조.
49) 조선대외경제투자협력위원회, 조선민주주의인민공화국 투자지침(2016년 5월) 참조.

(1) 토지이용권의 취소

토지이용권은 임대기간 내에는 취소되지 않음이 원칙이지만, 부득이한 사정으로 임대기간 중에 토지이용권을 취소하는 경우 토지임대기관은 6개월 전에 토지임차인과 합의하고 같은 조건의 토지로 교환해 주거나 이에 상응하는 보상하여야 한다(토지임대법 제38조).

(2) 토지임대기간의 연장

토지임대기간을 연장하려는 토지임차인은 그 기간 만료 6개월 전에 토지임대기관에 토지이용연기신청서를 제출한 후 승인을 받아야 한다. 이 경우 토지임대차계약을 다시 체결하고 관련 절차를 거친 후 토지이용증을 재발급 받아야 한다(토지임대법 제36조).

(3) 토지이용권의 종료

토지이용권은 계약에서 정한 임대기간이 만료되는 경우 토지임대기관에 자동으로 반환되며, 해당 토지상의 건축물과 부착물도 무상으로 반환된다. 다만, 토지임대기간이 40년 이상인 경우에는 그 기간이 만료되는 때로부터 10년 안에 준공한 건축물에 대하여서는 해당 잔존가치를 보상하여 줄 수 있다(토지임대법 제34조). 토지임차인은 임대기간이 만료되면 토지이용증을 해당 발급기관에 반환하고 토지용권등록취소수속을 하여야 한다(토지임대법 제35조). 토지임대기관의 요구가 있는 경우, 토지임차인은 임대기간이 만료된 후 건축물과 설비, 부대시설물을 자기 비용으로 철거하고 토지를 정리하여야 한다(토지임대법 제37조).

사. 제재 및 분쟁해결

토지이용증 없이 토지를 이용하거나, 승인 없이 토지의 용도를 변경 또는 토지이용권을 양도·저당하는 경우에는 벌금을 부과하고 토지상 건축물 또는 시설물을 몰수하거나 토지를 원상복구시키고 양도 및 저당계약을 취소한다(토지임대법 제39조). 또한, 임차인이 토지임대차계약에서 정한 기간 내에 총 투자액의 50% 이상을 투자하지 않거나 계약에 따라 토지를 개발하지 않을 경우 토지이용권을 취소할 수 있다(토지임대법 제40조).

토지임차인 제재에 대하여 의견이 있을 경우 20일 안에 제재를 부과한 기관의 상급기관에 제재에 불복하는 민원을 접수할 수 있으며, 민원을 접수한 기관은 30일 내에 조사해야 한다(토지임대법 제41조).

한편, 토지임대 관련 문제에 대하여는 당사자 간 협의로 해결하며, 협의로 해결할 수 없을 경우에는 조정, 중재, 재판의 방법으로 해결한다(토지임대법 제42조).

4. 외국인투자기업로동법

가. 총론

최고인민회의 상설회의 정령으로 채택된 외국인투자기업로동법(2009. 1. 21. 채택, 2015. 8. 26. 수정보충)은 노동력의 채용, 휴식, 보수, 노동자 보호, 사회보험 및 사회보장, 해고 등에 관한 내용을 규정하고 있는 법률이다.

외국인투자기업로동법은 기본적으로 사회주의노동법의 입법정신을 반영하고 있으며 외자기업의 특성에 맞게 특별 제정되었다. 외국인투자기업로동법은 합영기업, 합작기업, 외국인기업 같은 외국인투자기업에게 적용되며, 북한의 노동자를 채용하려는 외국투자은행과 외국기업에게도 적용된다(외국인투자기업로동법 제8조).

나. 기본원칙

외국인투자기업은 북한 노동자를 우선적으로 채용하여야 하며, 필요한 경우에는 일부 관리인원이나 특수한 직종의 기술자, 기능공 등에 한정하여 외국인 노동자를 채용할 수 있고, 16살 미만의 미성년자는 채용할 수 없다(외국인투자기업로동법 제2조).

한편, 외국인투자기업의 노동력관리사업에 대한 통일적인 관리와 지도는 중앙노동행정지도기관이 한다(외국인투자기업로동법 제7조).

다. 노동자의 채용 및 노동계약의 체결

외국인투자기업에 필요한 노동력을 제공하는 사업은 기업소재지의 노동행정기관이 담당하며, 노동행정기관이 아닌 다른 기관, 기업소, 단체는 노동력 제공사업을 할 수 없다(외국인투자기업로동법 제9조).

(1) 북한 노동자의 채용절차

노력보장신청(채용신청) (외국인투자기업로동법 제10조)	외국인투자기업은 기업소재지 노동행정기관에 노력보장신청서를 제출하여야 하며, 노력보장신청서에는 채용할 노동자수, 성별, 연령, 업종, 기술기능급수, 채용기간, 노동보수관계 등 구체적인 내용을 명시하여야 한다.
노력모집 및 보장 (외국인투자기업로동법 제11조)	노력보장신청을 받은 노동행정기관은 30일 내에 기업이 요구하는 노동자를 제공하여야 한다. 기업의 노동자를 다른 지역에서 제공하는 경우에는 해당 지역의 노동행정기관과 협의한다.
노동자 채용 (외국인투자기업로동법 제12조)	외국인투자기업은 해당 노동행정기관이 제공한 노동자를 채용하여야 한다. 그러나 채용기준에 맞지 않는 대상은 채용하지 않을 수 있다.
외국인 노동자 채용 (외국인투자기업로동법 제13조)	외국인투자기업이 외국인 노동자를 채용하는 경우에는 투자관리기관에 외국인노력채용문건을 제출하여야 한다. 외국인노력채용문건에는 이름, 성별, 연령, 국적, 거주지, 지식정도, 기술자격, 직종 등의 내용을 명시하여야 한다.
노동계약의 체결과 이행 (외국인투자기업로동법 제14조)	외국인투자기업은 기업의 직업동맹조직[50]과 노동계약을 체결하여야 한다. 노동계약서에는 노동시간, 휴식, 노동조건, 생활조건, 노동보호, 보수지급, 상벌 등의 내용을 명시하여야 한다.
노동계약의 효력 (외국인투자기업로동법 제15조)	외국인투자기업은 직업동맹조직과 체결한 노동계약서를 기업소재지 노동행정기관에 제출하여야 하며, 노동계약은 계약 체결일부터 효력이 발생한다. 경제무역특구 내의 외국인투자기업은 반드시 경제무역특구 노동기관에 노동계약서 원본을 제출하여야 한다.[51]
노동계약의 변경 (외국인투자기업로동법 제16조)	노동계약은 당사자 사이의 합의로 변경할 수 있다. 이 경우 기업소재지의 노동행정기관에 변경사항을 통지하여야 한다.

---

50) 한국법상의 노동조합과 유사한 조직이다.
51) 중국 상무부 대외투자협력국별(지역별) 지침(2017년 9월) 참조.

(2) 외국인 노동자의 채용절차[52]

현재 북한에서 외국인노동자의 고용 승인과 관련된 구체적인 규정은 발견되지 않는다. 다만, 북한은 외국인노동자가 특별한 기술을 갖추고 있는 등 특수 기술자 또는 관리자에 해당하는 경우에 한하여 채용을 승인하고 있는 것으로 보인다.

중앙투자관리기관과 노동성이 승인하면 신청 기업은 외국인 노동자에게 초청 장을 보낸다. 외국인투자기업이 비자신청 등의 관련 수속을 밟으면 외국인노동자 는 북한에 입국을 할 수 있고, 입국 뒤에는 장기거주증과 건강검진을 신청해야 한다. 만일 장기 거주증을 신청하지 않으면, 3개월 후 본국으로 돌아가 다시 입국 수속을 밟아야 한다.

일반적으로 북한 비자신청은 북한의 초청기관에서 출입국관리사무소에 초청 수속을 신청하면, 출입국관리사무소가 북한 해외공관에 비자발급 통지를 하고, 신청인이 관련 영사관에 비자를 신청을 한다. 북한 출입국사무소는 신청인의 북 한 방문목적에 근거하여 신청인에게 1회 왕복비자나 1회 입국비자(단수 비자)를 발 급한다. 신청인의 예상 입국일자와 체류기간에 따라 비자 만료일과 체류기간을 결정한다. 1회 입국비자를 소지하고 북한을 방문할 경우 출국 전에 출입국주관부 처에서 별도로 출국비자를 발급 받아야 한다. 모든 여권 소지자는 북한에 입국한 후 출국 전에 북한출입국관리국에서 출국 확인을 해야 한다.

라. 노동과 휴식

(1) 노동시간

노동시간은 1일 8시간 주 6일제로 하여 주 48시간을 원칙으로 하며, 외국인투 자기업은 직무의 난이도와 특수조건에 따라 노동시간을 단축할 수 있다. 계절적 영향을 받는 부문의 외국인투자기업은 연간 노동시간의 범위 안에서 실정에 맞게 업무시간을 조정할 수 있다(외국인투자기업로동법 제17조).

외국인투자기업이 노동불가피한 사정으로 노동시간을 연장하여야 할 경우에

---

52) 중국 상무부 대외투자협력국별(지역별) 지침(2017년 9월) 참조.

는 반드시 직업동맹조직과 협의하여야 한다(외국인투자기업로동법 제18조).

한편, 외국인투자기업은 임신을 하였거나 젖먹이 아이를 양육하는 여성노동자에게 연장근로 및 야간근로를 시킬 수 없다(외국인투자기업로동법 제35조).

(2) 휴가

외국인투자기업은 노동자에게 명절과 일요일에 휴식을 보장하여야 한다(외국인투자기업로동법 제19조). 그 밖에 외국인투자기업은 아래와 같은 노동자에게 아래와 같은 휴가를 보장하여야 한다.

- 명절휴가, 법정공휴일휴가, 정기휴가, 보충휴가, 출산휴가 부여하여야 한다.
- 부득이한 사정으로 명절이나 공휴일에 업무를 지시할 경우에는 반드시 일주일 이내에 보충휴가를 부여한다(외국인투자기업로동법 제19조).
- 입사 1년 이상인 경우 14일간의 정기휴가 부여한다(외국인투자기업로동법 제20조).
- 중노동, 유해노동을 하는 노동자에게는 7~21일간의 보충휴가 부여한다(외국인투자기업로동법 제20조).
- 혼인, 장례, 제사의 경우 특별히 1~5일의 보충휴가 부여한다.[53]
- 임신한 여성직원에게는 정기 및 보충휴가 이외에 산전 60일, 산후 180일간의 산전산후휴가 부여한다(외국인투자기업로동법 제21조).

외국인투자기업은 여성노동자를 위한 노동보호시설을 충분히 갖추어야 하며 임신하였거나 젖먹이 어린이를 키우는 여성노동자에게는 연장근로 및 야간근로를 시킬 수 없다(외국인투자기업로동법 제35조).

마. 급여

(1) 급여의 주요내용

외국인투자기업은 규정된 임금기준에 따라 직종, 편성된 임금기준, 임금 지급형식 및 방법, 수당, 장려금, 상여기준 등을 자체 결정한다. 외국인투자기업 노동

---

53) 조선대외경제투자협력위원회, 조선민주주의인민공화국 투자지침(2016년 5월) 참조.

자의 임금보수는 직종, 기능수준, 노동생산율에 따라 결정되며, 노동보수에는 임금, 수당, 장려금, 상여금이 포함된다(외국인투자기업로동법 제22조). 외국인투자기업은 노동자의 기술기능숙련정도와 노동생산능률의 향상에 따라 임금을 점진적으로 인상해야 한다(외국인투자기업로동법 제24조).

(2) 최저임금지급기준

외국인투자기업 노동자의 월 최저임금은 중앙노동행정지도기관이나 중앙투자관리기관에서 정한다(외국인투자기업로동법 제23조). 임금 기준은 지역 및 분야와 업종에 따라 각기 다르며, 외국인투자기업이 일반 노동자를 채용하는 경우 월 최저임금은 30€이며, 탄광 등 광산 부문의 노동자를 채용하는 경우 월 최저임금은 80€이다.[54]

참고로 2015년말 기준으로 외국인투자기업에 채용된 북한 현지 노동자의 월 임금은 약 60~80€이며, 합영기업에 채용된 북한 현지 관리자의 월 임금은 약 100~300€이고, 외국인기업에 고용된 북한 현지 관리자의 월 임금은 약 600€이며, 외국기업 사무실 등에서 일하는 북한 현지 인력의 월 임금은 약 300€라고 한다.[55]

(3) 휴가비 지급기준

외국인투자기업은 정기휴가, 보충휴가, 산전산후휴가를 받은 노동자에게 휴가일수에 따라 휴가비를 지급하여야 한다. 정기 및 보충휴가비는 휴가 전 3개월간의 급여를 실가동일수에 따라 평균한 하루 급여액에 휴가일수를 적용하여 계산한다. 산전산후휴가비의 지불규모와 방법은 중앙노동행정지도기관이 내각의 승인을 받아 정한다(외국인투자기업로동법 제25조).

(4) 생활보조금 지급기준

외국인투자기업은 노동자가 기업의 귀책사유로 또는 양성기간(직업훈련기간)에

---

54) 조선대외경제투자협력위원회, 조선민주주의인민공화국 투자지침(2016년 5월) 참조.
55) 중국 상무부 대외투자협력국별(지역별) 지침(2017년 9월) 참조.

노동하지 못하였을 경우 노동하지 못한 날 또는 시간에 대하여 일당 또는 시간당 급여액의 60%이상에 해당하는 보조금을 지급하여야 한다(외국인투자기업로동법 제26조).

(5) 가급금 지급기준

외국인투자기업은 명절일과 일요일에 노동한 직원에게 대체휴가를 주지 못한 경우, 일한 날 또는 시간에 대하여 일당 또는 시간당 급여의 100%에 해당하는 가급금을 지급하여야 한다(외국인투자기업로동법 제27조).

외국인투자기업은 노동자에게 노동시간 외의 주간 노동시간을 연장하였거나 야간 근무를 지시한 경우, 일당 또는 시간당 급여의 50%에 해당하는 가급금을 지급하여야 한다(외국인투자기업로동법 제28조).

그 구체적인 지급기준은 아래와 같다.[56]

① 정상 근무일의 시간외 근로	② 급여의 50%
③ 업무시간 내 야간근무	④ 급여의 50%
⑤ 업무시간 외 야간근무	⑥ 급여의 100%
⑦ 공휴일 및 일요일 근무(대체휴가 없음)	⑧ 1일 급여 또는 시간당 급여의 100%

(6) 상여금 지급기준

외국인투자기업은 결산이윤의 일부를 재원으로 상여기금을 조성하여 공로가 큰 모범 근로자에게 상여금을 지급할 수 있다(외국인투자기업로동법 제29조). 상여금의 지급기준은 외국인투자기업이 자체적으로 정한다.[57]

(7) 급여의 지급방법

외국인투자기업은 노동자에게 급여를 정해진 일자에 전액 화폐로 지급하여야 한다. 정해진 급여일 전에 사직 또는 퇴임한 노동자에게는 해당 절차가 종료된

---

56) 조선대외경제투자협력위원회, 조선민주주의인민공화국 투자지침(2016년 5월) 참조.
57) 조선대외경제투자협력위원회, 조선민주주의인민공화국 투자지침(2016년 5월) 참조.

후 급여를 지급하여야 한다(외국인투자기업로동법 제30조).

바. 노동보호

외국인투자자기업은 실정에 따라 휴양소, 여성 노동자를 위한 탁아소와 유치원 설립 여부를 결정할 수 있다(외국인투자기업로동법 제36조).

외국인투자기업은 작업과정에서 노동자가 사망하였거나 부상, 중독 등의 사고가 발생한 경우 적시에 필요한 치료대책을 세우고 기업소재지의 노동행정기관에 통지하여야 한다. 기업소재지의 노동행정기관과 외국인투자기업, 해당 기관은 사고심의를 조직하고 사고원인을 밝히며 필요한 대책을 세워야 한다(외국인투자기업로동법 제38조).

사. 사회보험 및 사회보장

(1) 사회보험 및 사회보장에 의한 혜택

북한의 노동자가 질병, 부상, 고령 등 원인으로 노동능력을 상실하는 경우 북한의 사회보험 및 사회보장에 의한 보조금 및 연금의 지급, 요양 및 치료를 포함하는 혜택을 받는다(외국인투자기업로동법 제39조).

(2) 사회보험기금의 조성 및 사회보험료의 납부

사회보험 및 사회보장에 의한 혜택은 사회보험기금에 의하여 보장되며, 사회보험기금은 외국인투자기업과 노동자로부터 받는 사회보험료로 조성된다(외국인투자자기업로동법 제41조). 외국인투자기업과 노동자는 매월 해당 재정기관에 사회보험료를 납부하여야 하며, 사회보험료의 납부비율을 중앙재정지도기관이 정한다(외국인투자기업로동법 제42조). 외국인투자기업은 관련 재무기관에 1인당 7€/월의 사회보험료를 납부하여야 한다.[58]

---

58) 조선민주주의인민공화국 투자지침(2016년 5월) 참조조선대외경제투자협력위원회, 조선민주주의인민공화국 투자지침(2016년 5월) 참조.

(3) 보조금 및 연금의 계산 및 지급

보조금과 연금은 해당 법규에 따라 계산하며(외국인투자기업로동법 제40조), 노동자가 보조금과 연금을 수령할 경우 외국인투자기업은 반드시 보험기관에 진단증명서 또는 보조금이나 연금 수령 사유에 관한 증빙서류를 제출해야 한다. 외국인투자기업은 사회보험기관에 사회보험 보조금 지급청구서를 제출하고, 확인 절차후 은행으로부터 상기 사회보험 보조금을 수령하여 임금지급일에 해당 노동자에게 지급한다.[59]

(4) 휴양

휴양소 왕복에 필요한 여행비와 직원의 장례보조금은 반드시 관련 문서에 따라 선지급·후정산한다. 사회보장연금과 보조금은 반드시 외국인투자기업이 사회보험기관에 신청하여 수속을 거친 후 사회보험연금 지급기관이 매월 특정일에 관련 대상에게 지급한다.[60]

(5) 문화후생기금의 조성 및 이용

외국인투자기업은 결산이윤의 일부를 재원으로 노동자를 위한 문화후생기금을 조성하여 사용할 수 있다. 문화후생기금은 노동자의 기술문화수준의 향상과 군중문화체육사업, 후생시설운영 등을 위하여 사용한다(외국인투자기업로동법 제43조).

아. 해고

(1) 기본원칙

외국인투자기업은 계약기간이 종료되기 전이나 정년에 도달하기 전에는 정당한 이유 없이 노동자를 해고할 수 없다. 노동자를 해고할 직업동맹조직과 합의하여야 한다(외국인투자기업로동법 제44조). 외국인투자기업은 직업동맹조직과 합의한후 사전에 당사자와 기업소재지의 노동행정기관에 통지하여야 한다(외국인투자기업

---

59) 중국 상무부 대외투자협력국별(지역별) 지침(2017년 9월) 참조.
60) 중국 상무부 대외투자협력국별(지역별) 지침(2017년 9월) 참조.

로동법 제44조). 한편, 채용한 직원은 자연재해 등 불가항력적 사유 없이 다른 부서로 전출할 수 없다.[61]

(2) 해고 및 사임 사유

노동자의 해고 및 사임 사유는 아래와 같다.

직원의 해임사유 (외국인투자기업로동법 제45조)	• 질병, 부상으로 자기의 현 직종이나 다른 직종에서 일할 수 없게 되었을 경우 • 기업의 경영이나 기술 조건의 변동으로 잉여 노동자가 발생한 경우 • 노동법규를 위반하여 중대한 사고가 발생시킨 경우 • 기술기능수준의 부족으로 자기 직종에서 일할 수 없는 경우 • 기업의 재산에 막대한 손실을 주었을 경우
직원을 해임시킬 수 없는 사유 (외국인투자기업로동법 제47조)	• 병, 부상으로 치료받고 있는 기간이 1년을 넘지 않은 경우 • 산전, 산후휴가, 유아에게 젖먹이는 기간 중인 경우
직원의 사직 신청 사유 (외국인투자기업로동법 제48조)	• 병으로 또는 개인적인 사정으로 일할 수 없게 된 경우 • 기술기능이 부족하여 맡은 일을 수행할 수 없게 된 경우 • 대학, 전문학교, 기능공학교에 입학하였을 경우

(3) 보상금의 지급

외국인투자기업은 자신의 과실이 아닌 사유로 해고당한 노동자나 스스로 사직한 노동자에게 근속연수에 따라 보상금을 지급해야 한다. 근무기간이 1년 미만인 경우에는 최근 1개월의 임금을 보상금으로 지급하고, 근속연수 1년 이상인 경우에는 최근 3개월의 월 평균 임금을 근속연수에 따라 계산하여 보상금을 지급한다.[62]

---

61) 중국 상무부 대외투자협력국별(지역별) 지침(2017년 9월) 참조.
62) 중국 상무부 대외투자협력국별(지역별) 지침(2017년 9월) 참조.

자. 직업동맹조직의 주요기능

북한의 직업동맹조직의 주요기능은 아래와 같다.[63]

- 노동규율 준수와 경제업무 수행을 위한 노동자 교육
- 노동자에게 과학기술지식 보급, 문예체육활동 조직
- 노동자 권익보호, 노동자를 대표해 기업과 노동계약 체결 및 계약이행 감독
- 노동자 권익 문제에 관한 토론 참가, 건의 및 의견 제시

차. 제재 및 분쟁해결

외국인투자기업로동법을 위반하여 엄중한 결과를 일으킨 기업에게는 벌금을 부과하거나 기업활동의 중지를 명할 수 있다(외국인투자기업로동법 제49조). 외국인투자기업은 외국인투자기업로동법의 집행과 관련하여 의견이 있을 경우에는 해당 기관에 민원을 제기할 수 있으며 민원을 접수한 기관은 30일 안에 이를 처리하여야 한다(외국인투자기업로동법 제50조).

외국인투자기업로동법의 집행과 관련한 분쟁에 대하여는 당사자 간에 협의로 해결하며, 협의로 해결할 수 없는 경우에는 조정, 중재, 재판의 방법으로 해결한다(외국인투자기업로동법 제51조).

5. 대외경제계약법

가. 총설

최고인민회의 상설회의 결정으로 채택된 대외경제계약법(1995. 2. 22. 채택, 2008. 8. 19. 수정보충)은 대외경제계약의 체결과 이행, 변경, 취소, 책임 등에 관한 내용을 규정하는 법률이다(대외경제계약법 제1조).

---

63) 중국 상무부 대외투자협력국별(지역별) 지침(2017년 9월) 참조.

나. 기본원칙

대외경제계약이란 무역, 투자, 서비스에 관한 계약을 의미한다(대외경제계약법 제2조). 대외경제계약의 체결과 이행에 대한 감독통제는 중앙무역지도기관이 하며, 계약대상에 따라 관련 기관도 감독 및 통제를 할 수 있다(대외경제계약법 제7조).

다. 대외경제계약의 체결

대외경제계약 체결 시 북한 측 계약당사자는 북한의 해당 기관, 기업소, 단체가 된다(대외경제계약법 제3조). 계약당사자는 승인된 업종, 지표, 수량의 범위에서 계약을 체결하여야 한다(대외경제계약법 제9조 전문). 계약은 중앙무역지도기관이 작성한 표준계약서에 따라 체결하는 것을 원칙으로 하나, 계약당사자들의 협의를 통해 표준계약서와 다른 내용의 계약을 체결하는 것도 가능하다(대외경제계약법 제10조).

북한 내에 외국투자기업을 창설하거나 외국에 투자하는 것과 관련한 계약, 거래액이 크거나 국가적 의의를 가지는 계약을 체결하는 경우에는 중앙무역지도기관 또는 해당기관의 승인을 받도록 하고 있으며, 해당 계약을 체결하기 전에 계약서 초안을 중앙무역지도기관 또는 해당 기관에 제출하고 승인을 받아야 한다(대외경제계약법 제11조).

계약체결은 서면으로 하며, 팩스나 전자우편 같은 통신수단으로 체결한 계약도 서면계약으로 인정된다(대외경제계약법 제13조). 계약은 계약당사자들이 계약서에 서명한 때, 계약서에 명시된 계약효력발생조건이 충족된 때, 승인을 받아야 하는 계약의 경우에는 해당 기관의 승인을 얻은 때에 효력이 발생한다(대외경제계약법 제14조). 한편, 북한의 안전에 저해를 주거나 경제적 이익에 손해를 주는 계약 또는 기만이나 강요로 체결된 계약은 효력이 없다(대외경제계약법 제18조).

라. 대외경제계약의 이행

계약을 이행하는 과정에서 자연재해, 봉쇄, 급성전염병발생 같은 부득이한 사유가 발생한 경우에는 계약의무의 이행을 일부 또는 전부 중지할 수 있고, 이 경우 부득이한 사유의 발생과 내용, 범위를 즉시 상대방 계약당사자에게 통지하고 이를 증명하는 공증문건을 발송하여야 한다. 한편, 부득이한 사유로 계약의 이행이 지연된 기간만큼 계약기간은 연장된다(대외경제계약법 제21조).

계약당사자는 상대방 계약당사자가 계약의무의 이행을 해태하거나 계약을 이행할 능력이 부족하다는 등의 사유로 계약을 이행할 수 없을 경우 그 이행을 중지할 수 있고, 이 경우 상대방 계약당사자에게 계약이행을 중지한 것에 관하여 통지하여야 한다(대외경제계약법 제22조).

마. 대외경제계약의 양도와 변경, 취소

계약당사자는 상대방 계약당사자의 동의를 받아 자기의 계약상 권리와 의무의 일부 또는 전부를 제3자에게 양도 할 수 있고, 이때 계약기간은 남은 계약기간으로 한다(대외경제계약법 제26조).

계약내용은 계약당사자들이 합의하여 일부 변경할 수 있으며, 계약내용의 변경에는 수정, 삭제, 보충이 포함된다(대외경제계약법 제27조).

계약은 아래와 같은 경우에 취소할 수 있다(대외경제계약법 제28조).

- 정해진 기한에 계약을 이행할 수 없거나 그 이행이 불가능한 경우
- 계약당사자가 이유 없이 계약의무의 이행을 중단하거나 이에 대한 완전한 포기를 선언한 경우
- 계약위반으로 계약체결의 목적을 달성할 수 없거나 커다란 경제적 손실을 입은 경우
- 계약을 이행하지 못한데 대하여 시정기간을 주었으나 그 기간 안에 이행하지 못한 경우
- 부득이한 사유가 계약이행기간을 초과하여 지속되는 경우
- 그 밖에 계약에서 정한 취소조건이 발생한 경우

한편, 계약을 승인한 기관은 해당 계약이 효력이 발생한 때부터 6개월 이상 이행되지 않는 경우 그 계약을 취소 할 수 있다(대외경제계약법 제30조).

계약의 양도, 변경, 취소는 서면으로 하며, 계약을 양도, 변경, 취소하는 경우에는 그 계약을 승인한 기관의 허가를 받아야 한다(대외경제계약법 제32조).

바. 대외경제계약 위반에 대한 책임과 분쟁해결

손해보상을 청구하려는 계약당사자는 손해보상청구서를 상대방 계약당사자에게 전달해야 한다. 손해보상청구서에는 계약서번호와 계약대상, 손해의 형태와 범위, 보상청구의 근거, 요구조건을 명시하고 해당 검사기관의 확인문건 또는 공증문건을 첨부하여야 한다(대외경제계약법 제37조). 손해보상청구서를 수령한 계약당사자는 정해진 기간 내에 손해보상을 청구한 상대방 계약당사자에게 손해를 보상하거나 그 보상을 거절하는 통지를 하여야 한다. 손해보상청구의 거절은 보상청구기간 또는 민사시효기간이 도과되었거나, 보상청구의 근거가 명백하지 못하거나, 과실 있는 계약당사자가 임의로 계약 대상물을 처리한 경우에 할 수 있다(대외경제계약법 제38조).

계약과 관련한 분쟁은 협의의 방법으로 해결하고, 협의의 방법으로 해결할 수 없는 경우에는 북한이 정한 중재절차에 따라 해결하여야 하며, 당사자들의 합의에 따라 제3국의 중재기관에서 분쟁을 해결할 수도 있다(대외경제계약법 제42조).

6. 대외경제중재법

가. 총론

최고인민회의 상임위원회 정령으로 채택된 대외경제중재법(1999. 7. 21. 채택, 2014. 7. 23. 수정보충), 북한의 대외 경제활동과 관련하여 섭외적 요소가 있는 분쟁을 소송이 아닌 중재로 해결하는 대안적 분쟁해결제도를 마련하기 위해 제정되었다. 대외경제중재법은 북한의 대외경제법제 정비의 일환으로 제정되었으며, 경제개방 및 대외경제와 관련하여 발생할 수 있는 분쟁의 효과적인 해결을 위한 제도를 만들고 보완하여 외국의 대북투자 확대를 증진시키기 위한 목적을 가진 것이라 할 수 있다.[64]

---

64) 박정원, "북한의 대외경제중재법에 관한 연구(2000년 8월, 한국법제연구원)".

대외경제중재법은 중재로 해결할 수 있는 분쟁의 종류를 명시하고 있으며, 중재합의의 유효성 등에 대한 요건을 제시하고 있다. 또한, 중재신청부터 심리, 중재판정 및 그의 정정 및 집행까지의 절차에 대하여 다루고 있으며, 외국중재판정의 승인집행 요건에 대해서도 명시하고 있다.

나. 기본원칙

대외경제중재법은 대외경제분쟁해결에서 제도와 질서를 확립해 분쟁 사건을 정확히 심리, 해결하여 분쟁의 당사자들의 권리와 이익을 보호하는 것을 목적으로 하고 있다(대외경제중재법 제1조). 대외경제중재란 당사자 사이의 중재 합의에 따라 대외경제활동에서 발생한 분쟁을 법원의 판결이 아닌 중재부의 판정으로 해결하는 분쟁해결제도이다(대외경제중재법 제2조).

(1) 대외경제중재

중재를 통한 대외경제분쟁의 해결은 조선국제무역중재위원회(무역, 투자, 서비스와 관련한 분쟁을 해결), 조선해사중재위원회(해상경제활동 과정에서 발생하는 분쟁을 해결), 조선컴퓨터소프트웨어중재위원회(컴퓨터 소프트웨어에 관한 분쟁을 해결)를 비롯한 중재위원회가 담당한다. 대외경제중재는 지역관할 또는 심급을 두지 않으며, 중재부가 내린 판정이 최종적인 결정인 단심제이다(대외경제중재법 제3조). 대외경제중재로 해결할 수 있는 분쟁은 외국적 요소와 함께 당사자들 간에 중재합의가 존재하는 대외경제활동 과정에서 발생한 분쟁과 권한 있는 국가기관이 대외경제중재절차로 해결하도록 중재위원회에 위임한 분쟁이다(대외경제중재법 제4조). 대외경제중재의 당사자는 기관, 기업, 단체, 외국인투자기업이 된다(대외경제중재법 제5조).

(2) 통지와 의견제기권

당사자들이 별도로 합의하지 않은 이상 통지의 효력은 당사자에게 직접 전달되었거나 사업 장소, 거주지, 또는 우편주소에 전달되었을 경우에 접수된 것으로 하며(대외경제중재법 제7조), 당사자가 중재합의 또는 대외경제중재법에 반하여 중재절차가 진행되고 있음을 알면서도 즉시 또는 정해진 기간 안에 의견을 제기하지 않아 중재절차가 계속 진행된 경우에는 의견제기권을 포기한 것으로 간주된다(대외경제중재법 제8조).

(3) 중재사건의 이관과 중재부의 독자성

대외경제중재법 제4조에서 대외경제중재절차로 해결하도록 규정된 사건이 재판기관 또는 정부 기관에 제기되었거나, 당사자들이 중재합의를 하였음에도 불구하고 재판기관에 소송을 제기하였을 경우에는 해당 사건은 관할 중재기관으로 이관된다(대외경제중재법 제9조). 국가는 대외경제중재사건의 취급 및 처리에서 중재부의 독자성을 보장하며, 법에 정한 경우를 제외하고는 중재사건의 취급과 처리에 간섭할 수 없다(대외경제중재법 제10조).

다. 중재합의 및 중재 신청

(1) 중재합의

중재합의는 관련 계약서에 중재조항을 포함하거나, 계약서와는 별도로 중재합의문건을 통해 이루어질 수 있으며, 중재합의는 분쟁이 발생한 이후에도 가능하다(대외경제중재법 제12조). 중재합의는 서면으로 이루어져야 하는 것이 원칙이나(대외경제중재법 제13조), 일방 당사자가 중재합의를 제기하였으나 상대방이 부인하지 않은 경우, 또는 피신청인이 중재제기를 부인하지 않고 답변서를 제출한 경우에는 서면합의가 없음에도 불구하고 중재합의가 이루어진 것으로 본다(대외경제중재법 제14조). 단, 중재합의가 법에 정해진 중재관할범위를 벗어난 경우, 중재합의가 이루어진 당시 당사자가 행위무능력자인 경우, 또는 강요에 의하여 중재합의가 이루어진 경우에는 중재합의는 무효로 본다(대외경제중재법 제15조). 재산을 보전하는 조치나 수속중지와 같은 임시조치를 위한 신청은 중재합의에도 불구하고 관련 법원 등에 제기할 수 있다(대외경제중재법 제16조).

(2) 중재신청

중재를 제기하기 위해서는 유효한 중재합의가 있어야 하며, 구체적인 청구사실 및 근거가 있어야 하며, 분쟁이 중재위원회의 관할에 속하는 것이어야 한다(대외경제중재법 제17조). 중재신청은 신청인이 중재제기서와 중재위원회가 정한 첨부문건을 중재위원회에 제출하는 것으로 이루어지며, 중재위원회는 중재제기문건을 수령한 날로부터 5일 내에 검토하고 중재제기의 승인 또는 부결 여부를 신청인에게 보내야 한다(대외경제중재법 제18조). 당사자는 중재절차에서 대리인을 선임할 수 있으며, 북한 주민 또는 외국인이 대리인이 될 수 있다(대외경제중재법 제19조).

라. 중재부의 구성 및 권한

(1) 중재부의 구성

중재부의 중재인 수는 당사자들의 합의하여 정할 수 있으나, 합의가 없을 경우에는 중재위원회가 1인 또는 3인 중재부로 정할 수 있다(대외경제중재법 제20조). 중재인의 선정 절차는 당사자들이 합의한 바에 따르나, 이에 대한 합의가 없을 경우에는 3인 중재부의 경우 각 당사자가 1인의 중재인을 선정한 다음 선정된 중재인들이 15일 안에 중재부 의장을 선정하며, 15일 안에 선정하지 못하였을 경우에는 중재위원회가 선정하고, 1인 중재부의 경우 당사자들이 정해진 기간 안에 합의하지 못하면 일방 당사자의 요구에 따라 중재위원회가 결정한다(대외경제중재법 제21조). 선정된 중재인의 공정성과 독자성에 대하여 의심받을 사유가 있거나 당사자간에 합의된 자격 또는 대외경제중재법에서 정해진 자격을 갖추지 못한 중재인은 배제될 수 있다(대외경제중재법 제24조).

(2) 중재부의 권한

중재부는 중재합의의 존부 및 효력, 증거의 채택 여부 및 타당성, 그리고 중재부의 관할권에 대하여 결정할 권한을 가진다(대외경제중재법 제28조). 중재부의 관할권 여부에 대한 의견은 첫 항변서에 제출기간 내에 제기되어야 하며, 관할권과 관련된 의견은 당사자가 중재인을 선정하였거나 그 선정에 관여하였다 하더라도 제기할 수 있다. (대외경제중재법 제29조). 중재부는 관할권 여부에 대한 판단을 별도로 먼저 내리거나 중재판정에 포함시켜 결정할 수 있다(대외경제중재법 제30조).

중재위원회 또는 중재부는 분쟁해결과 관련하여 재산보전조치, 수속중지와 같은 임시조치를 내릴 수 있으며, 이 경우 임시조치에 해당하는 담보 제공을 요구할 수 있다. 당사자가 임시조치결정을 이행하지 아니할 경우 중재부는 법원 또는 관련 정부기관에 임시조치결정의 집행을 의뢰할 수 있으며, 이 경우 해당 법원 및 정부기관은 임시조치의뢰를 받은 날로부터 10일 내에 해당 조치를 취하고 그 결과를 중재부에 통보해야 한다(대외경제중재법 제31조).

마. 중재 절차

대외경제중재의 당사자들은 중재 절차에서 동등한 지위를 가지고 자신의 주장을 충분히 진술할 수 있으며(대외경제중재법 제33조), 중재절차는 당사자 간에 합의로 정할 수 있으나, 그러한 합의가 없을 경우에는 대외경제중재법에 명시된 절차를 따른다(대외경제중재법 제34조). 중재장소는 당사자 간에 합의하여 결정하나, 그러한 합의가 없을 경우에는 중재부가 당사자들의 편의, 사건해결의 전반적인 상황을 고려하여 중재장소를 정한다(대외경제중재법 제35조). 중재는 당사자들이 별도로 합의하지 않은 한 피신청인이 중재접수통지서를 받은 날로부터 개시된다(대외경제중재법 제36조). 중재절차에 사용될 언어는 당사자들이 합의한 것으로 사용할 수 없으며, 중재언어에 대한 합의가 없을 경우에는 중재부가 사용할 언어를 결정하고, 중재부가 결정하지 못할 시에는 조선어로 한다. 정해진 중재언어는 당사자들의 문건, 심리, 결정 및 기타 통지에 적용된다(대외경제중재법 제37조).

당사자들은 자신의 주장을 증명할 수 있는 증거물을 제출할 수 있으며, 사건취급기간 내에 자신의 청구내용 또는 항변내용을 수정 또는 보충할 수 있으나, 중재부는 당사자들의 청구 또는 항변내용의 수정, 보충이 사건해결을 부당하게 지연시킨다는 것이 인정될 경우 이를 승인하지 않을 수 있다(대외경제중재법 제38조). 신청인이 정당한 사유 없이 청구와 관련된 문건을 제출하지 않을 경우에는 사건의 취급을 중단하고, 피신청인이 충분한 사유 없이 항변서를 제출하지 않을 경우에는 사건취급을 계속하나, 피신청인이 항변서를 제출하지 않은 사실은 신청인의 주장에 대한 인정이 되지 않는다. 당사자 중 일방이 정당한 사유 없이 심리에 참가하지 않거나 증거를 제출하지 않았을 경우, 중재부는 중재심리를 하고 제출된 증거를 기초로 하여 판정을 내릴 수 있다(대외경제중재법 제40조).

중재부는 당사자의 신청 또는 필요에 따라 증거조사를 진행하거나 법원 또는 관련 정부기관에 증거조사를 의뢰할 수 있으며, 증거조사는 당사자가 중재부의 승인을 받아 의뢰할 수도 있다(대외경제중재법 제42조). 피신청인은 신청인의 청구에 대하여 반대신청을 제기할 수 있으며, 반대신청은 신청인의 청구와 직접적으로 관련이 있는 것이어야 하고 중재심리가 종료되지 이전에 제기해야 한다(대외경제중재법 제44조).

바. 중재판정

중재부의 판정에 적용할 준거법은 당사자들의 합의하여 정하나, 합의가 없으면 중재부는 분쟁 사건과 가장 밀접한 연관이 있고 적용 가능하다고 인정되는 법을 적용하되, 이 경우 계약 조건 및 국제관례를 고려하여 결정하여야 한다(대외경제중재법 제45조). 3인 중재부의 의사결정은 다수결로 하며, 당사자들 또는 중재인들 간에 합의가 있을 경우에는 중재부 의장이 의사결정을 내린다(대외경제중재법 제46조).

당사자들은 중재 절차 어느 때에라도 화해 또는 조정을 통해 분쟁을 해결할 수 있으며, 이 경우 중재부는 사건처리를 종결하고 화해결정 또는 조정결정을 내려야 하며, 해당 결정은 중재부의 판정과 같은 효력을 가진다(대외경제중재법 제47조).

중재부의 판정은 서면으로 작성되어야 하며(대외경제중재법 제49조), 판정의 사유와 판정 일자, 중재장소가 명시되어야 한다(대외경제중재법 제50조). 당사자들은 ⅰ) 판정문에서 계산상 또는 문구상의 결함의 정정이 필요할 경우, ⅱ) 판정문의 내용에 대하여 해석이 필요한 경우, ⅲ) 청구하였으나 판정문에 포함되지 않은 쟁점에 대한 추가 판정이 요구되는 경우, 중재 판정문을 받은 날로부터 30일 내에 판정문의 정정이나 해석, 또는 추가 판정을 신청할 수 있다(대외경제중재법 제53조). 중재부는 판정문에 대한 정정 또는 해석 신청이 정당하다고 인정될 경우 30일 내에 정정이나 해석을 내려야 하며, 추가판정의 신청이 정당할 경우에는 45일 내에 추가판정을 내려야 한다(대외경제중재법 제54조).

사. 중재판정의 효력 및 취소 제기

(1) 중재판정의 효력

중재 판정의 효력은 판정문의 작성일로부터 발생하며(대외경제중재법 제55조), 판정에 이견이 있는 당사자는 법원에 중재판정의 취소를 신청할 수 있다(대외경제중재법 제56조). 다만, 중재판정의 취소 제기는 아래 사실이 증명되었을 경우에만 가능하다(대외경제중재법 제57조).

- 당사자가 중재합의 당시 준거법에 따라 무능력자였다는 사실
- 중재합의가 당사자들이 지정한 법 또는 당사자들이 지정한 법이 없을 경우 북한법에 따라 효력이 없다는 사실
- 당사자가 중재원의 선정 또는 중재절차에 대하여 적절한 통지를 받지 못했거나 부득이한 사유로 항변을 할 수 없었다는 사실
- 판정이 중재합의 대상이 아닌 분쟁을 대상으로 하였거나 중재합의의 범위를 벗어났다는 사실
- 중재부의 구성 또는 중재절차가 대외경제중재법에 따른 당사자 간의 합의에 위배되거나 그러한 합의가 없는 경우 대외경제중재법에 위배된다는 사실

(2) 중재판정의 취소

중재판정취소신청은 당사자들이 판정문이나 그 정정문, 해석문, 추가판정문을 받은 날로부터 2개월 내에 이루어져야 하며, 이 기간을 도과하거나 판정에 대하여 법원이 집행판정이 확정된 이후에는 중재판정취소신청이 불가하다(대외경제중재법 제58조). 중재판정취소신청이 제기된 경우, 법원은 취소신청을 접수한 날로부터 2개월 내에 이를 처리해야 하고, 취소신청이 정당할 경우에는 중재심리를 다시 하도록 통지하고, 취소사유가 판정에 직접적인 영향을 미치지 않을 경우에는 해당 사유를 바로잡는데 필요한 조치를 취하도록 중재위원회에 요구할 수 있다(대외경제중재법 제59조).

아. 중재판정의 집행

(1) 중재판정의 집행

당사자는 판정문에 명시된 기간 내에 판정을 이행하여야 하며, 집행기간이 판정문에 명시되어 있지 않은 경우에는 즉시 이행해야 한다(대외경제중재법 제60조). 판정문을 이행할 책임이 있는 당사자가 이를 이행하지 않거나 불성실히 이행할 경우, 상대방 당사자는 직접 또는 중재위원회를 통해 법원 또는 관련 기관에 판정의 집행을 신청할 수 있다(대외경제중재법 제61조). 판정집행신청이 있는 경우, 이를 접수한 법원 또는 관련 기관은 접수일로부터 30일 내에 신청을 검토하고 이를 집행해야 하고, 당사자가 판정을 이행하지 않을 경우, 은행예금의 동결, 반출입물자의 수속 중지, 재산의 억류 및 몰수, 벌금 부과, 경영활동 중지, 출입국 중지와 같은 조치를 취할 수 있다(대외경제중재법 제62조). 중재판정에 따라 집행하여야 할 재산이 외국에 위치하고 있을 경우에는 해당 국가의 법원에 중재판정의 집행을 신청할 수 있다(대외경제중재법 제63조).

(2) 외국 중재판정의 승인 및 집행

외국 중재부가 내린 중재판정의 승인 및 집행은 북한의 관련 법규에 따른다(대외경제중재법 제64조). 외국의 중재판정의 집행이 거부될 수 있는 사유는 아래와 같다(대외경제중재법 제65조).

- 당사자가 중재합의 당시 준거법에 따라 무능력자였다는 사실 또는 중재합의가 당사자들이 지정한 법 또는 당사자들이 지정한 법이 없을 경우 중재심리가 이루어진 국가의 법에 따라 효력이 없다는 사실
- 당사자가 중재원의 선정 또는 중재절차에 대하여 적절한 통지를 받지 못했거나 부득이한 사유로 항변을 할 수 없었다는 사실
- 판정이 중재합의 대상이 아닌 분쟁을 대상으로 하였거나 중재합의의 범위를 벗어났다는 사실
- 중재부의 구성 또는 중재절차가 당사자 간의 합의에 위배되거나 그러한 합의가 없는 경우 중재심리가 이루어진 국가의 법에 위배된다는 사실

- 판정이 아직 당사자에게 영향이 미치지 않으나 판정을 내린 국가의 법원 또는 해당 국가의 법에 의해 취소 또는 집행정지 되어 있다는 사실
- 해당 분쟁이 판정을 내린 국가의 법에 따라 중재절차로 해결할 수 없는 분쟁이라는 사실
- 판정의 집행이 북한의 주권과 안전, 사회질서를 저해한다는 사실

참고자료

1. 한국 자료

대외경제정책연구원, 「북한의 외국인투자유치정책과 관련제도 분석」.

박정원, "북한의 대외경제중재법에 관한 연구"(2000. 8), 한국법제연구원.

배종렬, "금강산국제관광특구법제의 특성과 그 시사점", 수은북한경제(2013년 여름호).

법무법인 태평양, 「개성공업지구 법규 및 제도해설」.

법무부, 「북남경제협력법 분석」.

신정화, "북한의 개혁 개방정책의 변화: 관광산업을 중심으로," 북한연구학회보 14권 2호.

유승호, "북한 외화관리제도 변경의 특징과 한계", 수은북한경제(2004년 여름호).

최우진, "라선경제무역지대의 법제도 정비 현황".

통일부, 「남북교류협력에 관한 법률 해설집」.

현대경제연구원, "현안과 과제금강산관광, 남북관계 개선의 시발점"(2012. 11. 14.).

2. 기타 자료

조선대외경제투자협력위원회, 조선민주주의인민공화국 투자지침(2016년 5월).

중국 상무부 대외투자협력국별(지역별) 지침(2017년 9월).

부 록

북남경제협력법

주체94(2005)년 7월 6일 최고인민회의 상임위원회 정령 제1182호로 채택

제1조 【북남경제협력법의 사명】 조선민주주의인민공화국 북남경제협력법은 남측과의 경제협력에서 제도와 질서를 엄격히 세워 민족경제를 발전시키는 데 이바지한다.

제2조 【정의】 북남경제협력에는 북과 남 사이에 진행되는 건설, 관광, 기업경영, 임가공, 기술교류와 은행, 보험, 통신, 수송, 봉사업무, 물자교류 같은 것이 속한다.

제3조 【적용대상】 이 법은 남측과 경제협력을 하는 기관, 기업소, 단체에 적용한다. 북측과 경제협력을 하는 남측의 법인, 개인에게도 이 법을 적용한다.

제4조 【북남경제협력원칙】 북남경제협력은 전민족의 리익을 앞세우고 민족경제의 균형적 발전을 보장하며 호상존중과 신뢰, 유무상통의 원칙에서 진행한다.

제5조 【지도기관】 북남경제협력에 대한 통일적인 지도는 중앙민족경제협력지도기관이 한다.

제6조 【중앙민족경제협력지도기관의 임무】 중앙민족경제협력지도기관의 임무는 다음과 같다.

1. 북남경제협력계획안의 작성
2. 북남경제협력신청서의 접수 및 승인
3. 북남경제협력과 관련한 합의서, 계약서의 검토
4. 북남경제협력에 필요한 로력의 보장
5. 북측 지역에 있는 남측 당사자와의 사업
6. 남측 당사자의 북측 지역 출입방조
7. 북남경제협력물자의 반출입 승인
8. 북남당사자 사이의 련계보장
9. 북측 지역에서 생산한 제품의 원산지증명서발급
10. 이밖에 정부가 위임하는 사업

제7조 【협력사업의 기초, 방법】 북남경제협력은 당국 사이의 합의와 해당 법규, 그에 따르는 북남당사자 사이의 계약에 기초하여 직접거래의 방법으로 한다.

제8조 【협력금지대상】 사회의 안전과 민족경제의 건전한 발전, 주민들의 건강과 환경보호, 민족의 미풍량속에 저해를 줄 수 있는 대상의 북남경제협력은 금지한다.

제9조 【협력장소】 북남경제협력은 북측 또는 남측지역에서 한다. 합의에 따라 제3국에서도 북남경제협력을 할 수 있다.

제10조 【북남경제협력의 승인】 북남경제협력에 대한 승인은 중앙민족경제협력지도기관이 한다. 승인 없이 북남경제협력을 할 수 없다.

제11조 【협력신청서의 제출】 북남경제협력을 하려는 북측 또는 남측 당사자는 중앙민족경제협력지도 기관에 해당 신청서를 내야 한다. 이 경우 남측 당사자는 공증기관이 발급한 신용담보문서를 함께 내야 한다. 신청서의 양식은 중앙민족경제협력지도기관이 정한다.

제12조 【신청서의 검토처리】 중앙민족경제협력지도기관은 해당 신청서를 받은 날부터 20일 안으로 그것을 검토하고 승인하거나 부결하여야 한다. 신청을 승인하였을 경우에는 승인서를, 부결하였을 경우에는 리유를 밝힌 부결통지서를 신청자에게 보낸다.

제13조 【출입증명서의 지참】 북남경제협력의 당사자는 남측 또는 북측 지역에 출입할 경우 북남당국 사이의 합의에 따르는 증명서를 가지고 있어야 한다. 수송수단에도 정해진 증명서가 있어야 한다.

제14조 【검사, 검역】 북남경제협력당사자 또는 해당 수송수단은 출입지점이나 정해진 장소에서 통행검사, 세관검사, 위생검역 같은 검사와 검역을 받아야 한다. 북남당국 사이의 합의가 있을 경우에는 검사, 검역을 하지 않을 수도 있다.

제15조 【남측당사자의 체류, 거주】 북남경제협력을 하는 남측 당사자는 출입사업기관의 승인을 받고 북측 지역에 체류할 수 있다. 공업지구와 관광지구에서의 체류, 거주는 해당 법규에 따른다.

제16조 【재산리용 및 보호】 북남당사자는 경제협력에 화폐재산, 현물재산, 지적재산 같은 것을 리용 할 수 있다. 투자재산은 북남투자보호합의서에 따라 보호된다.

제17조 【로력채용】 북측지역에서 기업을 경영하는 남측당사자는 필요한 로력을 북측의 로력으로 채용하여야 한다. 남측 또는 제3국의 로력을 채용하려 할 경

우에는 중앙민족경제협력지도기관의 승인을 받아야 한다.

제18조【반출입승인】북남경제협력물자의 반출입승인은 중앙민족경제협력지도기관이라한다. 공업지구, 관광지구에서 물자의 반출입은 정해진 절차에 따라 한다.

제19조【관세】북남경제협력물자에는 관세를 부과하지 않는다. 그러나 다른 나라에서 공업지구와 관광지구에 들여온 물자를 그대로 북측의 다른 지역에 판매할 경우에는 관세를 부과할 수 있다.

제20조【세금납부, 동산 및 부동산리용, 보험가입】북측 지역에서 남측 당사자의 세금납부, 동산 및 부동산리용, 보험가입은 해당 법규에 따른다. 북남당국 사이의 합의가 있을 경우에는 그에 따른다.

제21조【결제은행, 결제방식】북남경제협력과 관련한 결제업무는 정해진 은행이 한다. 결제방식은 북남당국 사이의 합의에 따른다.

제22조【사고에 대한 구조】해당 기관, 기업소, 단체와 공민은 북측 지역에서 남측 당사자 또는 그 수송수단에 사고가 발생하였을 경우 제때에 구조하고 해당 기관에 통보 하여야 한다.

제23조【북남경제협력사업내용의 비공개】해당 기관, 기업소, 단체는 북남경제협력과 관련한 비밀을 준수하여야 한다. 북남경제협력과 관련한 사업내용은 상대측 당사자와 합의 없이 공개할 수 없다.

제24조【사업조건보장】해당 기관은 북남경제협력과 관련한 중앙민족경제협력지도기관의 사업 조건을 적극 보장하여야 한다.

제25조【감독통제】북남경제협력에 대한 감독통제는 중앙민족경제협력지도기관과 해당 감독통제기관이 한다. 중앙민족경제협력지도기관과 해당 감독통제기관은 기관, 기업소, 단체와 공민이 북남경제협력질서를 정확히 지키도록 감독통제 하여야 한다.

제26조【행정적 또는 형사적책임】이 법을 어겼을 경우에는 정상에 따라 사업중지, 벌금부과 같은 행정적 책임을 지운다. 정상이 엄중할 경우에는 형사책임을 지울 수도 있다.

제27조【분쟁해결】북남경제협력과 관련한 의견상이는 협의의 방법으로 해결한다. 협의의 방법으로 해결할 수 없을 경우에는 북남 사이에 합의한 상사분쟁 해결절차로 해결할 수도 있다.

개성공업지구법

주체91(2002)년 11월 20일 최고인민회의 상임위원회 정령 제3430호로 채택
주체92(2003)년 4월 24일 최고인민회의 상임위원회 정령 제3715호로 수정보충

제1장 개성공업지구법의 기본

제1조 개성공업지구는 공화국의 법에 따라 관리운영하는 국제적인 공업, 무역, 상업, 금융, 관광지역이다. 조선민주주의인민공화국 개성공업지구법은 공업지구의 개발과 관리운영에서 제도와 질서를 엄격히 세워 민족경제를 발전시키는 데 이바지한다.

제2조 공업지구개발은 지구의 토지를 개발업자가 임대받아 부지정리와 하부구조건설을 하고 투자를 유치하는 방법으로 한다. 공업지구는 공장구역, 상업구역, 생활구역, 관광구역 같은 것으로 나눈다.

제3조 공업지구에는 남측 및 해외동포, 다른 나라의 법인, 개인, 경제조직들이 투자할 수 있다. 투자가는 공업지구에 기업을 창설하거나 지사, 영업소, 사무소 같은 것을 설치하고 경제활동을 자유롭게 할 수 있다. 공업지구에서는 로력채용, 토지리용, 세금납부 같은 분야에서 특혜적인 경제 활동조건을 보장한다.

제4조 공업지구에서는 사회의 안전과 민족경제의 건전한 발전, 주민들의 건강과 환경보호에 저해를 주거나 경제기술적으로 뒤떨어진 부문의 투자와 영업 활동은 할 수 없다. 하부구조건설부문, 경공업부문, 첨단과학기술부문의 투자는 특별히 장려한다.

제5조 공업지구의 사업에 대한 통일적 지도는 중앙공업지구지도기관이 한다. 중앙공업지구지도기관은 공업지구관리기관을 통하여 공업지구의 사업을 지도한다.

제6조 기관, 기업소, 단체는 공업지구의 사업에 관여할 수 없다. 필요에 따라 공업지구의 사업에 관여하려 할 경우에는 중앙공업지구지도기관과 합의하여야 한다.

제7조 공업지구에서는 투자가의 권리와 리익을 보호하며 투자 재산에 대한 상속권을 보장한다. 투자가의 재산은 국유화하지 않는다. 사회공동의 리익과 관련하여 부득이하게 투자가의 재산을 거두어들이려 할 경우에는 투자가와 사전협의

를 하며 그 가치를 보상하여 준다.

제8조 법에 근거하지 않고는 남측 및 해외동포, 외국인을 구속, 체포하거나 몸, 살림집을 수색하지 않는다. 신변안전 및 형사사건과 관련하여 북남 사이의 합의 또는 공화국과 다른 나라 사이에 맺은 조약이 있을 경우에는 그에 따른다.

제9조 공업지구에서 경제활동은 이 법과 그 시행을 위한 규정에 따라 한다. 법규로 정하지 않은 사항은 중앙공업지구지도기관과 공업지구관리기관이 협의하여 처리한다.

제2장 개성공업지구의 개발

제10조 공업지구의 개발은 정해진 개발업자가 한다. 개발업자를 정하는 사업은 중앙공업지구지도기관이 한다.

제11조 개발업자는 중앙공업지구지도기관과 토지임대차계약을 맺어야 한다. 중앙공업지구지도기관은 토지임대차계약을 맺은 개발업자에게 해당 기관이 발급한 토지리용증을 주어야 한다.

제12조 공업지구의 토지임대기간은 토지리용증을 발급한 날부터 50년으로 한다. 토지임대기간이 끝난 다음에도 기업의 신청에 따라 임대받은 토지를 계속 리용할 수 있다.

제13조 개발업자는 공업지구개발총계획을 정확히 작성하여 중앙공업지구지도기관에 내야 한다. 중앙공업지구지도기관은 공업지구개발총계획을 접수한 날부터 30일 안으로 심의결과를 개발업자에게 알려주어야 한다.

제14조 공업지구의 개발은 승인된 공업지구개발총계획에 따라 한다. 공업지구개발총계획을 변경시키려 할 경우에는 중앙공업지구지도기관에 신청서를 내여 승인을 받는다.

제15조 중앙공업지구지도기관은 개발공사에 지장이 없도록 건물과 부착물을 제때에 철거, 이설하고 주민을 이주시켜야 한다. 개발구역 안에 있는 건물, 부착물의 철거와 이설, 주민이주에 드는 비용은 개발업자가 부담한다.

제16조 개발업자는 개발구역 안에 있는 건물과 부착물의 철거사업이 끝나는 차제로 개발공사에 착수하여야 한다. 공업지구개발은 단계별로 나누어 할 수 있다.

제17조 공업지구의 하부구조건설은 개발업자가 한다. 개발업자는 필요에 따라 전력, 통신, 용수보장시설 같은 하부구조대상을 다른 투자가와 공동으로 건설하거나 양도, 위탁의 방법으로 건설할 수도 있다.

제18조 개발업자는 하부구조대상건설이 끝나는 차제로 공업지구개발총계획에 따라 투자기업을 배치하여야 한다. 이 경우 공업지구의 토지리용권과 건물을 기업에 양도하거나 재임대할 수 있다.

제19조 개발업자는 공업지구에서 살림집건설업, 관광오락업, 광고업 같은 영업활동을 할 수 있다.

제20조 중앙공업지구지도기관과 해당 기관은 공업지구개발에 지장이 없도록 인원의 출입과 물자의 반출입조건을 보장하여야 한다.

제3장 개성공업지구의 관리

제21조 공업지구에 대한 관리는 중앙공업지구지도기관의 지도밑에 공업지구관리기관이 한다. 공업지구관리기관은 공업지구관리운영사업정형을 분기별로 중앙공업지구지도기관에 보고하여야 한다.

제22조 중앙공업지구지도기관의 임무는 다음과 같다.

1. 개발업자의 지정
2. 공업지구관리기관의 사업에 대한 지도
3. 공업지구법규의 시행세칙작성
4. 기업이 요구하는 로력, 용수, 물자의 보장
5. 대상건설설계문건의 접수보관
6. 공업지구에서 생산된 제품의 북측지역판매실현
7. 공업지구의 세무관리
8. 이밖에 국가로부터 위임받은 사업

제23조 중앙공업지구지도기관은 공업지구의 관리운영과 관련하여 제기되는 문제를 해당 기관과 정상적으로 협의하여야 한다. 해당 기관은 중앙공업지구지도기관의 사업에 적극 협력하여야 한다.

제24조 공업지구관리기관은 개발업자가 추천하는 성원들로 구성한다. 중앙공업지구지도기관의 요구에 따라 중앙공업지구지도기관이 파견하는 일군도 공업지구

관리기관의 성원으로 될수 있다.

제25조 공업지구관리기관의 임무는 다음과 같다.

1. 투자조건의 조성과 투자유치

2. 기업의 창설승인, 등록, 영업허가

3. 건설허가와 준공검사

4. 토지리용권, 건물, 륜전기재의 등록

5. 기업의 경영활동에 대한 지원

6. 하부구조시설의 관리

7. 공업지구의 환경보호, 소방대책

8. 남측지역에서 공업지구로 출입하는 인원과 수송수단의 출입증명서발급

9. 공업지구관리기관의 사업준칙작성

10. 이밖에 중앙공업지구지도기관이 위임하는 사업

제26조 공업지구관리기관의 책임자는 리사장이다. 리사장은 공업지구관리기관의
사업전반을 조직하고 지도한다.

제27조 공업지구관리기관은 운영자금을 가진다. 운영자금은 수수료 같은 수입금
으로 충당한다.

제28조 남측지역에서 공업지구로 출입하는 남측 및 해외동포, 외국인과 수송수단
은 공업지구관리기관이 발급한 출입증명서를 가지고 지정된 통로로 사증 없이
출입할 수 있다. 공화국의 다른 지역에서 공업지구로 출입하는 질서, 공업지구
에서 공화국의 다른 지역으로 출입하는 질서는 따로 정한다.

제29조 공업지구에서 남측 및 해외동포, 외국인은 문화, 보건, 체육, 교육 분야의
생활상편의를 보장 받으며 우편, 전화, 팍스 같은 통신수단을 자유롭게 리용할
수 있다.

제30조 공업지구에 출입, 체류, 거주하는 남측 및 해외동포, 외국인은 정해진 데
따라 개성시의 혁명사적지와 력사유적유물, 명승지, 천연기념물 같은 것을 관광
할 수 있다. 개성시인민위원회는 개성시의 관광대상과 시설을 잘 꾸리고 보존
관리하며 필요한 봉사를 제공하여야 한다.

제31조 공업지구에서 광고는 장소, 종류, 내용, 방법, 기간 같은 것을 제한받지
않고 할 수 있다. 그러나 야외에 광고물을 설치하려 할 경우에는 공업지구 관

리기관의 승인을 받는다.

제32조 공업지구에서 물자의 반출입은 신고제로 한다. 물자를 반출입하려는 자는 반출입신고서를 정확히 작성하여 물자출입지점의 세관에 내야 한다.

제33조 공업지구에 들어오거나 공업지구에서 남측 또는 다른 나라로 내가는 물자와 공화국의 기관, 기업소, 단체에 위탁가공하는 물자에 대하여서는 관세를 부과하지 않는다. 다른 나라에서 들어온 물자를 그대로 공화국의 다른 지역에 판매할 경우에는 관세를 부과할 수 있다.

제34조 검사, 검역기관은 공업지구의 출입검사, 세관검사, 위생 및 동식물 검역사업을 공업지구의 안전과 투자유치에 지장이 없도록 과학기술적 방법으로 신속히 하여야 한다.

제4장 개성공업지구의 기업창설운영

제35조 투자가는 공업지구에 기업을 창설하려 할 경우 공업지구관리기관에 기업창설 신청서를 내야 한다. 공업지구관리기관은 기업창설신청서를 접수한 날부터 10일 안으로 기업창설을 승인하거나 부결하는 결정을 하고 그 결과를 신청자에게 알려 주어야 한다.

제36조 기업창설승인을 받은 투자가는 정해진 출자를 하고 공업지구관리기관에 기업등록을 한 다음 20일 안으로 해당기관에 세관등록, 세무등록을 하여야 한다. 이 경우 정해진 문건을 내야 한다.

제37조 기업은 종업원을 공화국의 로력으로 채용하여야 한다. 관리인원과 특수한 직종의 기술자, 기능공은 공업지구관리기관에 알리고 남측 또는 다른 나라 로력으로 채용할 수 있다. 이 경우 공업지구 관리기관은 중앙공업지구지도기관에 보고하여야 한다.

제38조 기업은 승인받은 업종범위 안에서 경영활동을 하여야 한다. 업종을 늘이거나 변경하려 할 경우에는 공업지구관리기관의 승인을 받아야 한다.

제39조 기업은 공업지구 밖의 공화국령역에서 경영활동에 필요한 물자를 구입하거나 생산한 제품을 공화국령역에 판매할 수 있다. 필요에 따라 공화국의 기관, 기업소, 단체에 원료, 자재, 부분품의 가공을 위탁할 수도 있다.

제40조 공업지구에서 상품의 가격과 봉사료금, 기업과 공화국의 기관, 기업소, 단

체 사이에 거래되는 상품의 가격은 국제시장가격에 준하여 당사자들이 합의하여 정한다.

제41조 공업지구에서 류통화폐는 전환성외화로 하며 신용카드 같은 것을 사용할 수 있다. 류통화폐의 종류와 기준화폐는 공업지구관리기관이 중앙공업지구지도기관과 합의하여 정한다.

제42조 기업은 공업지구에 설립된 은행에 돈자리를 두어야 한다. 공업지구관리기관에 알리고 공업지구 밖의 남측 또는 다른 나라 은행에도 돈자리를 둘 수 있다.

제43조 기업은 회계업무를 정확히 하며 기업소득세, 거래세, 영업세, 지방세 같은 세금을 제때에 납부하여야 한다. 공업지구에서 기업소득세률은 결산리윤의 14%로 하며 하부구조건설부문과 경공업부문, 첨단과학기술부문은 10%로 한다.

제44조 공업지구에서는 외화를 자유롭게 반출입할 수 있다. 경영활동을 하여 얻은 리윤과 그밖의 소득금은 남측지역 또는 다른 나라로 세금 없이 송금하거나 가지고 갈 수 있다.

제45조 공업지구에 지사, 영업소, 사무소 같은 것을 설치하려 할 경우에는 공업지구관리기관에 해당한 신청을 하고 승인을 받는다. 지사, 영업소는 공업지구관리기관에 등록을 하여야 영업활동을 할 수 있다.

제5장 분쟁해결

제46조 공업지구의 개발과 관리운영, 기업활동과 관련한 의견상이는 당사자들 사이에 협의의 방법으로 해결한다. 협의의 방법으로 해결할 수 없을 경우에는 북남 사이에 합의한 상사분쟁해결절차 또는 중재, 재판절차로 해결한다.

부 칙

제1조 이 법은 채택한 날부터 실시한다.

제2조 개성공업지구와 관련하여 북남 사이에 맺은 합의서의 내용은 이 법과 같은 효력을 가진다.

제3조 이 법의 해석은 최고인민회의 상임위원회가 한다.

금강산국제관광특구법

주체100(2011)년 5월 31일 최고인민회의 상임위원회 정령 제1673호로 채택

제1장 금강산국제관광특구법의 기본

제1조【금강산국제관광특구법의 사명】조선민주주의인민공화국 금강산국제관광특구법은 금강산국제관광특구(이 아래부터 국제관광특구라고 한다.)의 개발과 관리운영에서 제도와 질서를 바로세워 금강산을 세계적인 관광특구로 발전시키는 데 이바지한다.

제2조【국제관광특구의 지위와 위치】국제관광특구는 관광 및 그와 관련한 경제활동을 자유롭게 할 수 있는 조선민주주의인민공화국의 특별관광지구이다. 국제관광특구에는 강원도 고성군 고성읍, 온정리 일부 지역과 삼일포, 해금강지역, 금강군 내금강지역, 통천군 일부 지역이 포함된다.

제3조【국제관광특구발전원칙】세계의 명산 금강산을 국제적인 관광특구로 꾸리는 것은 국가의 정책이다. 국가는 금강산을 여러가지 관광목적과 기능을 수행할 수 있는 종합적인 관광지로 꾸리고 관광을 적극 발전시켜나가도록 한다.

제4조【투자장려 및 경제활동조건보장원칙】국제관광특구에는 다른 나라 법인, 개인, 경제조직이 투자할 수 있다. 남측 및 해외동포, 공화국의 해당 기관, 단체도 투자할 수 있다. 국가는 국제관광특구에 대한 투자를 적극 장려하며 투자가들에게 특혜적인 경제활동조건을 보장한다.

제5조【재산보호원칙】국가는 투자가가 투자한 자본과 합법적으로 얻은 소득, 그에게 부여된 권리를 법적으로 보호한다.

제6조【국제관광특구관리의 담당자】국제관광특구의 관리는 중앙금강산국제관광특구지도기관(이 아래부터 국제관광특구지도기관이라고 한다.)의 통일적인 지도 밑에 금강산국제관광특구관리위원회(이 아래부터 국제관광특구관리위원회라고 한다)가 한다.

제7조【국제교류와 협력】국가는 국제관광특구사업과 관련하여 국제관광기구, 다른 나라 관광조직과의 교류와 협력을 강화하도록 한다.

제8조【법규적용】국제관광특구의 개발과 관리, 관광 및 관광업, 기타 경제활동은 이 법과 이 법시행을 위한 규정, 세칙에 따라 한다.

제2장 국제관광특구의 관리

제9조【국제관광특구지도기관의 지위】국제관광특구지도기관은 국제관광특구의 개발과 관리운영을 통일적으로 지도하는 중앙지도기관이다.

제10조【국제관광특구지도기관의 임무와 권한】국제관광특구지도기관은 다음과 같은 사업을 한다.

1. 국제관광특구관리위원회사업에 대한 지도
2. 국제관광특구법규의 시행세칙작성
3. 국제관광특구개발총계획의 심의, 승인
4. 대상건설설계문건사본의 접수보관
5. 국제관광특구의 세무관리
6. 이밖에 국가가 위임한 사업

제11조【국제관광특구관리위원회의 지위】국제관광특구관리위원회는 국제관광특구를 관리하는 현지집행기관이다. 국제관광특구관리위원회의 책임자는 위원장이다.

제12조【국제관광특구관리위원회의 임무와 권한】국제관광특구관리위원회는 다음과 같은 사업을 한다.

1. 국제관광특구개발총계획의 작성 및 실행
2. 관광자원의 조사, 개발, 관리
3. 관광선전과 관광객모집, 관광조직
4. 국제관광특구에서의 질서유지, 인신 및 재산보호
5. 토지, 건물의 임대
6. 투자유치와 기업의 창설승인, 등록, 영업허가
7. 토지리용권, 건물, 륜전기재의 등록
8. 기업활동에 필요한 로력보장
9. 건설허가와 준공검사
10. 국제관광특구하부구조시설물의 관리

11. 국제관광특구의 환경보호, 소방대책

12. 인원, 운수수단의 출입과 물자반출입에 대한 협조

13. 이밖에 국제관광특구지도기관이 위임한 사업

제13조【공동협의기구의 조직운영】국제관광특구에는 국제관광특구관리위원회, 투자가, 기업의 대표들로 구성하는 공동협의기구 같은 것을 내올 수 있다. 공동협의기구는 국제관광특구의 개발과 관리, 기업운영에서 제기되는 중요문제들을 협의, 조정한다.

제14조【국제관광특구의 출입관리】국제관광특구에서는 무사증제를 실시한다. 공화국령역 밖에서 국제관광특구로 출입하는 인원과 수송수단은 려권 또는 그를 대신하는 출입증명서를 가지고 지정된 통로로 사증 없이 출입할 수 있다. 공화국의 다른 지역을 거쳐 국제관광특구로 출입하는 질서, 국제관광특구에서 공화국의 다른 지역으로 출입하는 질서는 따로 정한다.

제15조【검사, 검역】국제관광특구에 출입하는 인원, 동식물과 수송수단은 통행검사와 세관검사, 위생 및 동식물검역을 받아야 한다. 검사, 검역기관은 국제관광특구의 안전과 출입에 지장이 없도록 검사, 검역사업을 과학기술적 방법으로 신속히 하여야 한다.

제16조【환경관리】국제관광특구에서는 풍치림을 베거나 명승지, 바다기슭의 솔밭, 해수욕장, 기암절벽, 우아하고 기묘한 산세, 풍치좋은 섬을 비롯한 자연풍치와 동굴, 폭포, 옛성터 같은 천연기념물과 명승고적을 파손시키거나 환경보호에 지장을 주는 건물, 시설물을 건설하지 말며 정해진 오염물질의 배출기준, 소음, 진동기준 같은 환경보호기준을 보장하여야 한다.

제17조【통신수단의 리용】국제관광특구에서는 우편, 전화, 팍스, 인터네트 같은 통신수단을 자유롭게 리용할 수 있다.

제3장 관광 및 관광봉사

제18조【관광당사자】국제관광특구에서의 관광은 외국인이 한다. 공화국공민과 남측 및 해외동포도 관광을 할 수 있다.

제19조【관광형식과 방법】관광은 등산과 유람, 해수욕, 휴양, 체험, 오락, 체육,

치료 같은 다양한 형식과 방법으로 한다. 관광객은 국제관광특구 안에서 자유롭게 관광할 수 있다.

제20조【관광환경과 조건보장】국제관광특구관리위원회는 관광을 높은 수준에서 진행할 수 있도록 관광환경과 조건을 충분히 보장하여야 한다.

제21조【관광객을 위한 봉사】투자가는 국제관광특구에서 숙박, 식당, 상점, 카지노, 골프, 야간구락부, 치료, 오락 같은 여러가지 관광봉사시설을 꾸리고 관광객을 위한 다양한 봉사를 할 수 있다.

제22조【국제적인 행사진행】국제관광특구에서는 국제회의와 박람회, 전람회, 토론회, 예술공연, 체육경기 같은 다채로운 행사를 할 수 있다.

제23조【교통보장】국제관광특구지도기관과 국제관광특구관리위원회는 국제비행장과 항만, 관광철도, 관광도로를 건설하여 관광객들의 교통상 편리를 원만히 보장하여야 한다.

제4장 기업창설 및 등록, 운영

제24조【기업창설】투자가는 국제관광특구개발을 위한 하부구조건설부문과 려행업, 숙박업, 식당업, 카지노업, 골프장업, 오락 및 편의시설업 같은 관광업에 단독 또는 공동으로 투자하여 여러 가지 형식의 기업을 창설할 수 있다.

제25조【국제관광특구개발총계획의 준수】국제관광특구의 개발은 개발총계획에 따라 한다. 국제관광특구에서 하부구조를 건설하거나 기업을 창설하려는 투자가는 국제관광특구개발총계획의 요구를 지켜야 한다.

제26조【기업창설승인, 등록】국제관광특구에서 기업을 창설, 운영하려는 투자가는 국제관광특구관리위원회의 기업창설승인을 받아야 한다. 기업창설승인을 받은 투자가는 정해진 기간 안에 기업등록과 세무등록, 세관등록을 하여야 한다.

제27조【하부구조건설승인】국제관광특구개발과 관리운영을 위한 비행장, 철도, 도로, 항만, 발전소 같은 하부구조건설승인은 국제관광특구지도기관이 한다. 비행장, 철도, 도로, 항만, 발전소 같은 하부구조건설부문의 투자를 특별히 장려한다.

제28조【지사, 대리점, 출장소의 설립】국제관광특구에는 지사, 대리점, 출장소 같

은 것을 내올 수 있다. 이 경우 국제관광특구관리위원회의 승인을 받아야 한다.

제29조 【돈자리의 개설】 기업과 개인은 국제관광특구 안에 설립된 공화국은행 또는 다른 나라 은행에 돈자리를 개설하고 리용할 수 있다.

제30조 【외화유가증권의 거래】 기업과 개인은 국제관광특구 안의 정해진 장소에서 외화유가증권을 거래할 수 있다.

제31조 【보험가입】 기업과 개인은 국제관광특구 안에 설립된 공화국 또는 다른 나라 보험회사의 보험에 들 수 있다.

제32조 【버림물의 처리】 기업은 현대적인 정화장, 침전지, 오물처리장 같은 환경보호시설과 위생시설을 갖추고 버림물을 관광과 환경보호에 지장이 없도록 정화하거나 처리하여야 한다.

제5장 경제활동조건의 보장

제33조 【로력채용】 국제관광특구에서 기업은 공화국의 로력과 다른 나라 또는 남측 및 해외동포 로력을 채용할 수 있다.

제34조 【관광특구에서의 류통화폐】 국제관광특구에서 류통화폐는 전환성외화로 한다. 전환성외화의 종류와 기준화폐는 국제관광특구지도기관이 해당기관과 합의하여 정한다.

제35조 【외화의 반출입과 송금, 재산의 반출】 국제관광특구에서는 외화를 자유롭게 반출입 할 수 있으며 합법적으로 얻은 리윤과 소득금을 송금할 수 있다. 투자가는 다른 나라에서 국제관광특구에 들여왔던 재산과 국제관광특구에서 합법적으로 취득한 재산을 경영기간이 끝나면 공화국령역 밖으로 내갈수 있다.

제36조 【세금】 국제관광특구에서 기업과 개인은 해당 법규에 정해진 세금을 물어야 한다. 비행장, 철도, 도로, 항만, 발전소건설 같은 특별장려부문 기업에는 세금을 면제하거나 감면해준다.

제37조 【물자의 반출입】 국제관광특구에서는 정해진 금지품을 제외하고 경영활동과 관련한 물자를 자유롭게 들여오거나 내갈 수 있다.

제38조 【관세면제 및 부과대상】 국제관광특구에서는 특혜관세제도를 실시한다. 국제관광특구의 개발과 기업경영에 필요한 물자, 투자가에게 필요한 정해진 규모

의 사무용품, 생활용품에는 관세를 적용하지 않는다. 관세면제대상의 물자를 국제관광특구 밖에 팔거나 국가에서 제한하는 물자를 국제관광특구 안에 들여오는 경우에는 관세를 부과한다.

제39조【인원, 수송수단의 출입과 물자의 반출입조건보장】국제관광특구관리위원회와 해당 기관은 국제관광특구의 개발, 기업활동에 지장이 없도록 인원, 운수수단의 출입과 물자의 반출입조건을 원만히 보장하여야 한다. 지정된 비행장을 통하여 국제관광특구로 출입할 경우에는 비행장통과세를 부과하지 않는다.

제6장 제재 및 분쟁해결

제40조【제재】이 법을 어겨 국제관광특구의 관리운영과 관광사업에 지장을 주었거나 기업, 개인에게 피해를 준 자에게는 정상에 따라 원상복구 또는 손해보상시키거나 벌금을 부과한다. 공화국의 안전을 침해하거나 사회질서를 심히 위반하였을 경우에는 해당 법에 따라 행정적 또는 형사적 책임을 지운다.

제41조【분쟁해결】국제관광특구의 개발과 관리운영, 기업의 경영활동과 관련하여 발생한 의견상이는 당사자들 사이에 협의의 방법으로 해결한다. 협의의 방법으로 해결할 수 없을 경우에는 당사자들이 합의한 중재절차로 해결하거나 공화국의 재판절차로 해결한다.

외국인투자법

주체 81(1992)년 10월 5일 최고인민회의 상설회의 결정 제17호로 채택
주체 88(1999)년 2월 26일 최고인민회의 상임위원회 정령 제484호로 수정보충
주체 93(2004)년 11월 30일 최고인민회의 상임위원회 정령 제780호로 수정보충
주체 96(2007)년 9월 26일 최고인민회의 상임위원회 정령 제2367호로 수정보충
주체 97(2008)년 4월 29일 최고인민회의 상임위원회 정령 제2688호로 수정보충
주체 97(2008)년 8월 19일 최고인민회의 상임위원회 정령 제2842호로 수정보충
주체 100(2011)년 11월 29일 최고인민회의 상임위원회 정령 제1991호로 수정보충

제1조 【외국인투자법의 사명과 지위】 조선민주주의인민공화국 외국인투자법은 우리 나라에 대한 외국투자가들의 투자를 장려하며 그들의 합법적권리와 리익을 보호하는 데 이바지한다. 이 법은 외국투자관계의 기본법이다.

제2조 【용어의 정의】

1. 외국인투자란 외국투자가가 경제활동을 목적으로 우리 나라에 재산이나 재산권, 기술비결을 들여오는 것이다.

2. 외국투자가란 우리 나라에 투자하는 다른 나라의 법인, 개인이다.

3. 외국투자기업이란 외국인투자기업과 외국기업이다.

4. 외국인투자기업이란 우리 나라에 창설한 합작기업, 합영기업, 외국인기업이다.

5. 합작기업이란 우리측 투자가와 외국측 투자가가 공동으로 투자하고 우리측이 운영하며 계약에 따라 상대측의 출자몫을 상환하거나 리윤을 분배하는 기업이다.

6. 합영기업이란 우리측 투자가와 외국측 투자가가 공동으로 투자하고 공동으로 운영하며 투자몫에 따라 리윤을 분배하는 기업이다.

7. 외국인기업이란 외국투자가가 단독으로 투자하고 운영하는 기업이다.

8. 외국기업이란 투자관리기관에 등록하고 경제활동을 하는 다른 나라 기업이다.

9. 외국투자은행이란 우리 나라에 설립한 합영은행, 외국인은행, 외국은행지점이다.

10. 특수경제지대란 국가가 특별히 정한 법규에 따라 투자, 생산, 무역, 봉사와 같은 경제활동에 특혜가 보장되는 지역이다.

제3조 【외국인투자기업과 외국투자은행의 창설】 외국투자가는 우리 나라에서 외국

인투자기업과 외국투자은행을 창설운영할 수 있다. 이 경우 투자관리기관의 승인을 받는다. 투자관리기관에는 해당 중앙기관과 특수경제지대관리기관이 속한다.

제4조【외국투자가의 권리와 리익보호, 경영활동조건보장】국가는 외국투자가의 합법적인 권리와 리익을 보호하며 외국인투자기업과 외국투자은행의 경영활동조건을 보장하도록 한다.

제5조【투자당사자】다른 나라의 법인과 개인은 우리 나라에 투자할 수 있다. 해외동포도 이 법에 따라 투자할 수 있다.

제6조【투자부문 및 투자방식】외국투자가는 공업, 농업, 건설, 운수, 통신, 과학기술, 관광, 류통, 금융 같은 여러 부문에 여러가지 방식으로 투자할 수 있다.

제7조【투자장려부문】국가는 첨단기술을 비롯한 현대적 기술과 국제시장에서 경쟁력이 높은 제품을 생산하는 부문, 하부구조건설부문, 과학연구 및 기술개발부문에 대한 투자를 특별히 장려한다.

제8조【장려부문 투자의 우대】장려하는 부문에 투자하여 창설한 외국인투자기업은 소득세를 비롯한 여러가지 세금의 감면, 유리한 토지리용조건의 보장, 은행대부의 우선적 제공 같은 우대를 받는다.

제9조【특수경제지대에서의 특혜적인 경영활동조건보장】국가는 특수경제지대 안에 창설된 외국투자기업에 물자구입 및 반출입, 제품판매, 로력채용, 세금납부, 토지리용 같은 여러 분야에서 특혜적인 경영활동조건을 보장하도록 한다.

제10조【외국투자가들의 입출국편리보장】국가는 우리 나라에 투자하는 외국투자가들의 입출국수속절차와 방법을 편리하게 정하도록 한다.

제11조【투자의 금지 및 제한대상】투자를 금지하거나 제한하는 대상은 다음과 같다.
1. 나라의 안전과 주민들의 건강, 건전한 사회도덕생활에 저해를 주는 대상
2. 자원수출을 목적으로 하는 대상
3. 환경보호기준에 맞지 않는 대상
4. 기술적으로 뒤떨어진 대상
5. 경제적 효과성이 적은 대상

제12조【투자재산과 재산권】외국투자가는 화폐재산, 현물재산, 공업소유권 같은 재산과 재산권으로 투자할 수 있다. 이 경우 투자하는 재산과 재산권의 가치는 해당 시기의 국제시장가격에 기초하여 당사자들 사이의 합의에 따라 평가한다.

제13조【지사, 사무소, 대리점의 설립】외국인투자기업과 합영은행, 외국인은행은 우리 나라 또는 다른 나라에 지사, 사무소, 대리점 같은 것을 내오거나 새끼회사를 내올 수 있으며 다른 나라 회사들과 련합할 수 있다.

제14조【법인자격대상】외국인투자기업과 합영은행, 외국인은행은 우리 나라의 법인으로 된다. 그러나 우리 나라에 있는 외국기업의 지사, 사무소, 대리점, 외국은행지점은 우리 나라의 법인으로 되지 않는다.

제15조【토지의 임대기간】국가는 외국투자가와 외국인투자기업, 외국투자은행을 창설하는데 필요한 토지를 임대하여 준다. 토지임대기간은 최고 50년까지로 한다. 임대받은 토지는 토지임대기관의 승인 밑에 임대기간 안에 양도하거나 저당잡힐 수 있다.

제16조【로력의 채용】외국인투자기업과 외국투자은행은 종업원을 우리 나라 로력으로 채용하여야 한다. 일부 관리인원과 특수한 직종의 기술자, 기능공은 투자관리기관과 합의하고 다른 나라 로력으로 채용할 수도 있다.

제17조【세금의 납부】외국투자가와 외국인투자기업, 외국기업, 외국투자은행은 기업소득세, 거래세, 재산세 같은 세금을 정해진 데 따라 납부하여야 한다.

제18조【리윤의 재투자】외국투자가는 리윤의 일부 또는 전부를 우리 나라에 재투자할 수 있다. 이 경우 재투자분에 대하여 이미 납부한 소득세의 일부 또는 전부를 돌려받을 수 있다.

제19조【투자재산의 보호】국가는 외국투자가와 외국인투자기업, 외국투자은행의 재산을 국유화하거나 거두어들이지 않는다. 사회공공의 리익과 관련하여 부득이하게 거두어들이려 할 경우에는 사전에 통지하며 법적절차를 거쳐 그 가치를 충분히 보상해준다.

제20조【리윤과 기타 소득의 국외송금】외국투자가가 기업운영 또는 은행업무에서 얻은 합법적리윤과 기타 소득, 기업 또는 은행을 청산하고 남은 자금은 제한 없이 우리 나라 령역 밖으로 송금할 수 있다.

제21조【경영비밀의 보장】국가는 외국인투자기업과 외국투자은행의 경영활동과 관련한 비밀을 법적으로 보장하며 외국투자가와 합의 없이 공개하지 않도록 한다.

제22조【분쟁해결】외국투자와 관련한 의견상이는 협의의 방법으로 해결한다. 협의의 방법으로 해결할 수 없을 경우에는 조정, 중재, 재판의 방법으로 해결한다.

합영법

주체73(1984)년 9월 8일 최고인민회의 상설회의 결정 제10호로 채택
주체83(1994)년 1월 20일 최고인민회의 상설회의 결정 제44호로 수정보충
주체88(1999)년 2월 26일 최고인민회의 상임위원회 정령 제484호로 수정보충
주체90(2001)년 5월 17일 최고인민회의 상임위원회 정령 제2315호로 수정보충
주체93(2004)년 11월 30일 최고인민회의 상임위원회 정령 제780호로 수정보충
주체95(2006)년 5월 23일 최고인민회의 상임위원회 정령 제1774호로 수정보충
주체96(2007)년 9월 26일 최고인민회의 상임위원회 정령 제2367호로 수정보충
주체97(2008)년 8월 19일 최고인민회의 상임위원회 정령 제2842호로 수정보충
주체100(2011)년 11월 29일 최고인민회의 상임위원회 정령 제1993호로 수정보충
주체103(2014)년 10월 8일 최고인민회의 상임위원회 정령 제173호로 수정보충

제1장 합영법의 기본

제1조 【합영법의 사명】 조선민주주의인민공화국 합영법은 합영을 통하여 세계 여러 나라들과의 경제기술협력과 교류를 확대발전시키는 데 이바지한다.

제2조 【합영의 당사자】 기관, 기업소, 단체는 투자관리기관의 승인을 받고 다른 나라 법인 또는 개인과 합영기업을 창설할 수 있다. 합영기업은 생산부문에 창설하는 것을 기본으로 한다.

제3조 【합영부문과 장려대상】 합영은 기계공업, 전자공업, 정보산업, 과학기술, 경공업, 농업, 림업, 수산업, 건설건재공업, 교통운수, 금융 같은 여러 부문에서 할 수 있다. 국가는 첨단기술의 도입, 과학연구 및 기술개발, 국제시장에서 경쟁력이 높은 제품생산, 하부구조건설 같은 대상의 합영을 장려한다.

제4조 【합영의 금지, 제한대상】 환경보호기준을 초과하는 대상, 자연부원을 수출하는 대상, 경제기술적으로 뒤떨어진 대상, 경제적 실리가 적은 대상, 식당, 상점 같은 봉사업 대상의 합영은 금지 또는 제한한다.

제5조 【합영기업의 소유권과 독자성, 채무에 대한 책임】 합영기업은 당사자들이 출자한 재산과 재산권에 대한 소유권을 가지며 독자적으로 경영활동을 한다. 합영기업은 경영활동과정에 발생한 채무에 대하여 자기의 등록자본으로 책임진다.

제6조 【합영기업의 법인자격】 합영기업은 투자관리기관에 등록한 날부터 우리 나라의 법인으로 된다. 합영기업의 합법적 권리와 리익은 법적으로 보호된다.

제7조 【합영기업에 대한 우대】 국가는 장려대상의 합영기업, 해외동포와 하는 합영기업에 대하여 세금의 감면, 유리한 토지리용조건의 보장, 은행대부의 우선적 제공 같은 우대를 하도록 한다.

제8조 【법의 적용】 합영기업의 창설, 운영, 해산 및 청산은 이 법에 따라 한다. 이 법에 규제하지 않은 사항은 해당 법규에 따른다.

제2장 합영기업의 창설

제9조 【합영기업의 창설신청, 승인】 합영기업을 창설하려는 당사자들은 계약을 맺고 투자관리기관에 합영계약서사본, 합영기업의 규약사본, 경제기술타산서 같은 것을 첨부한 합영기업창설신청문건을 내야 한다. 투자관리기관은 합영기업 창설신청문건을 접수한 날부터 30일 안에 심의하고 승인하였을 경우에는 신청자에게 합영기업창설승인서를 발급하며 부결하였을 경우에는 그 리유를 밝힌 부결통지서를 보내야 한다.

제10조 【합영기업의 등록】 합영기업창설승인서를 발급받은 당사자는 30일 안에 기업소재지의 도(직할시)인민위원회 또는 특수경제지대 관리기관에 등록하여야 한다. 세무등록, 세관등록은 도(직할시)인민위원회 또는 특수 경제지대관리기관에 등록한 날부터 20일 안에 한다.

제11조 【출자몫, 출자재산과 재산권】 합영기업에 출자하는 몫은 합영당사자들이 합의하여 정한다. 합영당사자들은 화폐재산, 현물재산과 공업소유권, 토지 리용권, 자원개발권 같은 재산권으로 출자할 수 있다. 이 경우 출자한 재산 또는 재산권의 값은 해당 시기 국제시장 가격에 준하여 당사자들이 합의하여 정한다.

제12조 【출자몫의 양도】 합영당사자는 자기의 출자몫을 제3자에게 양도할 수 있다. 이 경우 합영상대방의 동의와 투자관리기관의 승인을 받아야 한다.

제13조 【지사, 사무소, 대리점의 설립】 합영기업은 투자관리기관의 승인을 받고 우리 나라 또는 다른 나라에 지사, 사무소, 대리점 같은 것을 내올 수 있다.

제14조 【출자기간, 지적재산권의 출자】 합영당사자는 기업창설승인서에 지적된 기

간 안에 출자하여야 한다. 부득이한 사정이 있을 경우에는 투자관리기관의 승
인을 받아 출자기간을 연장할 수 있다. 특허권, 상표권, 공업도안권 같은 지적
재산권의 출자는 등록자본의 20%를 초과할 수 없다.

제15조 【등록자본】 합영기업의 등록자본은 총투자액의 30~50% 이상 되여야 한
다. 합영기업은 등록자본을 늘인 경우 해당 기관에 변경등록을 하여야 한다. 등
록자본은 줄일 수 없다.

제3장 합영기업의 기구와 경영활동

제16조 【리사회와 그 지위】 합영기업에는 리사회를 둔다. 리사회는 합영기업의 최
고결의기관이다.

제17조 【리사회의 권능】 합영기업의 리사회에서는 규약의 수정보충, 기업의 발전
대책, 등록자본의 증가, 경영계획, 결산과 분배, 책임자, 부책임자, 재정검열원
의 임명 및 해임, 기업의 해산 같은 문제들을 토의결정한다.

제18조 【합영기업의 관리성원】 합영기업에는 책임자, 부책임자, 재정회계원을 두
며 그밖의 필요한 관리성원을 둘 수 있다. 책임자는 자기 사업에 대하여 리사
회앞에 책임진다.

제19조 【합영기업의 재정검열원】 합영기업에는 그 기업의 관리일군이 아닌 성원
으로 재정검열원을 둔다. 재정검열원은 리사회의 결정에 따라 기업의 재정상태
를 정상적으로 검열하며 자기 사업에 대하여 리사회 앞에 책임진다.

제20조 【합영기업의 관리운영기준】 합영기업은 규약, 리사회의 결정에 따라 관리
운영한다.

제21조 【합영기업의 조업기간】 합영기업은 기업창설승인서에 지적된 기간 안에
조업하여야 한다. 제기기간 안에 조업할 수 없을 경우에는 투자관리기관의 승
인을 받아 조업기일을 연장할 수 있다. 조업기일을 연장한 기업에는 정해진 연
체료를 물린다.

제22조 【합영기업의 영업허가, 조업일】 합영기업은 정해진 조업예정일 안에 영업
허가를 받아야 한다. 투자관리기관이 발급한 영업허가증을 받은 날을 합영기업
의 조업일로 한다.

제23조【경영물자의 구입과 제품판매】합영기업은 정해진 데 따라 우리 나라에서 원료, 자재, 설비를 구입하거나 생산한 제품을 우리 나라에 판매할 수 있다. 이 경우 투자관리기관에 해당 계획을 내야 한다.

제24조【관세의 부과】합영기업이 생산과 경영활동에 필요한 물자를 다른 나라에서 들여오거나 생산한 제품을 다른 나라에 내가는 경우에는 관세를 부과하지 않는다. 그러나 관세를 면제받은 물자를 우리 나라에서 판매할 경우에는 관세를 부과한다.

제25조【합영기업의 업종】합영기업은 승인된 업종에 따라 경영활동을 하여야 한다. 업종을 바꾸거나 늘이려 할 경우에는 투자관리기관의 승인을 받는다.

제26조【로력채용】합영기업은 종업원을 우리 나라 로력으로 채용하여야 한다. 일부 관리인원과 특수한 직종의 기술자, 기능공은 투자 관리기관에 통지하고 다른 나라 로력으로 채용할 수도 있다.

제27조【로력의 관리】합영기업은 외국인투자기업에 적용하는 로동법규에 따라 로력을 관리하여야 한다.

제28조【합영기업의 돈자리】합영기업은 우리 나라 은행 또는 외국투자은행에 돈자리를 두어야 한다. 다른 나라에 있는 은행에 돈자리를 두려 할 경우에는 외화관리기관의 승인을 받는다.

제29조【자금의 대부】합영기업은 경영활동에 필요한 자금을 우리 나라 또는 다른 나라에 있는 은행에서 대부받을 수 있다. 대부받은 조선원과 외화로 교환한 조선원은 정해진 은행에 예금하고 써야 한다.

제30조【재정관리와 회계계산】합영기업은 재정관리와 회계계산을 외국인투자기업에 적용하는 재정회계법규에 따라 하여야 한다.

제31조【합영기업의 보험가입】합영기업은 보험에 드는 경우 우리 나라에 있는 보험회사의 보험에 들어야 한다. 의무보험은 중앙보험지도기관이 정한 보험회사에 든다.

제32조【직업동맹조직의 활동조건보장】합영기업의 종업원들은 직업동맹조직을 내올 수 있다. 합영기업은 직업동맹조직의 활동조건을 보장하여야 한다.

제4장 합영기업의 결산과 분배

제33조【합영기업의 결산년도】합영기업의 결산년도는 1월 1일부터 12월 31일까지로 한다. 년간결산은 다음해 2월 안으로 한다.

제34조【합영기업의 결산방법】합영기업의 결산은 총 수입금에서 원료 및 자재비, 연료 및 동력비, 로력비, 감가상각금, 물자구입경비, 직장 및 회사 관리비, 보험료, 판매비 같은 것을 포함한 원가를 덜어 리윤을 확정하며 그 리윤에서 거래세 또는 영업세와 기타 지출을 공제하고 결산리윤을 확정하는 방법으로 한다.

제35조【예비기금의 적립】합영기업은 등록자본의 25%에 해당한 금액이 될 때까지 해마다 얻은 결산리윤의 5%를 예비기금으로 적립하여야 한다. 예비기금은 합영기업의 결손을 메꾸거나 등록자본을 늘이는 데만 쓸 수 있다.

제36조【기금의 종류와 조성】합영기업은 생산확대 및 기술발전기금, 종업원들을 위한 상금기금, 문화후생기금, 양성기금 같은 필요한 기금을 조성하여야 한다. 기금의 종류와 규모, 리용대상과 범위는 리사회에서 토의결정한다.

제37조 (리윤의 분배) 합영기업은 결산문건을 재정검열원의 검열을 받고 리사회에서 비준한 다음 리윤을 분배하여야 한다. 리윤분배는 결산리윤에서 소득세를 바치고 예비기금을 비롯한 필요한 기금을 공제한 다음 출자몫에 따라 합영 당사자들 사이에 나누는 방법으로 한다.

제38조【세금의 납부 및 감면】합영기업은 정해진 세금을 납부하여야 한다. 장려부문의 합영기업은 일정한 기간 기업소득세를 감면 받을 수 있다.

제39조【기업손실의 보상】합영기업은 당해년도의 결산리윤에서 전년도의 손실을 메꿀 수 있다. 이 경우 보상기간을 련속하여 4년을 넘길 수 없다.

제40조【회계결산】합영기업은 경영활동에 대한 회계결산을 정기적으로 하여야 한다. 회계결산서는 정해진 기간 안에 해당 재정기관에 낸다.

제41조【리윤의 재투자】외국측 투자가는 합영기업에서 분배받은 리윤의 일부 또는 전부를 우리 나라에 재투자할 수 있다. 이 경우 이미 납부한 소득세에서 재투자분에 해당한 소득세의 일부 또는 전부를 돌려받을 수 있다.

제42조【리윤과 기타 소득의 국외송금】합영기업의 외국측 투자가는 분배받은 리윤과 기타 소득, 기업을 청산하고 받은 자금을 제한 없이 우리 나라 령역 밖으로 송금할 수 있다.

제5장 합영기업의 해산과 분쟁해결

제43조【합영기업의 해산사유】합영기업은 존속기간의 만료, 지불능력의 상실, 당사자의 계약의무불리행, 지속적인 경영손실, 자연재해 같은 사유로 기업을 운영할 수 없을 경우 해산된다.

제44조【합영기업의 만기전 해산】합영기업은 존속기간이 끝나기전에 해산사유가 생기면 리사회에서 결정하고 투자관리기관의 승인을 받아 해산할 수 있다. 이 경우 청산위원회는 리사회가 조직한다. 청산위원회는 합영기업의 거래업무를 결속하고 청산을 끝낸 다음 10일 안으로 기업등록취소수속을 하여야 한다. 그러나 청산과정에 기업을 파산시키는 것이 옳다고 인정될 경우에는 재판소에 파산을 제기하여야 한다.

제45조【합영기업의 존속기간연장】합영기업은 존속기간을 연장할 수 있다. 이 경우 존속기간이 끝나기 6개월 전에 리사회에서 토의결정한 다음 투자관리기관의 승인을 받아야 한다. 존속기간은 기업창설을 승인한 날부터 계산한다.

제46조【분쟁해결】합영과 관련한 의견상이는 협의의 방법으로 해결한다. 협의의 방법으로 해결할 수 없을 경우에는 조정, 중재, 재판의 방법으로 해결한다.

합작법

주체81(1992)년 10월 5일 최고인민회의 상설회의 결정 제18호로 채택
주체88(1999)년 2월 26일 최고인민회의 상임위원회 정령 제484호로 수정보충
주체93(2004)년 11월 30일 최고인민회의 상임위원회 정령 제780호로 수정보충
주체95(2006)년 5월 23일 최고인민회의 상임위원회 정령 제1774호로 수정보충
주체96(2007)년 9월 26일 최고인민회의 상임위원회 정령 제2367호로 수정보충
주체97(2008)년 4월 29일 최고인민회의 상임위원회 정령 제2688호로 수정보충
주체97(2008)년 8월 19일 최고인민회의 상임위원회 정령 제2842호로 수정보충
주체100(2011)년 11월 29일 최고인민회의 상임위원회 정령 제1992호로 수정보충
주체103(2014)년 10월 8일 최고인민회의 상임위원회 정령 제173호로 수정보충

제1조 【합작법의 사명】 조선민주주의인민공화국 합작법은 합작을 통하여 세계 여러 나라들과의 경제기술협력과 교류를 확대발전시키는 데 이바지한다.

제2조 【합작의 당사자】 기관, 기업소, 단체는 투자관리기관의 승인을 받고 다른 나라 법인 또는 개인과 합작기업을 창설할 수 있다. 합작기업은 생산부문에 창설하는 것을 기본으로 한다.

제3조 【합작의 장려부문】 국가는 첨단기술이나 현대적인 설비를 도입하는 대상, 국제시장에서 경쟁력이 높은 제품을 생산하는 부문의 합작을 장려한다.

제4조 【합작의 금지, 제한대상】 환경보호기준을 초과하는 대상, 자안부원을 수출하는 대상, 경제기술적으로 뒤떨어진 대상, 경제적실리가 적은 대상, 식당, 상점 같은 봉사업 대상의 합작은 금지 또는 제한한다.

제5조 【합작투자에 대한 우대】 국가는 장려대상의 합작기업, 해외동포와 하는 합작기업에 대하여 세금의 감면, 유리한 토지리용조건의 보장, 은행대부의 우선적 제공과 같은 우대를 하도록 한다.

제6조 【합작기업의 창설신청, 승인】 합작기업을 창설하려는 당사자는 합작계약을 맺고 투자관리기관에 합작계약서사본, 합작기업의 규약사본, 경제기술타산서 같은 것을 첨부한 합작기업창설신청문건을 내야 한다. 투자관리기관은 합작기업창설신청문건을 접수한 날부터 30일 안에 심의하고 승인하였을 경우에는 신청자에게 합작기업창설승인서를 발급하며 부결하였을 경우에는 그 리유를 밝힌

부결통지서를 보내야 한다.

제7조【합작기업의 등록】합작기업창설승인서를 발급받은 당사자는 30일 안에 기
업소재지의 도(직할시)인민위원회 또는 특수경제지대관리기관에 등록하여야 한
다. 세무등록, 세관등록은 도(직할시)인민위원회 또는 특수경제지대관리기관에
등록한 날부터 20일 안에 한다.

제8조【영업허가와 조업일】합작기업은 정해진 조업예정일 안에 영업허가를 받아
야 한다. 투자관리기관이 발급한 영업허가증을 받은 날을 합작기업의 조업일로
한다.

제9조【합작기업의 업종】합작기업은 승인된 업종에 따라 경영활동을 하여야 한
다. 업종을 바꾸거나 늘이려 할 경우에는 투자관리기관의 승인을 받는다.

제10조【출자몫의 양도】합작당사자는 자기의 출자몫을 제3자에게 양도할 수 있
다. 이 경우 합작상대방의 동의와 투자관리기관의 승인을 받아야 한다.

제11조【로력의 채용】합작기업은 종업원을 우리 나라 로력으로 채용하여야 한
다. 특수한 직종의 기술자, 기능공은 투자관리기관에 통지하고 다른 나라 로력
으로 채용할 수도 있다.

제12조【관세의 부과】합작기업이 생산과 경영활동에 필요한 물자를 다른 나라에
서 들여오거나 생산한 제품을 다른 나라에 내가는 경우에는 관세를 부과하지
않는다. 그러나 관세를 면제받은 물자를 우리 나라에서 판매할 경우에는 관세
를 부과한다.

제13조【보험가입】합작기업은 보험에 드는 경우 우리 나라에 있는 보험회사의
보험에 들어야 한다. 의무보험은 중앙보험지도기관이 정한 보험회사에 든다.

제14조【투자의 상환과 리윤분배】합작기업에서 외국측 투자가에 대한 투자상환은
기업의 생산품으로 하는 것을 기본으로 한다. 리윤분배는 합작당사자들이 계약
에서 정한 방법으로 한다.

제15조【기업소득의 우선적리용】합작기업에서 생산된 제품과 얻은 수입은 합작
계약에 따라 상환 또는 분배의무를 리행하는 데 먼저 쓸 수 있다.

제16조【리윤과 기타 소득의 국외송금】합작기업의 외국측 투자가는 분배받은 리
윤과 기타 소득, 기업을 청산하고 받은 자금을 제한 없이 우리 나라 령역 밖으
로 송금할 수 있다.

제17조【공동협의기구】합작당사자들은 비상설로 공동협의기구를 조직할 수 있다. 공동협의기구에서는 새 기술도입과 제품의 질제고, 재투자 같은 기업의 경영활동에서 제기되는 중요문제들을 협의한다.

제18조【회계결산】합작기업은 경영활동에 대한 회계결산을 정기적으로 하여야 한다. 회계결산서는 정해진 기간 안에 해당 재정기관에 낸다.

제19조【세금납부】합작기업은 정해진 세금을 납부하여야 한다. 장려부문의 합작기업은 일정한 기간 기업소득세를 감면받을 수 있다.

제20조【합작기업의 해산】합작당사자들은 존속기간의 만료, 계약상의무불리행, 지속적인 경영손실, 자연재해 같은 사유가 있을 경우 서로 합의하고 투자관리기관의 승인을 받아 해산할 수 있다. 합작기업의 해산으로 생긴 손해에 대한 책임은 허물 있는 당사자가 진다.

제21조【청산위원회의 조직】합작당사자들은 기업이 해산되는 경우 청산위원회를 조직하여야 한다. 청산위원회는 합작기업의 거래업무를 결속하고 청산을 끝낸 다음 10일 안으로 기업등록취소수속을 하여야 한다. 청산과정에 기업을 파산시키는 것이 옳다고 인정될 경우에는 재판소에 파산을 제기한다.

제22조【합작기업의 존속기간연장】합작기업은 존속기간을 연장할 수 있다. 이 경우 존속기간이 끝나기 6개월 전에 투자관리기관의 승인을 받아야 한다. 존속기간은 기업창설을 승인한 날부터 계산한다.

제23조【분쟁해결】합작과 관련한 의견상이는 협의의 방법으로 해결한다. 협의의 방법으로 해결할 수 없을 경우에는 조정, 중재, 재판의 방법으로 해결한다.

외국인기업법

주체 81(1992)년 10월 5일 최고인민회의 상설회의 결정 제19호로 채택
주체 88(1999)년 2 월 26일 최고인민회의 상임위원회 정령 제484호로 수정보충
주체 93(2004)년 11월 30일 최고인민회의 상임위원회 정령 제780호로 수정보충
주체 94(2005)년 5월 17일 최고인민회의 상임위원회 정령 제1131호로 수정보충
주체 95(2006)년 5월 23일 최고인민회의 상임위원회 정령 제1774호로 수정보충
주체 96(2007)년 9월 26일 최고인민회의 상임위원회 정령 제2367호로 수정보충
주체 100(2011)년 11월 29일 최고인민회의 상임위원회 정령 제1994호로 수정보충

제1장 외국인기업법의 기본

제1조 【외국인기업법의 사명】 조선민주주의인민공화국 외국인기업법은 외국인기업의 창설운영을 통하여 세계 여러 나라들과의 경제협력과 교류를 확대발전시키는 데 이바지한다.

제2조 【외국인기업의 정의】 외국인기업은 외국투자가가 기업운영에 필요한 자본의 전부를 투자하여 창설하며 독자적으로 경영활동을 하는 기업을 말한다.

제3조 【외국인기업의 창설부문과 창설금지대상기업】 외국투자가는 전자공업, 자동화공업, 기계제작공업, 식료가공공업, 피복가공공업, 일용품공업과 운수 및 봉사를 비롯한 여러 부문에서 외국인기업을 창설운영할 수 있다. 나라의 안전에 지장을 주거나 기술적으로 뒤떨어진 기업은 창설할 수 없다.

제4조 【투자보호원칙】 국가는 외국투자가가 투자한 자본과 기업운영에서 얻은 소득을 법적으로 보호한다.

제5조 【외국투자가의 법규준수의무】 외국투자가는 우리 나라의 법과 규정을 존중하고 철저히 지켜야 하며 인민경제발전에 지장을 주는 행위를 하지 말아야 한다.

제6조 【법의 적용대상】 이 법은 정해진 지역에 창설운영되는 외국인기업에 적용한다.

제2장 외국인기업의 창설

제7조 【외국인기업창설신청문건의 제출】 외국투자가는 외국인기업을 창설하려는 경우 기업창설신청문건을 투자관리 기관에 내야 한다. 기업창설신청문건에는 기업의 명칭과 주소, 총투자액과 등록자본, 업종, 종업원수, 존속기간 같은 사항을 밝힌 기업창설신청서와 규약사본, 경제기술타산서, 투자가의 자본신용확인서 같은 것이 속한다.

제8조 【외국인기업창설신청의 심의】 투자관리기관은 외국인기업창설신청문건을 접수한 날부터 30일 안에 심의하고 기업창설을 승인하거나 부결하여야 한다. 기업창설을 승인하였을 경우에는 외국인기업창설승인서를 발급하며 부결하였을 경우에는 그 리유를 밝힌 부결통지서를 신청자에게 보낸다.

제9조 【외국인기업의 등록】 외국투자가는 외국인기업창설승인서를 받은 날부터 30일 안에 해당 도(직할시)인민위원회 또는 특수경제지대관리기관에 등록하여야 한다. 세관등록, 세무등록은 도(직할시)인민위원회 또는 특수경제지대관리기관에 등록한 날부터 20일 안에 한다.

제10조 【지사, 사무소, 대리점의 설립】 외국인기업은 투자관리기관의 승인을 받고 우리 나라 또는 다른 나라에 지사, 사무소, 대리점 같은 것을 내올 수 있다.

제11조 【건설의 위탁】 외국투자가는 외국인기업을 창설하는 데 필요한 건설을 우리 나라 건설기관에 위탁하여 할 수 있다.

제12조 【투자기간】 외국투자가는 외국인기업창설승인서에 지적된 기간 안에 투자하여야 한다. 부득이한 사정으로 정한 기간 안에 투자할 수 없을 경우에는 투자관리기관의 승인을 받아 투자기간을 연장할 수 있다.

제13조 【외국인기업창설승인의 취소사유】 투자관리기관은 외국투자가가 정한 투자기간 안에 정당한 리유 없이 투자하지 않았을 경우 외국인기업창설승인을 취소할 수 있다.

제3장 외국인기업의 경영활동

제14조 【업종의 변경】 외국인기업은 승인된 업종에 따라 경영활동을 하여야 한다. 업종을 바꾸거나 늘이려 할 경우에는 투자관리기관의 승인을 받아야 한다.

제15조【생산 및 수출입계획의 제출】외국인기업은 투자관리기관에 년, 분기 생산 및 수출입계획을 내야 한다.

제16조【경영물자의 구입과 제품판매】외국인기업은 정해진 데 따라 우리 나라에서 원료, 자재, 설비를 구입하거나 생산한 제품을 우리 나라에 판매할 수 있다. 이 경우 투자관리기관을 통하여 한다.

제17조【외국인기업의 돈자리】외국인기업은 우리 나라 은행 또는 외국투자은행에 돈자리를 두어야 한다. 외화관리기관의 승인을 받아 다른 나라에 있는 은행에도 돈자리를 둘 수 있다.

제18조【재정회계】외국인기업은 재정회계문건을 기업에 두어야 한다. 기업의 재정관리와 회계는 외국인투자기업에 적용하는 재정회계법규에 따라 한다.

제19조【로력의 채용】외국인기업은 종업원을 우리 나라 로력으로 채용하여야 한다. 일부 관리인원과 특수한 직종의 기술자, 기능공은 투자관리기관에 통지하고 다른 나라 로력으로 채용할 수 있다.

제20조【직업동맹조직】외국인기업에서 일하는 종업원들은 직업동맹조직을 내올 수 있다. 직업동맹조직은 종업원들의 권리와 리익을 보호하며 외국인기업과 로동조건보장과 관련한 계약을 맺고 그 리행을 감독한다. 외국인기업은 직업동맹조직의 활동조건을 보장하여야 한다.

제21조【리윤의 재투자와 국외송금】외국인기업은 기업운영에서 얻은 합법적 리윤을 재투자할 수 있으며 외화관리와 관련한 법규에 따라 우리 나라 령역 밖으로 송금할 수 있다.

제22조【보험가입】외국인기업은 보험에 드는 경우 우리 나라에 있는 보험회사에 들어야 한다.

제23조【세금의 납부】외국인기업은 정해진 세금을 납부하여야 한다. 장려부문의 외국인기업은 일정한 기간 기업소득세를 감면받을 수 있다.

제24조【관세의 면제】외국인기업이 생산과 경영활동에 필요한 물자를 들여오거나 생산한 제품을 내가는 경우에는 그에 대하여 관세를 적용하지 않는다.

제25조【등록자본】외국인기업은 등록자본을 늘일 수 있다. 등록자본은 존속기간 안에 줄일 수 없다.

제26조【투자 및 세금납부정형의 료해】투자관리기관과 해당 재정기관은 외국인기

업의 투자 및 세금납부정형을 료해할 수 있다.

제4장 외국인기업의 해산과 분쟁해결

제27조【기업의 해산 및 존속기간연장】외국인기업은 존속기간이 끝나면 해산된
다. 존속기간이 끝나기 전에 기업을 해산하거나 그 기간을 연장하려 할 경우에
는 투자관리기관의 승인을 받는다.

제28조【제재】이 법을 위반하였을 경우에는 정상에 따라 벌금부과, 영업중지,
기업해산 같은 제재를 준다.

제29조【기업의 해산 및 파산등록과 재산처리】외국인기업은 해산되거나 파산되는
경우 투자관리기관에 기업의 해산 또는 파산신청을 하여야 한다. 외국인기업의
재산은 청산수속이 끝나기 전에 마음대로 처리할 수 없다.

제30조【분쟁해결】외국인기업과 관련한 의견상이는 협의의 방법으로 해결한다.
협의의 방법으로 해결할 수 없을 경우에는 조정, 중재, 재판의 방법으로 해결한다.

경제개발구법

주체102(2013)년 5월 29일 최고인민회의 상임위원회 정령 제3192호로 채택

제1장 경제개발구법의 기본

제1조 【경제개발구법의 사명】 조선민주주의인민공화국 경제개발구법은 경제개발구의 창설과 개발, 관리에서 제도와 질서를 바로세우고 대외경제협력과 교류를 발전시켜 나라의 경제를 발전시키고 인민생활을 높이는 데 이바지한다.

제2조 【경제개발구의 정의와 류형】 경제개발구는 국가가 특별히 정한 법규에 따라 경제활동에 특혜가 보장되는 특수경제지대이다. 경제개발구에는 공업개발구, 농업개발구, 관광개발구, 수출가공구, 첨단기술개발구 같은 경제 및 과학기술분야의 개발구들이 속한다.

제3조 【관리소속에 따르는 경제개발구의 구분】 국가는 경제개발구를 관리소속에 따라 지방급경제개발구와 중앙급경제개발구로 구분하여 관리하도록 한다. 경제개발구의 명칭과 소속을 정하는 사업은 비상설국가심의위원회가 한다.

제4조 【경제개발구의 창설사업주관기관】 조선민주주의인민공화국에서 경제개발구의 창설과 관련한 실무사업은 중앙특수경제지대지도기관이 통일적으로 맡아 한다. 국가는 경제개발구의 창설과 관련하여 대내외적으로 제기되는 문제들을 중앙특수경제지대지도기관에 집중시켜 처리하도록 한다.

제5조 【투자가에 대한 특혜】 다른 나라의 법인, 개인과 경제조직, 해외동포는 경제개발구에 투자할 수 있으며 기업, 지사, 사무소 같은 것을 설립하고 경제활동을 자유롭게 할 수 있다. 국가는 투자가에게 토지리용, 로력채용, 세금납부 같은 분야에서 특혜적인 경제활동조건을 보장하도록 한다.

제6조 【투자장려 및 금지, 제한부문】 국가는 경제개발구에서 하부구조건설부문과 첨단과학기술부문, 국제시장에서 경쟁력이 높은 상품을 생산하는 부문의 투자를 특별히 장려한다. 나라의 안전과 주민들의 건강, 건전한 사회도덕생활, 환경보호에 저해를 주거나 경제기술적으로 뒤떨어진 대상의 투자와 경제활동은 금지 또는 제한한다.

제7조 【투자가의 권리와 리익보호】경제개발구에서 투자가에게 부여된 권리, 투자 재산과 합법적인 소득은 법적보호를 받는다. 국가는 투자가의 재산을 국유화하거나 거두어들이지 않으며 사회공공의 리익과 관련하여 부득이하게 투자가의 재산을 거두어들이거나 일시 리용하려 할 경우에는 사전에 통지하며 그 가치를 제때에 충분히 보상하도록 한다.

제8조 【신변안전의 보장】경제개발구에서 개인의 신변안전은 조선민주주의인민공화국의 법에 따라 보호된다. 법에 근거하지 않고는 구속, 체포하지 않으며 거주 장소를 수색하지 않는다. 신변안전과 관련하여 우리 나라와 해당 나라 사이에 체결된 조약이 있을 경우에는 그에 따른다.

제9조 【적용법규】경제개발구의 개발과 관리, 기업운영같은 경제활동에는 이 법과 이 법에 따르는 시행규정, 세칙을 적용한다.

제2장 경제개발구의 창설

제10조 【경제개발구의 창설근거】경제개발구의 창설은 국가의 경제발전전략에 따라 한다.

제11조 【경제개발구의 지역선정원칙】경제개발구의 지역선정원칙은 다음과 같다.

　1. 대외경제협력과 교류에 유리한 지역

　2. 나라의 경제 및 과학기술발전에 이바지할 수 있는 지역

　3. 주민지역과 일정하게 떨어진 지역

　4. 국가가 정한 보호구역을 침해하지 않는 지역

제12조 【경제개발구와 관련하여 제기된 문제의 처리】기관, 기업소, 단체는 다른 나라 투자가로부터 경제개발구의 창설, 개발과 관련한 문제를 제기받았을 경우 중앙특수경제지대지도기관에 제기된 내용을 문건으로 넘겨주어야 한다. 중앙특수경제지대지도기관은 제기받은 문건을 구체적으로 검토, 확인하고 처리하여야 한다.

제13조 【해당 나라 정부의 승인과 그 정형통지】다른 나라 투자가는 경제개발구에 투자하려 할 경우 자기 나라 정부의 사전승인을 받으며 그 정형을 우리 나라 해당 기관에 문건으로 통지하여야 한다. 자기 나라의 법에 따라 정부승인을 받

을 필요가 없을 경우에는 승인통지를 하지 않는다.

제14조【지방급경제개발구의 창설신청문건제출】지방급경제재발구의 창설신청문건
은 해당 도(직할시)인민위원회가 중앙특수경제지대지도기관에 낸다. 이 경우
도(직할시)안의 해당 기관들과 합의한 문건을 함께 낸다.

제15조【중앙급경제개발구의 창설신청문건제출】중앙급경제개발구의 창설신청문건
은 정해진 절차에 따라 해당 기관이 작성하여 중앙특수경제지대지도기관에 낸
다. 이 경우 해당 기관들과 합의한 문건을 함께 낸다.

제16조【련관기관들과의 합의】중앙특수경제지대지도기관은 경제개발구의 창설심
의문건을 비상설국가심의위원회에 제기하기 전에 련관중앙기관들과 충분히 합
의하여야 한다.

제17조【경제개발구의 창설승인】경제개발구의 창설승인은 비상설국가심의위원회
가 한다. 중앙특수경제지대지도기관은 창설심의문건을 비상설국가심의위원회에
제기할 경우 련관중앙기관들과 합의한 문건을 함께 제출하여야 한다.

제18조【경제개발구의 창설공포】경제개발구를 내오는 국가의 결정을 공포하는
사업은 최고인민회의 상임위원회가 한다.

제3장 경제개발구의 개발

제19조【경제개발구의 개발원칙】경제개발구의 개발원칙은 다음과 같다.
 1. 계획에 따라 단계별로 개발하는 원칙
 2. 투자유치를 다각화하는 원칙
 3. 경제개발구와 그 주변의 자연생태환경을 보호하는 원칙
 4. 토지와 자원을 합리적으로 리용하는 원칙
 5. 생산과 봉사의 국제경쟁력을 높이는 원칙
 6. 경제활동의 편의와 사회공공의 리익을 다같이 보장하는 원칙
 7. 해당 경제개발구의 지속적이고 균형적인 발전을 보장하는 원칙

제20조【개발당사자】다른 나라 투자가는 승인을 받아 경제개발구를 단독 또는
공동으로 개발할 수 있다. 우리 나라의 기관, 기업소도 승인을 받아 경제개발구
를 개발할 수 있다.

제21조【개발기업에 대한 승인】개발기업에 대한 승인은 중앙특수경제지대지도기
관이 한다. 중앙특수경제지대지도기관은 개발기업을 등록하고 개발사업권승인
증서를 발급하여야 한다.

제22조【개발계획의 작성과 승인】경제개발구의 개발총계획과 세부계획은 지역국
토건설총계획에 기초하여 해당 기관 또는 개발기업이 작성한다. 개발총계획의
승인은 내각이 하며 세부계획의 승인은 중앙특수경제지대지도기관이 한다. 개
발계획의 변경승인은 해당 계획을 승인한 기관이 한다.

제23조【개발방식】경제개발구의 개발방식은 해당 경제개발구의 특성과 개발조건
에 맞으며 나라의 경제발전에 이바지할 수 있는 합리적인 방식으로 정할 수 있다.

제24조【토지임대차계약】개발기업은 토지를 임대하려는 경우 해당 국토관리기관
과 토지임대차계약을 맺어야 한다. 토지임대차계약에서는 임대기간, 면적과 구
획, 용도, 임대료의 지불기관과 지불방법, 그밖의 필요한 사항을 정한다. 해당
국토관리기관은 토지임대차계약에 따라 토지임대료를 지불한 기업에 토지리용
증을 발급하여야 한다.

제25조【토지임대기간 및 임대기간연장】경제개발구의 토지임대기간은 최고 50년
까지로 하며 토지임대기간은 해당 기업에 토지리용증을 발급한 날부터 계산한
다. 토지임대기간이 끝난 기업은 필요에 따라 계약을 다시 맺고 임대받았던 토
지를 계속 리용할 수 있다.

제26조【토지리용권의 출자】기관, 기업소, 단체는 다른 나라 투자가와 함께 개발
기업을 설립하는 경우 정해진 데 따라 토지리용권을 출자할 수 있다.

제27조【건물, 부착물의 철거와 이설비용부담】경제개발구에서 개발구역 안에 있는
건물과 부착물의 철거, 이설과 주민이주에 드는 비용은 개발기업이 부담한다.

제28조【하부구조 및 공공시설건설】경제개발구의 하부구조와 공공시설건설은 개
발기업이 한다. 개발기업은 정해진데 따라 하부구조, 공공시설건설을 다른 기업
을 인입하여 할 수 있다.

제29조【토지리용권과 건물의 매매, 재임대가격】기업은 토지리용권과 건물소유권
을 매매, 재임대, 증여, 상속하거나 저당할 수 있다. 개발한 토지의 리용권과 건
물의 매매, 재임대 가격은 개발기업이 정한다.

제30조【토지리용권, 건물소유권의 등록】기업은 토지리용권 또는 건물소유권을

취득하였을 경우 관리기관에 등록하고 해당 증서를 발급받아야 한다. 토지리용권, 건물소유권이 변경되었을 경우에는 변경등록을 하고 해당 증서를 다시 발급받아야 한다.

제4장 경제개발구의 관리

제31조【경제개발구관리기관】 경제개발구의 관리는 중앙특수경제지대지도기관과 해당 도(직할시)인민위원회의 지도방조 밑에 경제개발구관리기관이 한다. 관리기관은 해당 경제개발구의 실정에 맞게 관리위원회, 관리사무소 같은 명칭으로 조직할 수 있다.

제32조【경제개발구의 관리원칙】 경제개발구의 관리원칙은 다음과 같다.

1. 법규의 엄격한 준수와 집행
2. 기업의 독자성보장
3. 경제활동에 대한 특혜제공
4. 국제관례의 참고

제33조【중앙특수경제지대지도기관의 사업내용】 중앙특수경제지대지도기관은 다음과 같은 사업을 한다.

1. 경제개발구와 관련한 국가의 발전전략안작성
2. 경제개발구와 관련한 다른 나라 정부들과의 협조 및 투자유치
3. 경제개발구와 관련한 위원회, 성, 중앙기관들과의 사업련계
4. 관리기관의 사업방조
5. 경제개발구기업창설심의기준의 검토승인
6. 경제개발구의 세무관리
7. 이밖에 국가가 위임한 사업

제34조【도(직할시)인민위원회의 사업내용】 도(직할시)인민위원회는 자기 소속의 경제개발구와 관련하여 다음과 같은 사업을 한다.

1. 관리기관의 조직
2. 경제개발구법규의 시행세칙같은 경제개발구사업과 관련한 국가관리문건의 작성 및 시달

3. 관리기관의 사업방조

4. 경제개발구의 관리와 기업에 필요한 로력보장

5. 이밖에 국가가 위임한 사업

제35조【관리기관의 구성과 책임자】관리기관은 해당 경제개발구의 실정과 실리에 맞게 필요한 성원들로 구성하며 책임자는 관리위원회 위원장 또는 관리사무소 소장이다. 책임자는 관리기관을 대표하며 관리기관사업을 주관한다.

제36조【관리기관의 사업내용】관리기관은 다음과 같은 사업을 한다.

1. 경제개발구의 개발, 관리에 필요한 준칙작성

2. 투자환경의 조성과 투자유치

3. 기업의 창설승인과 등록, 영업허가

4. 대상건설허가와 준공검사

5. 대상건설설계문건의 보관

6. 토지리용권, 건물소유권의 등록

7. 기업의 경영활동협조

8. 하부구조와 공공시설의 건설, 경영에 대한 감독 및 협조

9. 환경보호와 소방대책

10. 관리기관의 규약작성

11. 이밖에 중앙특수경제지대지도기관 도(직할시)인민위원회가 위임하는 사업

제37조【관리기관의 예산편성과 집행】관리기관은 자체예산을 편성하고 집행하여야 한다. 이 경우 정해진데 따라 예산편성 및 집행정형과 관련한 문건을 해당 인민위원회 또는 중앙특수경제지대지도기관에 낸다.

제5장 경제개발구에서의 경제활동

제38조【기업의 창설신청】경제개발구에 기업을 창설하려는 투자가는 관리기관에 기업창설신청문건을 내야 한다. 관리기관은 기업창설신청문건을 받은 날부터 10일 안으로 기업창설을 승인하거나 부결하며 그 결과를 신청자에게 알려주어야 한다.

제39조【수속정차의 간소화】중앙특수경제지대지도기관과 해당 도(직할시)인민위

원회, 관리기관은 기업창설과 관련한 신청, 심의, 승인, 등록 같은 수속절차를 간소화하여야 한다.

제40조【기업등록과 법인자격】기업창설승인을 받은 기업은 정해진 기일 안에 창설등록, 주소등록, 세관등록, 세무등록을 하여야 한다. 기업은 관리기관에 창설등록을 한 날부터 우리 나라 법인으로 된다. 그러나 다른 나라 기업의 지사, 사무소는 우리 나라 법인으로 되지 않는다.

제41조【로력의 채용】경제개발구의 기업은 우리 나라 로력을 우선적으로 채용하여야 한다. 이 경우 해당 로동행정기관에 로력채용신청문건을 내고 로력을 보장받아야 한다. 필요에 따라 다른 나라 로력을 채용하려 할 경우에는 관리기관과 합의하여야 한다.

제42조【종업원 월로임최저기준의 제정】경제개발구종업원의 월로임최저기준은 중앙특수경제지대지도기관이 정한다. 이 경우 관리기관 또는 해당 도(직할시)인민위원회와 협의한다.

제43조【상품, 봉사의 가격】경제개발구에서는 기업들 사이에 거래되는 상품가격, 봉사가격, 경제개발구안의 기업과 개발구 밖의 우리 나라 기관, 기업소, 단체 사이에 거래되는 상품가격은 국제시장가격에 따라 당사자들이 협의하여 정한다.

제44조【기업의 회계】경제개발구에서 기업의 회계계산과 결산은 경제개발구에 적용하는 재정회계관련법규에 준하여 한다. 재정회계관련법규에서 정하지 않은 사항은 국제적으로 인정되는 회계관습에 따른다.

제45조【기업소득세률】경제개발구에서 기업소득세률은 결산리윤의 14%로, 장려하는 부문의 기업소득세률은 결산리윤의 10%로 한다.

제46조【류통화폐와 결제화폐】경제개발구에서 류통화폐와 결제화폐는 조선원 또는 정해진 화폐로 한다.

제47조【외화, 리윤, 재산의 반출입】경제개발구에서는 외화를 자유롭게 반출입할 수 있으며 합법적인 리윤과 기타 소득을 제한 없이 경제개발구밖으로 송금할 수 있다. 경제개발구에 들여왔던 재산과 합법적으로 취득한 재산은 경제개발구 밖으로 내갈 수 있다.

제48조【지적소유권의 보호】경제개발구에서 지적소유권은 법적 보호를 받는다. 지적소유권의 등록, 리용, 보호와 관련한 질서는 해당 법규에 따른다.

제49조 【관광업】 경제개발구에서는 해당 지역의 자연풍치와 환경, 특성에 맞는 관광자원을 개발하여 국제관광을 발전시키도록 한다. 투자가는 정해진 데 따라 관광업을 할 수 있다.

제50조 【인원, 운수수단의 출입과 물자의 반출입조건보장】 통행검사, 세관, 검역기관과 해당 기관은 경제개발구의 개발과 관리, 투자가의 경제활동에 지장이 없도록 인원, 운수수단의 출입과 물자의 반출입을 보장하여야 한다.

제51조 【유가증권거래】 경제개발구에서 외국인투자기업과 외국인은 정해진 데 따라 유가증권을 거래할 수 있다.

제6장 장려 및 특혜

제52조 【토지리용과 관련한 특혜】 경제개발구에서 기업용토지는 실지수요에 따라 먼저 제공되며 토지의 사용분야와 용도에 따라 임대기간, 임대료, 납부방법에서 서로 다른 특혜를 준다. 하부구조시설과 공공시설, 장려부문에 투자하는 기업에 대하여서는 토지위치의 선택에서 우선권을 주며 정해진 기간에 해당한 토지사용료를 면제하여 줄 수 있다.

제53조 【기업소득세의 감면】 경제개발구에서 10년 이상 운영하는 기업에 대하여서는 기업소득세를 덜어주거나 면제하여 준다. 기업소득세의 감면기간, 감세률과 감면기간의 계산시점은 규정으로 정한다.

제54조 【재투자분에 해당한 소득세반환특혜】 투자가가 리윤을 재투자하여 등록자본을 늘이거나 새로운 기업을 창설하여 5년 이상 운영할 경우에는 재투자분에 해당한 기업소득세액의 50%를 돌려준다. 하부구조건설부문에 재투자할 경우에는 납부한 재투자분에 해당한 기업소득세액의 전부를 돌려준다.

제55조 【개발기업에 대한 특혜】 경제개발구에서 개발기업은 관광업, 호텔업 같은 대상의 경영권취득에서 우선권을 가진다. 개발기업의 재산과 하부구조시설, 공공시설운영에는 세금을 부과하지 않는다.

제56조 【특혜관세제도와 관세면제대상】 경제개발구에서는 특혜관세제도를 실시한다. 경제개발구건설용물자와 가공무역, 중계무역, 보상무역을 목적으로 들여오는 물자, 기업의 생산 또는 경영용물자와 생산한 수출상품, 투자자가 쓸 생활용

품, 그밖에 국가가 정한 물자에는 관세를 부과하지 않는다.

제57조 【물자의 반출입신고제】 경제개발구에서 물자의 반출입은 신고제로 한다. 물자를 반출입하려 할 경우에는 물자반출입신고서를 작성하여 해당 세관에 낸다.

제58조 【통신보장】 경제개발구에서는 우편, 전화, 팍스 같은 통신수단리용에서 편의를 제공한다.

제7장 신소 및 분쟁해결

제59조 【신소와 그 처리】 경제개발구에서 개인 또는 기업은 관리기관, 중앙특수경제지대지도기관, 해당 기관에 신소할 수 있다. 신소를 받은 기관은 30일 안에 료해처리하고 그 결과를 신소자에게 알려주어야 한다.

제60조 【조정에 의한 분쟁해결】 경제개발구에서 당사자들은 조정의 방법으로 분쟁을 해결할 수 있다. 조정안은 분쟁당사자들의 의사에 기초하여 작성하며 분쟁당사자들이 수표하여야 효력을 가진다.

제61조 【국제중재에 의한 분쟁해결】 분쟁당사자들은 중재합의에 따라 우리 나라 또는 다른 나라 국제중재기관에 중재를 제기하여 분쟁을 해결할 수 있다. 중재절차는 해당 국제중재위원회의 중재규칙에 따른다.

제62조 【재판에 의한 분쟁해결】 분쟁당사자들은 해당 경제개발구를 관할하는 도(직할시)재판소 또는 최고재판소에 소송을 제기하여 분쟁을 해결할 수 있다.

부 칙

제1조 【법의 시행일】 이 법은 채택한 날부터 시행한다.

제2조 【적용제한】 라선경제무역지대와 황금평, 위화도경제지대, 개성공업지구와 금강산국제관광특구에는 이 법을 적용하지 않는다.

라선경제무역지대법

주체82(1993)년 1월 31일 최고인민회의 상설회의 결정 제28호로 채택
주체88(1999)년 2월 26일 최고인민회의 상임위원회 정령 제484호로 수정보충
주체91(2002)년 11월 7일 최고인민회의 상임위원회 정령 제3400호로 수정
주체94(2005)년 4월 19일 최고인민회의 상임위원회 정령 제1083호로 수정보충
주체96(2007)년 9월 26일 최고인민회의 상임위원회 정령 제2367호로 수정보충
주체99(2010)년 1월 27일 최고인민회의 상임위원회 정령 제583호로 수정보충
주체100(2011)년 12월 3일 최고인민회의 상임위원회 정령 제2007호로 수정보충

제1장 라선경제무역지대법의 기본

제1조 【라선경제무역지대법의 사명】 조선민주주의인민공화국 라선경제무역지대법은 경제무역지대의 개발과 관리에서 제도와 질서를 바로세워 라선경제무역지대를 국제적인 중계수송, 무역 및 투자, 금융, 관광, 봉사지역으로 발전시키는 데이바지한다.

제2조 【라선경제무역지대의 지위】 라선경제무역지대는 경제분야에서 특혜정책이 실시되는 조선민주주의인민공화국의 특수경제지대이다.

제3조 【산업구의 건설】 국가는 경제무역지대에 첨단기술산업, 국제물류업, 장비제조업, 1차가공공업, 경공업, 봉사업, 현대농업을 기본으로 하는 산업구들을 계획적으로 건설하도록 한다.

제4조 【투자당사자】 경제무역지대에는 세계 여러 나라의 법인이나 개인, 경제조직이 투자할 수 있다. 우리 나라 령역 밖에 거주하고있는 조선동포도 이 법에 따라 경제무역지대에 투자할 수 있다.

제5조 【경제활동조건보장의 원칙】 투자가는 경제무역지대에 회사, 지사, 사무소 같은 것을 설립하고 경제활동을 자유롭게 할 수 있다. 국가는 토지리용, 로력채용, 세금납부, 시장진출 같은 분야에서 투자가에게 특혜적인 경제활동조건을 보장하도록 한다.

제6조 【투자장려 및 금지, 제한부문】 국가는 경제무역지대에서 하부구조건설부문과 첨단과학기술부문, 국제시장에서 경쟁력이 높은 상품을 생산하는 부문의 투

자를 특별히 장려한다. 나라의 안전과 주민들의 건강, 건전한 사회도덕생활에 저해를 줄 수 있는 대상, 환경보호와 동식물의 생장에 해를 줄수 있는 대상, 경제기술적으로 뒤떨어진 대상의 투자는 금지 또는 제한한다.

제7조【투자가의 재산과 리익, 권리보호원칙】경제무역지대에서 투자가의 재산과 합법적인 소득, 그에게 부여된 권리는 법적으로 보호된다. 국가는 투자가의 재산을 국유화하거나 거두어들이지 않는다. 사회공공의 리익과 관련하여 부득이하게 투자가의 재산을 거두어들이거나 일시 리용하려 할 경우에는 사전에 통지하고 해당한 법적절차를 거치며 차별 없이 그 가치를 제때에 충분하고 효과 있게 보상하여주도록 한다.

제8조【경제무역지대관리운영의 담당자, 관리위원회사업에 대한 관여금지원칙】경제무역지대에서 산업구와 정해진 지역의 관리운영은 중앙특수경제지대지도기관과 라선시인민위원회의 지도와 방조 밑에 관리위원회가 맡아한다. 이 법에서 정한 경우를 제외하고 다른 기관은 관리위원회의 사업에 관여할 수 없다.

제9조【신변안전과 인권의 보장, 비법구속과 체포금지】경제무역지대에서 공민의 신변안전과 인권은 법에 따라 보호된다. 법에 근거하지 않고는 구속, 체포하지 않으며 거주장소를 수색하지 않는다. 신변안전 및 형사사건과 관련하여 우리 나라와 해당 나라 사이에 체결된 조약이 있을 경우에는 그에 따른다.

제10조【적용법규】경제무역지대의 개발과 관리, 기업운영 같은 경제활동에는 이 법과 이 법 시행을 위한 규정, 세칙, 준칙을 적용한다. 경제무역지대의 법규가 우리 나라와 다른 나라 사이에 체결된 협정, 량해문, 합의서 같은 조약의 내용과 다를 경우에는 조약을 우선 적용하며 경제무역지대 밖에 적용하는 법규의 내용과 다를 경우에는 경제무역지대법규를 우선 적용한다.

제2장 경제무역지대의 개발

제11조【개발원칙】경제무역지대의 개발원칙은 다음과 같다.

1. 경제무역지대와 그 주변의 자연지리적 조건, 자원, 생산요소의 비교우세보장
2. 토지, 자원의 절약과 합리적인 리용
3. 경제무역지대와 그 주변의 생태환경보호
4. 생산과 봉사의 국제적인 경쟁력 제고

5. 무역, 투자 같은 경제활동의 편의보장

6. 사회공공의 리익보장

7. 지속적이고 균형적인 경제발전의 보장

제12조【개발계획과 그 변경】경제무역지대의 개발은 승인된 개발계획에 따라 한다. 개발계획에는 개발총계획, 지구개발계획, 세부계획 같은 것이 속한다. 개발계획의 변경승인은 해당 개발계획을 승인한 기관이 한다.

제13조【경제무역지대의 개발방식】경제무역지대는 일정한 면적의 토지를 기업이 종합적으로 개발하고 경영하는 방식, 기업에게 하부구조 및 공공시설의 건설과 관리, 경영권을 특별히 허가해주어 개발하는 방식, 개발당사자들사이에 합의한 방식 같은 여러가지 방식으로 개발할 수 있다. 개발기업은 하부구조 및 공공시설건설을 다른 기업을 인입하여 할 수도 있다.

제14조【개발기업에 대한 승인】경제무역지대의 개발기업에 대한 승인은 중앙특수경제지대지도기관이 관리위원회 또는 라선시인민위원회를 통하여 개발기업에게 개발사업권승인증서를 발급하는 방법으로 한다. 개발기업의 위임, 개발사업권승인증서의 발급신청은 관리위원회 또는 라선시인민위원회가 한다.

제15조【토지종합개발경영과 관련한 토지임대차계약】토지종합개발경영방식으로 개발하는 경우 개발기업은 국토관리기관과 토지임대차계약을 맺어야 한다. 토지임대차계약에서는 임대기간, 면적, 구획, 용도, 임대료의 지불기간과 지불방식, 그밖의 필요한 사항을 정한다. 국토관리기관은 토지임대료를 지불한 개발기업에게 토지리용증을 발급해주어야 한다.

제16조【토지임대기간】경제무역지대에서 토지임대기간은 해당 기업에게 토지리용증을 발급한 날부터 50년까지로 한다. 경제무역지대안의 기업은 토지임대기간이 끝난 다음 계약을 다시 맺고 임대받은 토지를 계속 리용할 수 있다.

제17조【부동산의 취득과 해당 증서의 발급】경제무역지대에서 기업은 규정에 따라 토지리용권, 건물소유권을 취득할 수 있다. 이 경우 해당 기관은 토지리용증 또는 건물소유권등록증을 발급하여 준다.

제18조【토지리용권과 건물의 양도와 임대가격】개발기업은 개발계획과 하부구조건설이 진척되는데 따라 개발한 토지와 건물을 양도, 임대할 권리를 가진다. 이 경우 양도, 임대가격은 개발기업이 정한다.

제19조【토지리용권, 건물소유권의 변경과 그 등록】경제무역지대에서 기업은 유효기간 안에 토지리용권과 건물소유권을 매매, 교환, 증여, 상속의 방법으로 양도하거나 임대, 저당할 수 있다. 이 경우 토지리용권, 건물소유권의 변경등록을 하고 토지리용증 또는 건물소유권등록증을 다시 발급받아야 한다.

제20조【건물, 부착물의 철거와 이설】철거, 이설을 맡은 기관, 기업소는 개발공사에 지장이 없도록 개발지역안의 공공건물과 살림집, 부착물 같은 것을 철거, 이설하고 주민을 이주시켜야 한다.

제21조【개발공사착수시점과 계획적인 개발】개발기업은 개발구역안의 건물과 부착물의 철거, 이설사업이 끝나는 차제로 개발공사에 착수하여야 한다.

제22조【농업토지, 산림토지, 수역토지의 개발리용】경제무역지대에서 투자가는 도급생산방식으로 농업토지, 산림토지, 수역토지를 개발리용할 수 있다. 이 경우 해당 기관과 계약을 맺어야 한다.

제3장 경제무역지대의 관리

제23조【경제무역지대의 관리원칙】경제무역지대의 관리원칙은 다음과 같다.
  1. 법규의 엄격한 준수와 집행
  2. 관리위원회와 기업의 독자성보장
  3. 무역과 투자활동에 대한 특혜제공
  4. 경제발전의 객관적법칙과 시장원리의 준수
  5. 국제관례의 참고

제24조【관리위원회의 설립, 지위】경제무역지대의 관리운영을 위하여 관리위원회를 내온다. 관리위원회는 산업구와 정해진 지역의 관리운영을 맡아하는 현지관리기관이다.

제25조【관리위원회의 구성】관리위원회는 위원장, 부위원장, 서기장과 필요한 성원들로 구성한다. 관리위원회에는 경제무역지대의 개발과 관리에 필요한 부서를 둔다.

제26조【관리위원회의 책임자】관리위원회의 책임자는 위원장이다. 위원장은 관리위원회를 대표하며 관리위원회의 사업을 주관한다.

제27조 【관리위원회의 사업내용】 관리위원회는 자기의 관할범위에서 다음과 같은
　　사업을 한다.
　　1. 경제무역지대의 개발과 관리에 필요한 준칙작성
　　2. 투자환경의 조성과 투자유치
　　3. 기업의 창설승인과 등록, 영업허가
　　4. 투자장려, 제한, 금지목록의 공포
　　5. 대상건설허가와 준공검사
　　6. 대상설계문건의 보관
　　7. 독자적인 재정관리체계의 수립
　　8. 토지리용권, 건물소유권의 등록
　　9. 위임받은 재산의 관리
　　10. 기업의 경영활동협조
　　11. 하부구조 및 공공시설의 건설, 경영에 대한 감독 및 협조
　　12. 관할지역의 환경보호와 소방대책
　　13. 인원, 운수수단의 출입과 물자의 반출입에 대한 협조
　　14. 관리위원회의 규약작성
　　15. 이밖에 경제무역지대의 개발, 관리와 관련하여 중앙특수경제지대지도기관
　　　　과 라선시인민위원회가 위임하는 사업
제28조 【관리위원회의 사무소설치】 관리위원회는 필요에 따라 사무소 같은 것을
　　둘수 있다. 사무소는 관리위원회가 위임한 권한의 범위 안에서 사업을 한다.
제29조 【사업계획과 통계자료의 제출】 관리위원회는 해마다 사업계획과 산업구와
　　정해진 지역의 통계자료를 중앙특수경제지대지도기관과 라선시인민위원회에
　　내야 한다.
제30조 【라선시인민위원회의 사업내용】 라선시인민위원회는 경제무역지대의 개발,
　　관리와 관련하여 다음과 같은 사업을 한다.
　　1. 경제무역지대법과 규정의 시행세칙 작성
　　2. 경제무역지대의 개발과 기업활동에 필요한 로력보장
　　3. 이밖에 경제무역지대의 개발, 관리와 관련하여 중앙특수경제지대지도기관이
　　　　위임한 사업

제31조【중앙특수경제지대지도기관의 사업내용】중앙특수경제지대지도기관은 다음
과 같은 사업을 한다.

1. 경제무역지대의 발전전략 작성
2. 경제무역지대의 개발, 건설과 관련한 국내기관들과의 사업련계
3. 다른 나라 정부들과의 협조 및 련계
4. 기업창설심의기준의 승인
5. 경제무역지대에 투자할 국내기업의 선정
6. 경제무역지대생산품의 지대 밖 국내판매협조

제32조【예산의 편성과 집행】관리위원회는 예산을 편성하고 집행한다. 이 경우
예산작성 및 집행정형과 관련한 문건을 중앙특수경제지대지도기관과 라선시인
민위원회에 내야 한다.

제33조【관리위원회사업에 대한 협조】중앙특수경제지대지도기관과 라선시인민위
원회는 관리위원회의 사업을 적극 도와주어야 한다.

제34조【자문위원회의 운영】경제무역지대에서는 지대의 개발과 관리운영, 기업경
영에서 제기되는 문제를 협의, 조정하기 위한 자문위원회를 운영할 수 있다. 자
문위원회는 라선시인민위원회와 관리위원회의 해당 성원, 주요기업의 대표들로
구성한다.

제35조【원산지관리】경제무역지대에서 원산지관리사업은 원산지관리기관이 한
다. 원산지관리기관은 상품의 원산지관리사업을 경제무역지대법규와 국제관례
에 맞게 하여야 한다.

제4장 기업창설 및 경제무역활동

제36조【심의, 승인절차의 간소화】경제무역지대에서는 통일적이며 집중적인 처리
방법으로 경제무역활동과 관련한 각종 심의, 승인절차를 간소화하도록 한다.

제37조【기업의 창설신청】투자가는 산업구에 기업을 창설하려 할 경우 관리위원회
에, 산업구 밖에 기업을 창설하려 할 경우 라선시인민위원회에 기업창설신청문건을
내야 한다. 관리위원회 또는 라선시인민위원회는 기업창설신청문건을 받은 날부터
10일 안으로 승인하거나 부결하고 그 결과를 신청자에게 알려주어야 한다.

제38조【기업의 등록, 법인자격】기업창설승인을 받은 기업은 정해진 기일 안에 기업등록, 세관등록, 세무등록을 하여야 한다. 등록된 기업은 우리 나라 법인으로 된다.

제39조【지사, 사무소의 설립과 등록】경제무역지대에 지사, 사무소를 설립하려 할 경우에는 정해진데 따라 라선시인민위원회 또는 관리위원회의 승인을 받고 해당한 등록수속을 하여야 한다.

제40조【기업의 권리】경제무역지대에서 기업은 경영 및 관리질서와 생산계획, 판매계획, 재정계획을 세울 권리, 로력채용, 로임기준과 지불형식, 생산물의 가격, 리윤의 분배방안을 독자적으로 결정할 권리를 가진다. 기업의 경영활동에 대한 비법적인 간섭은 할 수 없으며 법규에 정해지지 않은 비용을 징수하거나 의무를 지울 수 없다.

제41조【기업의 업종 및 변경승인】기업은 승인받은 업종범위 안에서 경영활동을 하여야 한다. 업종을 늘이거나 변경하려 할 경우에는 승인을 다시 받아야 한다.

제42조【계약의 중시와 리행】기업은 계약을 중시하고 신용을 지키며 계약을 성실하게 리행하여야 한다. 당사자들은 계약의 체결과 리행에서 평등과 호혜의 원칙을 준수하여야 한다.

제43조【지대 밖 우리 나라 기업과의 경제거래】기업은 계약을 맺고 경제무역지대 밖의 우리 나라 령역에서 경영활동에 필요한 원료, 자재, 물자를 구입하거나 생산한 제품을 판매할 수 있다. 우리 나라 기관, 기업소, 단체에 원료, 자재, 부분품의 가공을 위탁할 수도 있다.

제44조【상품, 봉사의 가격】경제무역지대에서 기업들 사이의 거래되는 상품과 봉사가격, 경제무역지대 안의 기업과 지대 밖의 우리 나라 기관, 기업소, 단체 사이에 거래되는 상품가격은 국제시장가격에 준하여 당사자들이 협의하여 정한다. 식량, 기초식품 같은 중요 대중필수품의 가격과 공공봉사료금은 라선시인민위원회가 정한다. 이 경우 기업에 생긴 손해에 대한 재정적 보상을 한다.

제45조【무역활동】경제무역지대에서 기업은 가공무역, 중계무역, 보상무역 같은 여러 가지 형식의 무역활동을 할 수 있다.

제46조【특별허가경영권】경제무역지대에서는 하부구조시설과 공공시설에 대하여 특별허가대상으로 경영하게 할 수 있다. 특별허가경영권을 가진 기업이 그것을

다른 기업에게 양도하거나 나누어주려 할 경우에는 계약을 맺고 해당 기관의 승인을 받아야 한다.

제47조【자연부원의 개발허용】경제무역지대의 기업은 생산에 필요한 원료, 연료보장을 위하여 해당 기관의 승인을 받아 지대의 자연부원을 개발할 수 있다. 경제무역지대 밖의 자연부원개발은 중앙특수경제지대지도기관을 통하여 한다.

제48조【경제무역지대상품의 구입】경제무역지대 밖의 우리 나라 기관, 기업소, 단체는 계약을 맺고 지대안의 기업이 생산하였거나 판매하는 상품을 구입할 수 있다.

제49조【로력의 채용】기업은 우리 나라의 로력을 우선적으로 채용하여야 한다. 필요에 따라 다른 나라 로력을 채용하려 할 경우에는 라선시인민위원회 또는 관리위원회에 통지하여야 한다.

제50조【월로임최저기준】경제무역지대의 기업에서 일하는 종업원의 월로임최저기준은 라선시인민위원회가 관리위원회와 협의하여 정한다.

제51조【광고사업과 야외광고물의 설치승인】경제무역지대에서는 규정에 따라 광고업과 광고를 할 수 있다. 야외에 광고물을 설치하려 할 경우에는 해당 기관의 승인을 받는다.

제52조【기업의 회계】경제무역지대에서 기업은 회계계산과 결산에 국제적으로 통용되는 회계기준을 적용할 수 있다.

제5장 관세

제53조【특혜관세제도의 실시】경제무역지대에서는 특혜관세제도를 실시한다.

제54조【관세의 면제대상】관세를 면제하는 대상은 다음과 같다.

 1. 경제무역지대의 개발에 필요한 물자
 2. 기업의 생산과 경영에 필요한 수입물자와 생산한 수출상품
 3. 가공무역, 중계무역, 보상무역을 목적으로 경제무역지대에 들여오는 물자
 4. 투자가에게 필요한 사무용품과 생활용품
 5. 통과하는 다른 나라의 화물
 6. 다른 나라 정부, 기관, 기업, 단체 또는 국제기구가 기증하는 물자
 7. 이밖에 따로 정한 물자

제55조【관세면제대상에 관세를 부과하는 경우】무관세상점의 상품을 제외하고 관세면제대상으로 들여온 물자를 경제무역지대 안에서 판매할 경우에는 관세를 부과한다.

제56조【수입원료, 자재와 부분품에 대한 관세부과】기업이 경제무역지대에서 생산한 상품을 수출하지 않고 지대 또는 지대 밖의 우리 나라 기관, 기업소, 단체에 판매할 경우에는 그 상품생산에 쓰인 수입원료, 자재와 부분품에 대하여 관세를 부과시킬 수 있다.

제57조【물자의 반출입신고제】경제무역지대에서 관세면제대상에 속하는 물자의 반출입은 신고제로 한다. 관세면제대상에 속하는 물자를 반출입하려 할 경우에는 반출입신고서를 정확히 작성하여 해당 세관에 내야 한다.

제58조【관세납부문건의 보관기일】기업은 관세납부문건, 세관검사문건, 상품송장 같은 문건을 5년 동안 보관하여야 한다.

제6장 통화 및 금융

제59조【류통화폐와 결제화폐】경제무역지대에서 류통화폐와 결제화폐는 조선원 또는 정해진 화폐로 한다. 조선원에 대한 외화의 환산은 지대외화관리기관이 정한 데 따른다.

제60조【은행의 설립】경제무역지대에서 투자가는 규정에 따라 은행 또는 은행지점을 내오고 은행업무를 할 수 있다.

제61조【기업의 돈자리】기업은 경제무역지대에 설립된 우리 나라 은행이나 외국투자은행에 돈자리를 두어야 한다. 우리 나라 령역 밖의 다른 나라 은행에 돈자리를 두려 할 경우에는 정해진 데 따라 지대외화관리기관 또는 관리위원회의 승인을 받아야 한다.

제62조【자금의 대부】경제무역지대에서 기업은 우리 나라 은행이나 외국의 금융기관으로부터 경제무역활동에 필요한 자금을 대부받을 수 있다. 대부받은 조선원과 외화로 교환한 조선원은 중앙은행이 지정한 은행에 예금하고 써야 한다.

제63조【보험기구의 설립과 보험가입】경제무역지대에서 투자가는 보험회사를, 다른 나라의 보험회사는 지사, 사무소를 설립운영 할 수 있다. 경제무역지대에서

기업과 개인은 우리 나라 령역 안에 있는 보험회사의 보험에 들며 의무보험은 정해진 보험회사의 보험에 들어야 한다.

제64조【유가증권의 거래】외국인투자기업과 외국인은 규정에 따라 경제무역지대에서 유가증권을 거래할 수 있다.

제7장 장려 및 특혜

제65조【소득의 송금, 투자재산의 반출】경제무역지대에서는 합법적인 리윤과 리자, 리익배당금, 임대료, 봉사료, 재산판매수입금 같은 소득을 제한 없이 우리 나라 령역 밖으로 송금할 수 있다. 투자가는 경제무역지대에 들여왔던 재산과 지대에서 합법적으로 취득한 재산을 제한 없이 경제무역지대 밖으로 내갈 수 있다.

제66조【수출입의 장려】경제무역지대의 기업 또는 다른 나라 개인업자는 지대안이나 지대 밖의 기업과 계약을 맺고 상품, 봉사, 기술거래를 할 수 있으며 수출입대리업무도 할 수 있다.

제67조【기업소득세률】경제무역지대에서 기업소득세률은 결산리윤의 14%로 한다. 특별히 장려하는 부문의 기업소득세률은 결산리윤의 10%로 한다.

제68조【기업소득세의 감면】경제무역지대에서 10년 이상 운영하는 정해진 기업에 대하여서는 기업소득세를 면제하거나 감면하여 준다. 기업소득세를 면제 또는 감면하는 기간, 감세률과 감면기간의 계산시점은 해당 규정에서 정한다.

제69조【토지리용과 관련한 특혜】경제무역지대에서 기업용토지는 실지수요에 따라 먼저 제공되며 토지의 사용분야와 용도에 따라 임대기간, 임대료, 납부방법에서 서로 다른 특혜를 준다. 하부구조시설과 공공시설, 특별장려부문에 투자하는 기업에 대하여서는 토지위치의 선택에서 우선권을 주며 정해진 기간에 해당한 토지사용료를 면제하여 줄 수 있다.

제70조【개발기업에 대한 특혜】개발기업은 관광업, 호텔업 같은 대상의 경영권취득에서 우선권을 가진다. 개발기업의 재산과 하부구조시설, 공공시설운영에는 세금을 부과하지 않는다.

제71조【재투자분에 해당한 소득세의 반환】경제무역지대에서 리윤을 재투자하여 등록자본을 늘이거나 새로운 기업을 창설하여 5년 이상 운영할 경우에는 재투

자분에 해당한 기업소득세액의 50%를 돌려준다. 하부구조건설부문에 재투자할 경우에는 납부한 재투자분에 해당한 기업소득세액의 전부를 돌려준다.

제72조 【지적재산권의 보호】 경제무역지대에서 기업과 개인의 지적재산권은 법적 보호를 받는다. 라선시인민위원회는 지적재산권의 등록, 리용, 보호와 관련한 사업체계를 세워야 한다.

제73조 【경영과 관련한 봉사】 경제무역지대에서는 규정에 따라 은행, 보험, 회계, 법률, 계량 같은 경영과 관련한 봉사를 할 수 있다.

제74조 【관광업】 경제무역지대에서는 바다기슭의 솔밭과 백사장, 섬 같은 독특한 자연풍치, 민속문화 같은 유리한 관광자원을 개발하여 국제관광을 널리 조직하도록 한다. 투자가는 규정에 따라 경제무역지대에서 관광업을 할 수 있다.

제75조 【편의보장】 경제무역지대에서는 우편, 전화, 팍스 같은 통신수단을 자유롭게 리용할 수 있다. 거주자, 체류자에게는 교육, 문화, 의료, 체육분야의 편리를 제공한다.

제76조 【물자의 자유로운 반출입】 경제무역지대에는 물자를 자유롭게 들여올수 있으며 그것을 보관, 가공, 조립, 선별, 포장하여 다른 나라로 내갈 수 있다. 그러나 반출입을 금지하는 물자는 들여오거나 내갈 수 없다.

제77조 【인원, 운수수단의 출입과 물자의 반출입조건보장】 통행검사, 세관, 검역기관과 해당 기관은 경제무역지대의 개발과 기업활동에 지장이 없도록 인원, 운수수단의 출입과 물자의 반출입을 신속하고 편리하게 보장하여야 한다.

제78조 【다른 나라 선박과 선원의 출입】 다른 나라 선박과 선원은 경제무역지대의 라진항, 선봉항, 웅상항에 국제적으로 통용되는 자유무역항출입질서에 따라 나들 수 있다.

제79조 【외국인의 출입, 체류, 거주】 외국인은 경제무역지대에 출입, 체류, 거주할 수 있으며 려권 또는 그것을 대신하는 출입증명서를 가지고 정해진 통로로 경제무역지대에 사증 없이 나들 수 있다. 우리 나라의 다른 지역에서 경제무역지대에 출입하는 질서는 따로 정한다.

제8장 신소 및 분쟁해결

제80조【신소와 그 처리】경제무역지대에서 기업 또는 개인은 관리위원회, 라선시 인민위원회, 중앙특수경제지대지도기관과 해당 기관에 신소할 수 있다. 신소를 받은 기관은 30일 안에 료해처리하고 그 결과를 신소자에게 알려주어야 한다.

제81조【조정에 의한 분쟁해결】관리위원회 또는 해당 기관은 분쟁당사자들의 요구에 따라 분쟁을 조정할 수 있다. 이 경우 분쟁당사자들의 의사에 기초하여 조정안을 작성하여야 한다. 조정안은 분쟁당사자들이 수표하여야 효력을 가진다.

제82조【중재에 의한 분쟁해결】분쟁당사자들은 합의에 따라 경제무역지대에 설립된 우리 나라 또는 다른 나라 국제중재기관에 중재를 제기할 수 있다. 중재는 해당 국제중재위원회의 중재규칙에 따른다.

제83조【재판에 의한 분쟁해결】분쟁당사자들은 경제무역지대의 관할재판소에 소송을 제기할 수 있다. 경제무역지대에서의 행정소송절차는 따로 정한다.

부 칙

제1조【법의 시행일】이 법은 공포한 날부터 시행한다.
제2조【법의 해석권】이 법의 해석은 최고인민회의 상임위원회가 한다.

황금평, 위화도경제지대법

주체100(2011)년 12월 3일 최고인민회의 상임위원회 정령 제2006호로 채택

제1장 경제지대법의 기본

제1조 【경제지대법의 사명】 조선민주주의인민공화국 황금평, 위화도경제지대법은 경제지대의 개발과 관리에서 제도와 질서를 바로세워 대외경제협력과 교류를 확대발전시키는 데 이바지한다.

제2조 【경제지대의 지위와 위치】 황금평, 위화도경제지대는 경제분야에서 특혜정책이 실시되는 조선민주주의인민공화국의 특수경제지대이다. 황금평, 위화도경제지대에는 평안북도의 황금평지구와 위화도지구가 속한다.

제3조 【경제지대의 개발과 산업구성】 경제지대의 개발은 지구별, 단계별로 한다. 황금평지구는 정보산업, 경공업, 농업, 상업, 관광업을 기본으로 개발하며 위화도지구는 위화도개발계획에 따라 개발한다.

제4조 【투자당사자】 경제지대에는 세계 여러 나라의 법인이나 개인, 경제조직이 투자할 수 있다. 우리 나라 령역 밖에 거주하고 있는 조선동포도 이 법에 따라 경제지대에 투자할 수 있다.

제5조 【경제활동조건의 보장】 투자가는 경제지대에서 회사, 지사, 사무소 같은 것을 설립하고 기업활동을 자유롭게 할 수 있다. 국가는 토지리용, 로력채용, 세금납부, 시장진출 같은 분야에서 투자가에게 특혜적인 경제활동조건을 보장하도록 한다.

제6조 【투자장려 및 금지, 제한부문】 국가는 경제지대에서 하부구조건설부문과 첨단과학기술부문, 국제시장에서 경쟁력이 높은 상품을 생산하는 부문의 투자를 특별히 장려한다. 나라의 안전과 주민들의 건강, 건전한 사회도덕생활, 환경보호에 저해를 주거나 경제기술적으로 뒤떨어진 대상의 투자와 영업활동은 금지 또는 제한한다.

제7조 【경제지대관리운영의 담당자, 관리위원회사업에 대한 관여금지 원칙】 경제지대의 관리운영은 중앙특수경제지대지도기관과 평안북도인민위원회의 지도와 방

조밑에 관리위원회가 맡아한다. 이 법에서 규정한 경우를 제외하고 다른 기관은 관리위원회의 사업에 관여할 수 없다.

제8조【투자가의 권리와 리익보호】경제지대에서 투자가의 재산과 합법적인 소득, 그에게 부여된 권리는 법에 따라 보호된다. 국가는 투자가의 재산을 국유화하거나 거두어들이지 않는다. 사회공공의 리익과 관련하여 부득이하게 투자가의 재산을 거두어 들이거나 일시 리용하려 할 경우에는 사전에 그에게 통지하고 해당한 법적절차를 거치며 차별 없이 그 가치를 제때에 충분하고 효과있게 보상하여 주도록 한다.

제9조【신변안전과 인권의 보장, 비법구속과 체포금지】경제지대에서 공민의 신변안전과 인권은 법에 따라 보호된다. 법에 근거하지 않고는 구속, 체포하지 않으며 거주장소를 수색하지 않는다. 신변안전 및 형사사건과 관련하여 우리 나라와 해당 나라 사이에 체결된 조약이 있을 경우에는 그에 따른다.

제10조【적용법규】경제지대의 개발과 관리, 기업운영 같은 경제활동에는 이 법과 이 법시행을 위한 규정, 세칙, 준칙을 적용한다. 경제지대의 법규가 우리 나라와 다른 나라 사이에 체결된 협정, 량해문, 합의서 같은 조약의 내용과 다를 경우에는 조약을 우선 적용하며 경제지대 밖에 적용하는 법규의 내용과 다를 경우에는 경제지대법규를 우선 적용한다.

제2장 경제지대의 개발

제11조【경제지대의 개발원칙】경제지대의 개발원칙은 다음과 같다.
 1. 경제지대와 그 주변의 자연지리적 조건과 자원, 생산요소의 비교우세보장
 2. 토지, 자원의 절약과 합리적 리용
 3. 경제지대와 그 주변의 생태환경보호
 4. 생산과 봉사의 국제경쟁력 제고
 5. 무역, 투자 같은 경제활동의 편의보장
 6. 사회공공의 리익보장
 7. 지속적이고 균형적인 경제발전의 보장
제12조【경제지대의 개발계획과 그 변경】경제지대의 개발은 승인된 개발계획에

따라 한다. 개발계획의 변경승인은 해당 개발계획을 승인한 기관이 한다.

제13조【경제지대의 개발방식】경제지대에서 황금평지구는 개발기업이 전체 면적의 토지를 임대받아 종합적으로 개발하고 경영하는 방식으로 개발한다. 위화도지구는 개발당사자들 사이에 합의한 방식으로 개발한다.

제14조【개발기업에 대한 승인】개발기업에 대한 승인은 중앙특수경제지대지도기관이 관리위원회를 통하여 개발기업에게 개발사업권승인증서를 발급하는 방법으로 한다. 개발기업의 위임, 개발사업권승인증서의 발급신청은 관리위원회가 한다.

제15조【토지임대차계약】개발사업권승인증서를 받은 개발기업은 국토관리기관과 토지임대차계약을 맺어야 한다. 토지임대차계약에서는 임대기간, 면적과 구획, 용도, 임대료의 지불기간과 지불방법, 그밖의 필요한 사항을 정한다. 국토관리기관은 토지임대료를 지불한 개발기업에게 토지리용증을 발급하여 준다.

제16조【토지임대기간】경제지대에서 토지임대기간은 해당 기업에게 토지리용증을 발급한 날부터 50년까지로 한다. 지대안의 기업은 토지임대기간이 끝난 다음 계약을 다시 맺고 임대 받은 토지를 계속 리용할 수 있다.

제17조【건물, 부착물의 철거와 이설】철거, 이설을 맡은 기관, 기업소는 개발공사에 지장이 없도록 개발지역 안의 공공건물과 살림집, 부착물 같은 것을 철거, 이설하고 주민을 이주시켜야 한다.

제18조【개발공사의 착수시점】개발기업은 개발구역 안의 건물과 부착물의 철거, 이설사업이 끝나는 차제로 개발공사에 착수하여야 한다.

제19조【하부구조시설 및 공공시설건설】경제지대의 하부구조 및 공공시설건설은 개발기업이 하며 그에 대한 특별허가경영권을 가진다. 개발기업은 하부구조 및 공공시설을 다른 기업을 인입하여 건설할 수 있다.

제20조【토지리용권과 건물의 양도 및 임대가격】개발기업은 개발계획과 하부구조건설이 진척되는 데 따라 개발한 토지와 건물을 양도, 임대할 권리를 가진다. 이 경우 양도, 임대가격은 개발기업이 정한다.

제21조【토지리용권, 건물소유권의 변경과 그 등록】경제지대에서 기업은 유효기간 안에 토지리용권과 건물소유권을 매매, 교환, 증여, 상속의 방법으로 양도하거나 임대, 저당할 수 있다. 이 경우 토지리용권, 건물소유권의 변경등록을 하고 토지리용증 또는 건물소유권등록증을 다시 발급받아야 한다.

제3장 경제지대의 관리

제22조【경제지대의 관리원칙】경제지대의 관리원칙은 다음과 같다.

1. 법규의 엄격한 준수와 집행
2. 관리위원회와 기업의 독자성보장
3. 무역과 투자활동에 대한 특혜제공
4. 경제발전의 객관적 법칙과 시장원리의 준수
5. 국제관례의 참고

제23조【관리위원회의 설립, 지위】경제지대의 관리운영을 위하여 지대에 관리위원회를 설립한다. 관리위원회는 경제지대의 개발과 관리운영을 맡아하는 현지 관리기관이다.

제24조【관리위원회의 구성】관리위원회는 위원장, 부위원장, 서기장과 필요한 성원들로 구성한다. 관리위원회에는 경제지대의 개발과 관리에 필요한 부서를 둔다.

제25조【관리위원회의 책임자】관리위원회의 책임자는 위원장이다. 위원장은 관리위원회를 대표하며 관리위원회의 사업을 주관한다.

제26조【관리위원회의 사업내용】관리위원회는 다음과 같은 사업을 한다.

1. 경제지대의 개발과 관리에 필요한 준칙 작성
2. 투자환경의 조성과 투자유치
3. 기업의 창설승인과 등록, 영업허가
4. 투자장려, 제한, 금지목록의 공포
5. 대상건설허가와 준공검사
6. 대상건설설계문건의 보관
7. 경제지대의 독자적인 재정관리체계수립
8. 토지리용권, 건물소유권의 등록
9. 위임받은 재산의 관리
10. 기업의 경영활동협조
11. 하부구조 및 공공시설의 건설, 경영에 대한 감독 및 협조
12. 경제지대의 환경보호와 소방대책
13. 인원, 운수수단의 출입과 물자의 반출입에 대한 협조

14. 관리위원회의 규약 작성

15. 이밖에 경제지대의 개발, 관리와 관련하여 중앙특수경제지대지도기관과 평안북도인민위원회가 위임하는 사업

제27조【기업책임자회의의 소집】관리위원회는 기업의 대표들이 참가하는 기업책임자회의를 소집할 수 있다. 기업책임자회의에서는 경제지대의 개발과 관리, 기업운영과 관련하여 제기되는 중요문제를 토의한다.

제28조【예산의 편성과 집행】관리위원회는 예산을 편성하고 집행한다. 이 경우 예산편성 및 집행정형과 관련한 문건을 중앙특수경제지대지도기관과 평안북도인민위원회에 내야 한다.

제29조【평안북도인민위원회의 사업내용】평안북도인민위원회는 경제지대와 관련하여 다음과 같은 사업을 한다.

1. 경제지대법과 규정의 시행세칙작성

2. 경제지대개발과 관리, 기업운영에 필요한 로력보장

3. 이밖에 경제지대의 개발, 관리와 관련하여 중앙특수경제지대지도기관이 위임한 사업

제30조【중앙특수경제지대지도기관의 사업내용】중앙특수경제지대지도기관은 다음과 같은 사업을 한다.

1. 경제지대의 발전전략 작성

2. 경제지대의 개발, 건설과 관련한 국내기관들과의 사업련계

3. 다른 나라 정부들과의 협조 및 련계

4. 기업창설심의기준의 승인

5. 경제지대에 투자할 국내기업의 선정

6. 경제지대생산품의 지대 밖 국내판매협조

제31조【사업계획과 통계자료의 제출】관리위원회는 해마다 사업계획과 경제지대의 통계자료를 중앙특수경제 지대지도기관과 평안북도인민위원회에 내야 한다.

제4장 기업의 창설 및 등록, 운영

제32조【기업의 창설신청】경제지대에 기업을 창설하려는 투자가는 관리위원회에

기업창설신청 문건을 내야 한다. 관리위원회는 기업창설신청문건을 받은 날부터 10일 안으로 승인하거나 부결하고 그 결과를 신청자에게 알려주어야 한다.

제33조【기업의 등록, 법인자격】기업창설승인을 받은 기업은 정해진 기일 안에 기업등록, 세관등록, 세무등록을 하여야 한다. 관리위원회에 등록된 기업은 우리 나라 법인으로 된다.

제34조【기업의 권리】경제지대에서 기업은 규약에 따라 경영 및 관리질서와 생산계획, 판매계획, 재정계획을 세울 권리, 로력채용, 로임기준과 지불형식, 생산물의 가격, 리윤의 분배방안을 독자적으로 결정할 권리를 가진다. 기업의 경영활동에 대한 비법적인 간섭은 할 수 없으며 법규에 정해지지 않은 비용을 징수하거나 의무를 지울 수 없다.

제35조【기업의 업종과 그 변경승인】기업은 승인받은 업종범위 안에서 경영활동을 하여야 한다. 업종을 늘이거나 변경하려 할 경우에는 관리위원회의 승인을 받아야 한다.

제36조【로력의 채용】기업은 우리 나라의 로력을 우선적으로 채용하여야 한다. 필요에 따라 다른 나라 로력을 채용하려 할 경우에는 관리위원회에 통지하여야 한다.

제37조【월로임최저기준】경제지대의 기업에서 일하는 종업원의 월로임최저기준은 평안북도인민위원회가 관리위원회와 협의하여 정한다.

제38조【지대 밖의 우리 나라 기업과의 거래】기업은 계약을 맺고 경제지대 밖의 우리 나라 령역에서 경영활동에 필요한 원료, 자재, 물자를 구입하거나 생산한 제품을 판매할 수 있다. 우리 나라 기관, 기업소, 단체에 원료, 자재, 부분품의 가공을 위탁할 수도 있다.

제39조【상품, 봉사의 가격】경제지대에서 기업들 사이에 거래되는 상품과 봉사가격, 경제지대 안의 기업과 지대 밖의 우리 나라 기관, 기업소, 단체 사이에 거래되는 상품의 가격은 국제시장가격에 준하여 당사자들이 협의하여 정한다. 식량, 기초식품 같은 중요 대중필수품의 가격과 공공봉사료금은 평안북도인민위원회가 정한다. 이 경우 기업에 생긴 손해에 대한 재정적 보상을 한다.

제40조【기업의 돈자리】기업은 경제지대에 설립된 우리 나라 은행이나 외국투자은행에 돈자리를 두어야 한다. 우리 나라 령역 밖의 다른 나라 은행에 돈자리

를 두려 할 경우에는 관리위원회의 승인을 받아야 한다. 경제지대에 은행 또는 은행지점을 설립하는 절차는 규정으로 정한다.

제41조 【보험가입과 보험기구의 설립】 경제지대에서 기업과 개인은 우리 나라 령역 안에 있는 보험회사의 보험에 들며 의무보험은 정해진 보험회사의 보험에 들어야 한다. 경제지대에서 투자가는 보험회사를, 다른 나라의 보험회사는 지사, 사무소를 설립운영 할 수 있다.

제42조 【기업의 회계】 경제지대에서는 기업의 회계계산과 결산을 국제적으로 통용되는 회계기준을 적용하여 하도록 한다.

제43조 【기업의 세금납부의무와 기업소득세률】 경제지대에서 기업은 정해진 세금을 납부하여야 한다. 기업소득세률은 결산리윤의 14%로, 특별히 장려하는 부문의 기업소득 세률은 결산리윤의 10%로 한다.

제44조 【지사, 사무소의 설치 및 등록】 경제지대에 지사, 사무소 같은 것을 설치하려 할 경우에는 관리 위원회의 승인을 받고 등록을 하여야 한다. 지사, 사무소는 관리위원회에 등록한 날부터 정해진 기일 안에 세무등록, 세관등록을 하여야 한다.

제5장 경제활동조건의 보장

제45조 【심의, 승인절차의 간소화】 경제지대에서는 통일적이며 집중적인 처리방법으로 경제활동과 관련한 각종 심의, 승인절차를 간소화하도록 한다.

제46조 【류통화폐와 결제화폐】 경제지대에서는 정해진 화폐를 류통시킨다. 류통화폐와 결제화폐는 조선원 또는 정해진 화폐로 한다. 경제지대에서 외화교환, 환률과 관련한 절차는 규정으로 정한다.

제47조 【외화, 리윤, 재산의 반출입】 경제지대에서는 외화를 자유롭게 반출입할 수 있으며 합법적인 리윤과 기타 소득을 제한 없이 경제지대 밖으로 송금할 수 있다. 투자가는 경제지대에 들여왔던 재산과 지대에서 합법적으로 취득한 재산을 제한 없이 경제지대 밖으로 내갈 수 있다.

제48조 【지적재산권의 보호】 경제지대에서 지적재산권은 법적 보호를 받는다. 관리위원회는 경제지대에서 지적재산권의 등록, 리용, 보호와 관련한 사업체계를 세워야 한다.

제49조【원산지관리】경제지대에서 원산지관리사업은 원산지관리기관이 한다. 원산지관리기관은 상품의 원산지관리사업을 경제지대법규와 국제관례에 맞게 하여야 한다.

제50조【특별허가경영권】경제지대에서는 하부구조시설과 공공시설에 대하여 특별허가대상으로 경영하게 할 수 있다. 특별허가경영권을 가진 기업이 그것을 다른 기업에게 양도하거나 나누어주려 할 경우에는 계약을 맺고 관리위원회의 승인을 받아야 한다.

제51조【경제지대상품의 구입】경제지대 밖의 우리 나라 기관, 기업소, 단체는 계약을 맺고 경제지대의 기업이 생산하였거나 판매하는 상품을 구입할 수 있다.

제52조【계약의 중시와 리행】기업은 계약을 중시하고 신용을 지키며 계약을 성실하게 리행하여야 한다. 당사자들은 계약의 체결과 리행에서 평등과 호혜의 원칙을 준수하여야 한다.

제53조【경영과 관련한 봉사】경제지대에서는 규정에 따라 은행, 보험, 회계, 법률, 계량 같은 경영과 관련한 봉사를 할 수 있다.

제54조【광고사업과 야외광고물의 설치승인】경제지대에서는 규정에 따라 광고업과 광고를 할 수 있다. 야외에 광고물을 설치하려 할 경우에는 관리위원회의 승인을 받는다.

제55조【건설기준과 기술규범】경제지대에서의 건설설계와 시공에는 선진적인 다른 나라의 설계기준, 시공기술기준, 기술규범을 적용할 수 있다.

제56조【관광업】경제지대에서는 자연풍치, 민속문화 같은 관광자원을 개발하여 국제관광을 발전시키도록 한다. 투자가는 규정에 따라 경제지대에서 관광업을 할 수 있다.

제57조【통신수단의 리용】경제지대에서는 우편, 전화, 팍스 같은 통신수단을 자유롭게 리용할 수 있다.

제58조【인원, 운수수단의 출입과 물자의 반출입조건보장】통행검사, 세관, 검역기관과 해당 기관은 경제지대의 개발, 기업활동에 지장이 없도록 인원, 운수수단의 출입과 물자의 반출입을 신속하고 편리하게 보장하여야 한다.

제59조【유가증권거래】외국인투자기업과 외국인은 규정에 따라 경제지대에서 유가증권을 거래할 수 있다.

제6장 장려 및 특혜

제60조【투자방식】투자가는 경제지대에 직접투자나 간접투자 같은 여러 가지 방식으로 투자할 수 있다.

제61조【수출입의 장려】기업은 경제지대안이나 지대 밖의 기업과 계약을 맺고 상품거래, 기술무역, 봉사무역을 할 수 있으며 수출입대리업무도 할 수 있다.

제62조【기업소득세의 감면】경제지대에서 10년 이상 운영하는 정해진 기업에 대하여서는 기업 소득세를 면제하거나 감면하여 준다. 기업소득세를 면제 또는 감면하는 기간, 감세률과 감면기간의 계산시점은 해당 규정에서 정한다.

제63조【토지리용과 관련한 특혜】경제지대에서 기업용토지는 실지수요에 따라 먼저 제공되며 토지의 사용분야와 용도에 따라 임대기간, 임대료, 납부방법에서 서로 다른 특혜를 준다. 하부구조시설과 공공시설, 특별장려부문에 투자하는 기업에 대하여서는 토지위치의 선택에서 우선권을 주며 정해진 기간에 해당한 토지사용료를 면제하여 줄 수 있다.

제64조【재투자분에 해당한 소득세반환】경제지대에서 리윤을 재투자하여 등록자본을 늘이거나 새로운 기업을 창설하여 5년 이상 운영할 경우에는 재투자분에 해당한 기업소득세액의 50%를 돌려준다. 하부구조건설부문에 재투자할 경우에는 납부한 재투자분에 해당한 기업소득세액의 전부를 돌려준다.

제65조【개발기업에 대한 특혜】개발기업은 관광업, 호텔업 같은 대상의 경영권취득에서 우선권을 가진다. 개발기업의 재산과 하부구조시설, 공공시설운영에는 세금을 부과하지 않는다.

제66조【특별허가대상경영자에 대한 특혜】관리위원회는 특별허가대상의 경영자에게 특혜를 주어 그가 합리적인 리윤을 얻도록 한다.

제67조【경제지대의 출입】경제지대로 출입하는 외국인과 운수수단은 려권 또는 그를 대신하는 출입증명서를 가지고 지정된 통로로 사증 없이 출입할 수 있다. 우리 나라의 다른 지역에서 경제지대로 출입하는 질서, 경제지대에서 우리 나라의 다른 지역으로 출입하는 질서는 따로 정한다.

제68조【특혜관세제도와 관세면제】경제지대에서는 특혜관세제도를 실시한다. 가공무역, 중계무역, 보상무역을 목적으로 경제지대에 들여오는 물자, 기업의 생

산과 경영에 필요한 물자와 생산한 수출상품, 투자가에게 필요한 사무용품과 생활용품, 경제지대건설에 필요한 물자, 그밖에 정해진 물자에는 관세를 부과하지 않는다.

제69조【물자의 반출입신고제】경제지대에서 물자의 반출입은 신고제로 한다. 물자를 반출입하려는 기업 또는 개인은 반출입신고서를 정확히 작성하여 반출입지점의 세관에 내야 한다.

제70조【교육, 문화, 의료, 체육 등의 편리제공】경제지대에서는 거주자, 체류자에게 교육, 문화, 의료, 체육 같은 분야의 편리를 보장한다.

제7장 신소 및 분쟁해결

제71조【신소와 그 처리】기업 또는 개인은 관리위원회, 평안북도인민위원회, 중앙특수경제 지대지도기관과 해당 기관에 신소할 수 있다. 신소를 받은 기관은 30일 안에 료해처리하고 그 결과를 신소자에게 알려주어야 한다.

제72조【조정에 의한 분쟁해결】관리위원회 또는 해당 기관은 분쟁당사자들의 요구에 따라 분쟁을 조정할 수 있다. 이 경우 분쟁당사자들의 의사에 기초하여 조정안을 작성하여야 한다. 조정안은 분쟁당사자들이 수표하여야 효력을 가진다.

제73조【중재에 의한 분쟁해결】분쟁당사자들은 합의에 따라 경제지대에 설립된 우리 나라 또는 다른 나라 국제중재기관에 중재를 제기할 수 있다. 중재는 해당 국제중재위원회의 중재규칙에 따른다.

제74조【재판에 의한 분쟁해결】분쟁당사자들은 경제지대의 관할재판소 또는 경제지대에 설치된 재판소에 소송을 제기할 수 있다. 경제지대에서의 행정소송절차는 따로 정한다.

부 칙

제1조【법의 시행일】이 법은 공포한 날부터 시행한다.

제2조【법의 해석권】이 법의 해석은 최고인민회의 상임위원회가 한다.

외국인투자기업 및 외국인세금법

주체82(1993)년 1월 31일 최고인민회의 상설회의 결정 제26호로 채택
주체88(1999)년 2월 26일 최고인민회의 상임위원회 정령 제484호로 수정보충
주체90(2001)년 5월 17일 최고인민회의 상임위원회 정령 제2315호로 수정보충
주체91(2002)년 11월 7일 최고인민회의 상임위원회 정령 제3400호로 수정보충
주체97(2008)년 4월 29일 최고인민회의 상임위원회 정령 제2688호로 수정보충
주체97(2008)년 8월 19일 최고인민회의 상임위원회 정령 제2842호로 수정보충
주체100(2011)년 12월 21일 최고인민회의 상임위원회 정령 제2048호로 수정보충
주체104(2015)년 9월 9일 최고인민회의 상임위원회 정령 제656호로 수정보충

제1장 외국투자기업 및 외국인세금법의 기본

제1조【외국투자기업 및 외국인세금법의 사명】조선민주주의인민공화국 외국투자기업 및 외국인세금법은 외국투자기업과 외국인에게 세금을 공정하게 부과하고 납세자들이 세금을 제때에 정확히 바치도록 하는 데 이바지한다.

제2조【세무관리기관】외국투자기업과 외국인의 세무관리는 중앙세무지도기관과 해당 세무기관이 한다. 중앙세무지도기관과 해당 세무기관은 세무관련 법규를 집행하는 감독통제 기관이다.

제3조【외국투자기업과 외국인의 세무등록의무】외국투자기업은 정해진 질서에 따라 해당 세무기관에 세무등록을 하고 세무등록증을 발급받는다. 외국투자기업이 통합, 분리, 해산될 경우에는 세무변경등록 및 등록취소수속을 한다. 우리 나라에 체류하면서 소득을 얻는 외국인도 세무등록을 한다.

제4조【재정회계계산과 문건보관】외국투자기업의 세무회계는 외국투자기업과 관련한 재정회계법규에 따라 한다. 외국투자기업은 재정회계계산과 관련한 서류를 정해진 기간까지 보관하며 중요계산장부는 기업의 해산이 종결되는 날까지 보관한다.

제5조【세금의 계산화폐와 납부당사자】외국투자기업과 외국인이 바치는 세금은 조선원 또는 정해진 화폐로 계산하여 해당 세무기관에 수익인이 직접 납부하거나 수익금을 지불하는 단위가 공제납부한다.

제6조【적용대상】이 법은 우리 나라 령역에서 경제거래를 하거나 소득을 얻는 외국투자기업(외국투자은행 포함)과 외국인(해외동포 포함)에게 적용한다.

제7조【해당 조약의 적용】외국투자기업 및 외국인세금과 관련하여 우리 나라와 해당 나라 사이에 체결한 조약에서 이 법과 다르게 정한 사항이 있을 경우에는 그에 따른다.

제2장 기업소득세

제8조【기업소득세의 납부의무】외국투자기업은 우리 나라에서 경영활동을 하여 얻은 소득과 기타 소득에 대하여 기업소득세를 납부하여야 한다.

제9조【기업소득세의 과세대상】기업소득세의 과세대상에는 생산물 판매소득, 건설물 인도소득, 운임 및 료금소득 같은 기업활동을 하여 얻은 소득과 리자소득, 배당소득, 고정재산임대소득, 재산 판매소득, 지적소유권과 기술비결의 제공에 의한 소득경영과 관련한 봉사제공에 의한 소득, 증여소득 같은 기타 소득이 속한다. 다른 나라에 지사, 사무소, 대리점을 설치하여 얻은 소득에 대하여서도 기업소득세를 납부한다.

제10조【기업소득세의 세붙】기업소득세의 세률은 결산리윤의 25%로 한다.

제11조【외국기업의 기타 소득에 대한 세률】외국기업이 우리 나라에서 배당소득, 리자소득, 임대소득, 특허권사용료 같은 기타 소득을 얻었을 경우 소득세는 소득액에 20%의 세률을 적용한다.

제2조【기업소득세의 계산】기업소득세는 해마다 1월 1일부터 12월 31일까지의 총수입금에서 원료 및 자재비, 연료 및 동력비, 로력비, 감가상각금, 물자구입경비, 기업관리비, 보험료, 판매비 같은 것을 포함한 원가를 덜어 리윤을 확정하며 그 리윤에서, 거래세 또는 영업세와 기타 지출을 공제한 결산리윤에 정한 세률을 적용하여 계산한다.

제13조【기업소득세의 예정납부】외국투자기업은 기업소득세를 분기마다 예정납부하여야 한다. 이 경우 분기가 끝난 다음달 15일 안으로 기업소득세납부서를 해당 세무기관에 내야 한다.

제14조【기업소득세의 확정납부】외국투자기업은 년간결산에 따라 기업소득세를

확정하여 미납금을 추가납부하며 과납액은 반환받는다. 기업이 해산될 경우에는 해산선포일부터 20일 안으로 해당 세무기관에 납세담보를 세우며 결산이 끝난 날부터 15일 안으로 기업소득세를 납부한다. 기업이 통합되거나 분리될 경우에는 그 시기까지 기업소득에 대하여 결산하고 통합, 분리선포일부터 20일 안으로 기업소득세를 납부한다.

제15조 【외국기업의 기타 소득에 대한 소득세납부】 외국기업의 기타 소득에 대한 소득세는 소득이 생긴 때부터 15일 안으로 해당 세무기관에 수익인이 신고납부하거나 수익금을 지불하는 단위가 공제납부한다.

제16조 【기업소득세적용에서의 특혜】 기업소득세의 적용에서 특혜조치는 다음과 같다.

1. 특수경제지대에 창설된 외국투자기업에 대한 기업소득세의 세률은 결산리윤의 14%로, 첨단기술부문, 하부구조건설부문, 과학연구부문 같은 장려부문의 기업소득세의 세률은 결산리윤의 10%로 낮추어준다.

2. 다른 나라 정부, 국제금융기구가 차관을 주었거나 다른 나라 은행이 기업에 유리한 조건으로 대부를 주었을 경우 그 리자소득에 대하여서는 기업소득세를 면제한다.

3. 장려부문에 투자하여 15년 이상 운영하는 기업에 대하여서는 기업소득세를 3년간 면제하고 그 다음 2년간은 50% 범위에서 덜어줄 수 있다.

4. 국가가 제한하는 업종을 제외한 생산부문에 투자하여 10년 이상 운영하는 기업에 대하여서는 기업소득세를 2년간 면제하여 줄 수 있다.

5. 정해진 봉사부문에 투자하여 10년 이상 운영하는 기업에 대하여서는 기업소득세를 1년간 면제하여 줄 수 있다.

6. 리윤을 재투자하여 등록자본을 늘이거나 새로운 기업을 창설하여 10년 이상 운영하는 기업에 대하여서는 재투자분에 해당한 기업소득세액의 50%를, 장려부문의 기업에 대하여서는 전부 돌려준다.

제17조 【기업소득세 감면기간의 적용】 기업소득세의 감면 기간은 외국투자기업이 창설된 다음해부터 적용한다.

제18조 【기업소득세 감면신청서의 제출】 기업소득세를 감면 받으려는 외국투자기업은 해당 세무기관에 기업소득세 감면신청서와 경영기간, 재투자액을 증명하는 확

인 문건을 내야 한다. 기업소득세 감면신청서에는 기업의 명칭과 창설일, 소재지, 업종, 리윤이 생긴 년도, 총투자액, 거래은행, 돈자리번호 같은 것을 밝힌다.

제19조【감면해주었던 기업소득세의 회수조건】기업소득세를 감면받은 외국투자기업이 감면기간에 해산, 통합, 분리되거나 재투자한 자본을 거두어들이는 경우에는 이미 감면하여 주었던 기업소득세를 회수하거나 추가로 물린다.

제3장 개인소득세

제20조【개인소득세와 납부의무】우리 나라에 장기체류하거나 거주하면서 소득을 얻은 외국인은 개인소득세를 납부하여야 한다. 우리 나라에 1년 이상 체류하거나 거주하는 외국인은 우리 나라 령역 밖에서 얻은 소득에 대하여서도 개인소득세를 납부하여야 한다.

제21조【개인소득세의 과세대상】개인소득세의 과세대상은 다음과 같다.

1. 로동보수에 의한 소득
2. 리자소득
3. 배당소득
4. 고정재산임대소득
5. 재산판매소득
6. 지적소유권과 기술비결의 제공에 의한 소득
7. 경영과 관련한 봉사제공에 의한 소득
8. 증여소득

제22조【개인소득세의 세률】개인소득세의 세률은 다음과 같다.

1. 로동보수에 대한 개인소득세의 세률은 정해진 데 따라 소득액의 5~30%로 한다.
2. 리자소득, 배당소득, 고정재산임대소득, 지적소유권과 기술비결외 제공에 의한 소득, 경영과 관련한 봉사제공에 대한 개인소득세의 세률은 소득액의 20%로 한다.
3. 증여소득에 대한 개인소득세의 세률은 정해진 데 따라 소득액의 2~15%로 한다.

4. 재산판매소득에 대한 개인소득세의 세률은 소득액의 25%로 한다.

제23조【로동보수에 대한 개인소득세의 계산】로동보수에 대한 개인소득세는 월로 동보수액에 정한 세률을 적용하여 계산한다.

제24조【배당소득 등에 대한 개인소득세의 계산】배당소득, 재산판매소득, 지적소 유권과 기술비결의 제공에 의한 소득, 경영과 관련한 봉사제공에 의한 소득, 증 여소득에 대한 개인소득세는 해당 소득액에 정한 세률을 적용하여 계산한다.

제25조【리자소득에 대한 개인소득세의 계산】리자소득에 대한 개인소득세는 은행 에 예금하고 얻은 소득에 정한 세률을 적용하여 계산한다.

제26조【고정재산임대소득에 대한 개인소득세의 계산】고정재산임대소득에 대한 개 인소득세는 임대료에서 로력비, 포장비, 수수료 같은 비용으로 20%를 공제한 나머지 금액에 정한 세률을 적용하여 계산한다.

제27조【개인소득세의 납부기간과 방법】개인소득세의 납부기간과 납부방법은 다 음과 같다.

1. 로동보수에 대한 개인소득세는 로동보수를 지불하는 단위가 로동보수를 지 불할 때 공제하여 5일 안으로 납부하거나 수익인이 로동보수를 지불받아 10일 안으로 납부한다.

2. 재산판매소득, 증여소득에 대한 개인소득세는 소득을 얻은 날부터 30일 안 으로 수익인이 신고납부한다.

3. 리자소득, 배당소득, 고정재산임대소득, 지적소유권과 기술비결의 제공에 의 한 소득, 경영과 관련한 봉사제공에 의한 소득에 대한 개인소득세는 분기마 다 계산하여 다음달 10일 안으로 수익금을 지불하는 단위가 공제납부하거나 수익인이 신고납부한다.

제4장 재산세

제28조【재산세의 납부의무】외국투자기업과 외국인은 우리 나라에서 소유하고 있는 재산에 대하여 재산세를 납부하여야 한다.

제29조【재산세의 과세대상】재산세의 과세대상은 우리 나라에 등록한 건물과 선 박, 비행기 같은 재산이다.

제30조 【재산등록】 외국인은 재산을 해당 세무기관에 다음과 같이 등록하여야 한다.

1. 재산을 소유한 날부터 20일 안에 평가값으로 등록한다.

2. 재산의 소유자와 등록값이 달라졌을 경우에는 20일 안으로 변경등록을 한다.

3. 재산은 해마다 1월 1일 현재로 평가하여 2월 안으로 재등록을 한다.

4. 재산을 폐기하였을 경우에는 20일 안으로 등록취소수속을 한다.

제31조 【재산세의 과세대상액】 재산세의 과세대상액은 해당 세무기관에 등록된 값으로 한다.

제32조 【재산세의 세률】 재산세의 세률은 등록된 재산값의 1~1.4%로 한다.

제33조 【재산세의 계산】 재산세는 등록한 다음달부터 해당 세무기관에 등록된 값에 정한 세률을 적용하여 계산한다.

제34조 【재산세의 납부】 재산세는 해마다 1월 안으로 재산소유자가 해당 세무기관에 납부한다.

제5장 상속세

제35조 【상속세의 납부의무】 우리 나라 령역에 있는 재산을 상속받는 외국인은 상속세를 납부하여야 한다. 우리 나라에 거주하고있는 외국인이 우리 나라 령역 밖에 있는 재산을 상속받았을 경우에도 상속세를 납부하여야 한다.

제36조 【상속세의 과세대상】 상속세의 과세대상은 상속자가 상속받은 재산가운데서 상속시키는자의 채무를 청산한 나머지금액으로 한다.

제37조 【상속재산값의 평가】 상속재산값의 평가는 해당 재산을 상속받을 당시의 가격으로 한다.

제38조 【상속세의 세률】 상속세의 세률은 상속받은 금액의 6~30%로 한다.

제39조 【상속세의 계산】 상속세는 과세대상액에 정한 세률을 적용하여 계산한다.

제40조 【상속세의 납부】 상속자는 상속세를 상속받은 날부터 3개월 안으로 신고납부하여야 한다. 상속세액이 정해진 금액을 초과할 경우에는 분할납부할 수 있다.

제6장 거래세

제41조 【거래세의 납부의무】 생산부문과 건설부문의 외국투자기업은 거래세를 납부하여야 한다.

제42조【거래세의 과세대상】거래세의 과세대상에는 생산물판매수입금과 건설공
　사인도수입금 같은 것이 속한다.

제43조【거래세의 세률】거래세의 세률은 생산물판매액 또는 건설공사인도수입액
　의 1~15%로 한다. 기호품에 대한 거래세의 세률은 생산물판매액의 16~50%
　로 한다.

제44조【거래세의 계산】거래세는 생산물판매액 또는 건설공사인도수입액에 정한
　세률을 적용하여 계산한다. 외국투자기업이 생산업과 봉사업을 함께 할 경우에
　는 거래세와 영업세를 따로 계산한다.

제45조【거래세의 납부】거래세는 생산물판매수입금 또는 건설공사인도수입금이
　이루어질 때마다 납부한다.

제46조【거래세적용에서의 특혜】수출상품에 대하여서는 거래세를 면제한다. 그러
　나 수출을 제한하는 상품에 대하여서는 정해진 데 따라 거래세를 납부한다.

제7장 영업세

제47조【영업세의 납부의무】봉사부문의 외국투자기업은 영업세를 납부하여야 한다.

제48조【영업세의 과세대상】영업세의 과세대상은 교통운수, 통신, 동력, 상업, 무
　역, 금융, 보험, 관광, 광고, 려관, 급양, 오락, 위생편의 같은 부문의 봉사수입
　금으로 한다.

제49조【영업세의 세률】영업세의 세률은 해당 수입금의 2~10%로 한다. 그러나
　특수업종에 대한 세률은 50%까지로 할 수 있다.

제50조【영업세의 계산】영업세는 업종별수입금에 정한 세률을 적용하여 계산한
　다. 외국투자기업이 여러 업종의 영업을 할 경우 영업세를 업종별로 계산한다.

제51조【영업세의 납부】영업세는 봉사수입이 이루어질 때마다 해당 세무기관에
　납부한다.

제52조【영업세적용에서 특혜】도로, 철도, 항만, 비행장, 오수 및 오물처리 같은
　하부구조부문에 투자하여 운영하는 외국투자기업에 대하여서는 일정한 기간 영
　업세를 면제하거나 덜어줄 수 있다. 첨단과학기술봉사부문의 기업에 대하여서
　는 일정한 기간 영업세를 50%범위서 덜어줄 수 있다.

제8장 자원세

제53조【자원세의 납세의무와 자원의 구분】 외국투자기업은 자원을 수출하거나 판매 또는 자체소비를 목적으로 자원을 채취하는 경우 자원세를 납부하여야 한다. 자원에는 광물자원, 산림자원, 동식물자원, 수산자원, 물자원 같은 자연자원이 속한다.

제54조【자원세의 과세대상】 자원세의 과세대상은 수출하거나 판매하여 이루어진 수입금 또는 정해진 가격으로 한다.

제55조【자원세의 세률】 자원의 종류에 따르는 자원세의 세률은 내각이 정한다.

제56조【자원세의 계산방법】 자원세는 자원을 수출하거나 판매하여 이루어진 수입금 또는 정해진 가격에 해당 세률을 적용하여 계산한다. 채취과정에 여러 가지 자원이 함께 나오는 경우에는 자원의 종류별로 계산한다.

제57조【자원세의 납부】 자원세는 자원을 수출하거나 판매하여 수입이 이루어지거나 자원을 소비할 때마다 해당 세무기관에 납부한다.

제58조【자원세적용에서 특혜】 다음의 경우에는 자원세를 감면하여줄 수 있다.

1. 원유, 천연가스 같은 자원을 개발하는 기업에 대하여서는 5~10년간 자원세를 면제 하여줄 수 있다.

2. 자원을 그대로 팔지 않고 현대화된 기술공정에 기초하여 가치가 높은 가공제품을 만들어 수출하거나 국가적 조치로 우리 나라의 기관, 기업소, 단체에 판매하였을 경우에는 자원세를 덜어줄 수 있다.

3. 장려 부문의 외국투자기업이 생산에 리용하는 지하수에 대하여서는 자원세를 덜어줄 수 있다.

제59조【도시경영세의 납부의무】 외국투자기업과 우리 나라에 거주한 외국인은 도시경영세를 납부하여야 한다.

제60조【도시경영세의 과세대상】 도시경영세의 과세대상은 외국투자기업의 종업원월로임총액, 거주한 외국인의 월수입액으로 한다.

제61조【도시경영세의 계산과 납부】 도시경영세의 계산과 납부는 다음과 같이 한다.

1. 외국투자기업은 달마다 종업원월로임총액에 1%의 세률을 적용하여 계산한 세금을 다음달 10일 안으로 납부한다.

2. 거주한 외국인은 달마다 수입액에 1%의 세률을 적용하여 계산한 세금을 다음달 10일 안으로 헤당 세무기관에 본인이 신고납부한다. 경우에 따라 로임을 지불하는 단위가 공제납부할 수도 있다.

제10장 자동차리용세

제62조 【자동차리용세의 납부의무】 외국투자기업과 외국인은 자동차를 리용할 경우 자동차리용세를 납부하여야 한다.

제63조 【자동차의 등록】 외국투자기업과 외국인은 자동차를 소유한 날부터 30일 안으로 헤당 세무기관에 등록하여야 한다. 등록대상에는 승용차, 버스, 화물자동차, 특수차와 오토바이가 속한다.

제64조 【자동차리용세액】 자동차류형별에 따르는 리용세액은 중앙세무지도기관이 정한다.

제65조 【자동차리용세의 납부】 자동차리용세는 해마다 2월 안으로 자동차리용자가 납부한다. 자동차를 리용하지 않는 기간에는 자동차리용세를 면제 받을 수 있다.

제11장 세무사업에 대한 지도통제

제66조 【지도통제의 기본요구】 세무사업에 대한 국가의 통일적인 지도는 중앙세무지도기관이 한다. 중앙세무지도기관은 헤당 세무기관들의 사업을 정상적으로 장악지도하여야 한다.

제67조 【세무감독】 중앙세무지도기관과 헤당 세무기관은 세무등록과 세금징수, 세무조사사업을 세금법규에 따라 진행하며 외국투자기업과 외국인속에서 탈세행위와 위법행위가 나타나지 않도록 감독통제를 강화하여야 한다.

제68조 【연체료부과】 외국투자기업과 외국인이 세금을 정한 기일 안에 납부하지 않았을 경우에는 납부기일이 지난날부터 납부하지 않은 세액에 대하여 매일 0.3%에 해당한 연체료를 물린다.

제69조 【영업중지】 정당한 리유 없이 6개월 이상 세금을 납부하지 않거나 벌금통지서를 받았으나 1개월 이상 벌금을 물지 않을 경우, 헤당 세무기관의 정상적인 조사사업에 응하지 않거나 필요한 자료를 보장하여 주지 않았을 경우에는

영업을 중지시킬 수 있다.

제70조 【몰수】 고의적인 탈세행위가 나타났을 경우에는 해당 재산을 몰수한다.

제71조 【벌금】 다음의 경우에는 벌금을 부과한다.

1. 정당한 리유 없이 세무등록, 재산등록, 자동차등록을 제때에 하지 않았거나 세금납부신고서, 년간회계결산서 같은 세무문건을 제때에 내지 않았을 경우 외국투자기업에게는 100~5000$까지, 외국인에게는 10~1000$까지의 벌금을 부과한다.

2. 공제납부의무자가 세금을 적게 공제하였거나 공제한 세금을 납부하지 않았을 경우에는 납부하지 않은 세액의 2배까지의 벌금을 부과한다.

3. 부당한 목적으로 장부와 자료를 사실과 맞지 않게 기록하였거나 고쳤을 경우 또는 2중장부를 리용하거나 장부를 없앴을 경우 외국투자기업에게는 1000~10만$까지, 외국인에게는 100~1000$까지의 벌금을 부과한다.

4. 세무일군의 세무조사를 고의적으로 방해하였을 경우에는 정상에 파라 100~5000$까지의 벌금을 부과한다.

5. 고의적으로 세금을 납부하지 않거나 적게 납부하였을 경우와 재산 또는 소득을 빼돌렸거나 감추었을 경우에는 납부하지 않은 세액의 5배까지의 벌금을 부과한다.

제72조 【행정적 또는 형사적 책임】 이 법을 어겨 엄중한 결과를 일으킨 경우에는 정상에 따라 행정적 또는 형사적 책임을 지운다.

제73조 【신소와 그 처리】 외국투자기업과 외국인은 세금납부와 관련하여 의견이 있을 경우 중앙세무지도기관과 해당 기관에 신소할 수 있다. 신소를 접수한 해당 기관은 30일 안으로 료해처리하여야 한다.

세관법

주체72(1983)년 10월 14일 최고인민회의 상설회의 결정 제7호로 채택
주체79(1990)년 5월 17일 최고인민회의 상설회의 결정 제24호로 수정보충
주체82(1993)년 11월 17일 최고인민회의 상설회의 결정 제41호로 수정보충
주체90(2001)년 7월 26일 최고인민회의 상임위원회 정령 제2468호로 수정보충
주체98(2009)년 6월 16일 최고인민회의 상임위원회 정령 제112호로 수정보충
주체101(2012)년 4월 3일 최고인민회의 상임위원회 정령 제2304호로 수정보충

제1장 세관법의 기본

제1조 【세관법의 사명】 조선민주주의인민공화국 세관법은 세관등록과 수속, 검사, 관세의 부과와 납부질서를 엄격히 세워 나라의 안전을 지키고 자립적 민족경제를 보호하며 대외무역을 발전시키는 데 이바지한다.

제2조 【세관의 정의와 설치장소】 세관은 나라의 관문이다. 국가는 국경교두, 국경철도역, 무역항, 국제항공역, 국제우편물취급장소 같은 필요한 곳에 세관을 설치한다.

제3조 【세관의 임무】 세관의 임무는 다음과 같다.

1. 우리 나라에 들여오거나 다른 나라로 내가는 짐과 운수수단, 국제우편물 기타물품을 검사하고 감독한다.
2. 우리 나라에 들어오거나 다른 나라로 나가는 인원의 짐과 휴대품을 검사한다.
3. 관세와 선박톤세, 세관료금을 부과하고 받아들인다.
4. 보세지역, 보세공장, 보세창고, 보세전시장과 보세물자의 반출입을 감독한다.
5. 관세를 면제받은 물자, 림시반출입물자의 리용, 처리정형을 감독한다.
6. 반출입금지품, 반출입통제품을 들여오거나 내가는 행위, 밀수행위, 허위신고행위를 조사단속한다.
7. 세관통계를 작성한다.
8. 이밖에 국가가 위임한 사업을 한다.

제4조 【세관등록, 수속의 간소화원칙】 국가는 세관등록을 정확히 하며 세관을 통과

하는 물자의 수속공정과 절차를 간소화하고 그것을 엄격히 지키도록 한다.

제5조 【세관검사원칙】 국가는 세관검사방법을 개선하고 검사수단을 현대화하여 우리 나라에 들어오거나 다른 나라로 내가는 짐, 국제우편물, 공민의 휴대품과 운수수단에 대한 검사를 제때에 정확히 하도록 한다.

제6조 【관세부과원칙】 국가는 자립적민족경제를 보호하기 위하여 수입과 수출을 장려하는 물자에는 관세를 면제하거나 낮게 부과하며 수입과 수출을 제한하는 물자에는 관세를 높게 부과하도록 한다.

제7조 【세관사업에 간섭하거나 지장을 주는 행위금지원칙】 국가는 세관과 그와 련관된 기관들의 임무와 책임한계를 명백히 가르도록 한다. 세관사업에 간섭하거나 지장을 주는 행위를 할 수 없다.

제8조 【세관일군의 책임성과 역할제고, 전문가양성원칙】 국가는 세관일군대렬을 잘 꾸리고 그들의 책임성과 역할을 더욱 높이며 세관부문의 유능한 전문가들을 계획적으로 키워내도록 한다.

제9조 【세관분야의 대외교류와 협조】 국가는 세관분야에서 다른 나라, 국가기구들과의 교류와 협조를 발전시키도록 한다.

제10조 【세관법의 적용대상】 이 법은 우리 나라 국경을 통과하여 짐과 운수수단, 국제우편물을 들여오거나 내가는 기관, 기업소, 단체와 공민에게 적용한다. ≪기관, 기업소, 단체와 공민≫에는 외국투자기업과 우리 나라에 주재하는 다른 나라 또는 국제기구의 대표기관, 법인, 외국인도 속한다. 특수경제지대의 세관사업질서는 따로 정한다.

제2장 세관등록 및 수속

제11조 【세관등록】 수출입허가를 받은 기관, 기업소, 단체는 세관등록을 하여야 한다. 세관등록을 하지 않고서는 물자를 반출입할 수 없다.

제12조 【세관등록신청과 승인】 세관등록을 하려는 기관, 기업소, 단체는 세관등록신청서와 함께 무역회사영업허가증, 기업창설승인서, 은행담보서, 수출기지등록증, 세무등록증 같은 필요한 문건을 해당 세관에 내야 한다. 세관등록신청문건을 접수한 세관은 그것을 정확히 검토하고 등록 또는 부결하여야 한다.

제13조【세관수속의 당사자】세관수속은 짐과 운수수단을 우리 나라에 들여오거나 다른 나라로 내가는 기관, 기업소, 단체와 공민이 한다. 해당 기관, 기업소, 단체와 공민은 세관수속을 의무적으로 하여야 한다.

제14조【세관수속기간】세관수속은 해당 물자가 세관에 도착하기 전에 끝내야 한다.

제15조【세관수속문건의 제기와 검토】세관수속은 정해진 세관에서 한다. 이 경우 세관수속당사자는 세관수속문건을 전자무역수속체계를 통하여 제기하여야 한다. 부득이한 경우 세관수속문건을 세관에 직접 낼 수도 있다. 세관수속문건을 접수한 세관은 그것을 정확히 검토하고 수속을 제때에 해주어야 한다.

제16조【공민의 세관신고】우리 나라에 들어오거나 다른 나라로 나가는 공민은 국경교두, 국경철도역, 무역항, 국제항공역에 도착하면 휴대품과 귀금속, 보석, 화폐, 유가증권, 따로 부친 짐을 세관에 정확히 신고하여야 한다.

제17조【중계짐의 세관수속】우리 나라 령역을 거쳐 다른 나라에 중계수송하는 짐에 대한 세관수속은 그 짐을 맡아 중계수송하는 기관이 한다. 이 경우 반출입통제품은 해당 기관의 승인을 받아야 세관수속을 할 수 있다. 반출입금지품은 우리 나라 령역을 거쳐 중계수송할 수 없다.

제18조【우리 나라를 경유하는 운수수단의 세관수속】우리 나라를 경유하여 다른 나라로 가는 운수수단은 세관수속을 하여야 통과할 수 있다. 이 경우 세관수속당사자는 운수수단에 대한 문건과 실은 짐의 명세서를 세관에 내야 한다.

제19조【반출입물자의 통과지점】조선민주주의인민공화국의 국경을 통과하는 짐과 운수수단은 세관이 있는 곳으로만 들여오거나 내갈 수 있다.

제3장 세관검사와 감독

제20조【세관의 검사대상】우리 나라에 들여오거나 다른 나라로 내가는 모든 짐, 국제우편물, 공민의 휴대품과 운수수단에 대한 검사는 세관이 한다. 세관검사를 받지 않은 짐, 국제우편물, 공민의 휴대품과 운수수단은 들여오거나 내갈 수 없다.

제21조【세관검사제외대상】당, 국가, 정부대표단성원, 우리 나라에 주재하는 다른 나라 또는 국제기구대표기관의 외교려권소지자 그밖에 따로 정한 공민의 휴대품과 따로 부친 짐, 외교우편물과 외교신서물에 대하여서는 세관검사를 하지

않는다. 그러나 반출입금지품, 반출입통제품이 있다고 인정될 경우에는 세관검사를 할 수 있다.

제22조【세관의 단속통제대상】반출입금지품과 해당 기관의 승인을 받지 않은 반출입통제품은 우리 나라에 들여오거나 다른 나라로 내갈 수 없다. 세관은 무기, 총탄, 폭발물, 독약, 극약, 마약 같은 반출입금지품과 해당 기관의 승인을 받지 않은 반출입통제품, 국가무역계획에 없거나 가격승인을 받지 않은 물자를 승인을 받지 않은 반출입통제품, 국가무역계획에 없거나 가격승인을 받지 않은 물자를 우리 나라에 들여오거나 다른 나라로 내가지 못하도록 엄격히 단속통제하여야 한다.

제23조【세관검사장소】세관검사는 국경교두, 국경철도역, 무역항, 국제항공역, 국제우편물취급장소와 그밖의 정해진 곳에서 한다. 공민의 짐과 휴대품에 대한 세관검사는 렬차나 배 같은 운수수단 안에서도 할 수 있다.

제24조【세관검사방법】세관은 짐과 국제우편물, 휴대품을 기계로 검사하거나 헤쳐보는 방법으로 검사할 수 있다. 밀수혐의가 있을 경우에는 해당 장소 또는 운수수단, 공민에 대하여 검색도 할 수 있다.

제25조【이동세관검사, 통과짐의 세관검사】세관은 이동검사를 하거나 우리 나라 령역을 통과하는 다른 나라 짐을 검사할 수 있다. 이동세관검사절차, 우리 나라 령역을 통과하는 짐의 세관검사절차를 정하는 사업은 내각이 한다.

제26조【세관검사의뢰와 회보】세관은 수입하는 대형설비, 짐함짐, 유개화차짐 같은 것에 대한 세관검사를 짐도착지의 해당 기관에 의뢰할 수 있다. 이 경우 짐임자는 짐의 도착정형을 해당 기관에 제때에 신고하여야 한다. 세관검사를 의뢰받은 기관은 짐에 대한 검사를 책임적으로 하고 그 결과를 세관에 회보하여야 한다.

제27조【세관검사를 의뢰한 짐의 수송】세관검사를 의뢰한 짐은 도착지까지 세관의 감독 밑에 수송한다. 해당 교통운수기관은 세관검사를 의뢰한 짐을 책임적으로 수송하며 세관의 승인 없이 수송도중에 부리우거나 도착지를 변경시키지 말아야 한다.

제28조【운수수단에 대한 세관검사】세관은 운수수단의 짐칸, 손님칸, 선원실, 승무원실 같은 필요한 장소를 검사할 수 있다. 세관검사과정에 반출입금지품 또

는 반출입통제품을 발견하였을 경우에는 그 리용을 중지시키거나 해당 물품을 일정한 짐칸에 넣고 감독한다.

제29조【세관의 봉인】세관은 필요에 따라 세관이 감독하는 짐 또는 그것을 보관한 창고, 짐함, 운수수단의 짐칸 같은 것에 봉인을 할 수 있다. 봉인은 세관의 승인 없이 뜯을 수 없다.

제30조【검사, 검역기관들과의 련계】세관은 국경교두, 국경철도역, 무역항, 국제항공역에 설치된 통행검사기관, 수출입품검사검역기관과의 련계를 강화하여야 한다. 정해진 검사, 검역을 받지 않은 인원과 물자는 통과시킬 수 없다.

제31조【세관이 관할하는 짐에 대한 감독】세관은 국경교두, 국경철도역, 무역항, 국제항공역, 보세창고, 면세창고, 무관세 상점 같은 데서 관할하고 있는 짐, 관세를 면제받은 물자 같은 것이 손실되거나 승인 없이 처분되지 않도록 정상적으로 감독하여야 한다. 정해진 기간 안에 실어가지 않은 짐, 임자 없는 짐 같은 것은 세관이 해당 절차에 따라 처리할 수 있다.

제32조【잘못 들여온 짐의 처리】잘못 들여온 다른 나라의 짐, 국제우편물, 임자 없는 짐은 세관의 승인 밑에서만 처리할 수 있다.

제33조【세관검사와 감독조건의 보장】세관검사를 받거나 세관이 감독하는 짐을 보관, 리용, 가공, 처분하는 기관, 기업소, 단체와 공민, 외국투자기업은 세관검사 또는 감독에 필요한 조건을 제때에 보장하여야 한다.

제34조【세관이 관할하는 짐과 운수수단의 관리】기관, 기업소, 단체와 공민은 세관이 관할하는 짐과 운수수단을 옮기거나 다른 곳으로 내가려 할 경우 세관의 승인을 받아야 한다. 짐의 포장, 채포장, 선별작업 같은 것을 하려 할 경우에도 세관의 승인을 받는다.

제35조【짐의 사고신고】세관이 관할하고있는 짐을 나르거나 보관, 관리하는자는 짐의 포장이 손상되였거나 그밖의 사고가 났을 경우 즉시 세관에 신고하여야 한다.

제36조【국제우편물의 리용에서 금지할 사항】기관, 기업소, 단체와 공민은 우리 나라에 들여오거나 다른 나라로 내보내는 편지나 인쇄물속에 물건을 넣지 말며 소포속에도 편지, 화폐, 유가증권, 기금속, 보석 같은 것을 넣지 말아야 한다. 국제우편물을 리용하여 반출입금지품과 반출입통제품을 들여오거나 내가는 행

위, 장사를 목적으로 물건을 들여오거나 내가는 행위를 할 수 없다.

제37조【공민의 짐과 휴대품】우리 나라 국경을 넘나드는 공민은 사업과 생활에 필요한 물건과 기념품을 가지고 다닐 수 있다. 직업적으로 우리 나라 국경을 넘어다니는 공민은 직무수행에 필요한 작업용품과 생활필수품만을 가지고 다닐 수 있다.

제38조【이사짐과 상속재산의 반출입】이사짐과 상속재산은 우리 나라에 들여오거나 다른 나라로 내갈 수 있다. 그러나 이사짐과 상속재산이라도 반출입금지품은 들여오거나 내갈 수 없으며 반출입통제품은 해당 기관의 승인을 받아야 들여오거나 내갈 수 있다.

제4장 관세와 선박톤세, 세관료금

제39조【관세와 선박톤세, 세관료금의 납부의무】관세와 선박톤세, 세관료금의 부과는 세관이 한다. 해당 기관, 기업소, 단체와 공민은 관세와 선박톤세, 세관료금을 의무적으로 납부하여야 한다.

제40조【관세를 부과하는 기준가격】관세를 부과하는 기준가격은 수입품은 국경도착가격, 수출품은 국경인도가격으로 하며 국제우편물과 공민이 들여오거나 내가는 물품은 소매가격으로 한다.

제41조【관세의 계산】관세의 계산은 해당 물자의 가격과 국경을 통과하는 당시의 관세률에 따라 한다. 세관은 관세계산의 기초로 삼은 물자의 가격이 해당 시기 국제시장가격보다 낮게 신고되었다고 인정될 경우 해당 가격제정기관에 신고된 물자의 가격을 다시 평가해줄 것을 요구할 수 있다.

제42조【관세부과대상과 관세률의 제정, 공포】관세경계선을 통과하여 반출입한 후 사용 및 소비되는 짐에 관세를 부과한다. 관세부과대상과 관세률은 비상설관세심의위원회에서 심의결정한다. 관세부과대상과 관세률을 공포하는 사업은 내각이 한다.

제43조【조약에 따르는 관세률】우리 나라와 다른 나라 사이에 맺은 조약에 관세특혜조항이 있을 경우에는 특혜관세률을 적용하며 관세특혜조항이 없을 경우에는 기본관세률을 적용한다.

제44조【관세률이 정해져있지 않은 물자의 관세률】관세률이 정해져있지 않은 물자
　　에는 그와 류사한 물자의 관세률을 적용한다.

제45조【관세와 세관료금의 납부화폐】관세와 세관료금은 국가가 정한 화폐로 납
　　부한다.

제46조【관세의 납부방법】기관, 기업소, 단체는 관세납부계산서에 따라, 해당 공
　　민은 관세납부통지서에 따라 관세를 납부한다. 관세납부계산서, 관세납부통지
　　서의 발급은 해당 세관이 한다.

제47조【관세의 납부시기】물자를 수출입하려는 기관, 기업소, 단체는 관세를 해
　　당 물자가 반출입되기 전에 납부하여야 한다.

제48조【정해진 기준을 초과하는 짐의 관세납부】정해진 기준을 초과하는 국제우
　　편물과 공민의 짐은 세관이 정한 기간 안에 관세를 납부하여야 찾을수 있다.
　　세관은 정해진 기간 안에 관세를 납부하지 못할 경우 관세액에 맞먹는 짐을 담
　　보물로 하고 남은 짐을 먼저 내줄 수도 있다.

제49조【관세의 면제대상】다음의 물자에는 관세를 부과하지 않는다.

1. 국가적조치에 따라 들여오는 물자
2. 다른 나라 또는 국제기구, 비정부기구에서 우리 나라 정부 또는 해당 기관에
　　무상으로 기증하거나 지원하는 물자
3. 외교려권을 가진 공민, 우리 나라에 주재하는 다른 나라 또는 국제기구의 대
　　표기관이나 그 성원이 리용하거나 소비할 목적으로 정해진 기준의 범위에서
　　들여오는 사무용품, 설비, 비품, 운수수단, 식료품
4. 외국투자기업이 생산과 경영을 위하여 들여오는 물자와 생산하여 수출하는
　　물자, 무관세상점물자
5. 가공무역, 중계무역, 재수출 같은 목적으로 반출입하는 보세물자
6. 국제상품전람회나 전시회 같은 목적으로 림시반출입하는 물자
7. 해당 조약에 따라 관세를 물지 않게 되어있는 물자
8. 이사짐과 상속재산
9. 정해진 기준을 초과하지 않는 공민의 짐, 국제우편물

제50조【면제대상에 관세를 부과하는 경우】다음의 경우에는 이 법 제49조를 적용
　　하지 않는다.

1. 외국투자기업이 생산과 경영을 위하여 들여온 물자와 생산한 제품을 우리 나라 령역에서 판매하려 할 경우

2. 무관세상점물자를 용도에 맞지 않게 판매하려 할 경우

3. 가공, 중계, 재수출 같은 목적으로 반입한 보세물자를 우리 나라 령역에서 판매하거나 정해진 기간 안에 반출하지 않을 경우

4. 국제상품전람회나 전시회 같은 목적으로 림시반입한 물자를 우리 나라 령역에서 사용, 소비하는 경우

5. 해당 대표단성원과 외교려권을 가진 공민, 우리 나라에 주재하는 다른 나라 또는 국제기구의 대표기관이나 그 성원이 정해진 기준을 초과하여 물자를 들여오거나 내가는 경우

6. 국제우편물 또는 공민의 짐이 정해진 기준을 초과할 경우

제51조【면제대상의 관세납부절차】이 법 제50조에 따라 관세를 납부하는 경우 해당 기관, 기업소, 단체와 공민은 세관에 신고하고 해당한 관세를 납부하여야 한다.

제52조【관세의 추가부과】세관은 관세를 부과하지 못하였거나 적게 부과하였을 경우 해당 물자를 통과시킨 날부터 3년 안에 관세를 추가하여 부과할 수 있다.

제53조【관세의 반환】다음의 경우에는 받은 관세를 전부 또는 일부 돌려준다.

1. 국가적 조치로 해당 물자의 반출입이 중지되었을 경우

2. 수출입물자가 어찌할 수 없는 사유로 수송도중 전부 또는 일부 못쓰게 되었을 경우

3. 관세의 부과 또는 계산을 잘못하여 관세를 초과납부하였을 경우

제54조【관세의 반환신청】관세납부당사자는 이 법 제53조의 사유가 있을 경우 관세를 납부한 날부터 1년 안에 해당 관세를 돌려줄것을 세관에 요구할 수 있다. 세관은 관세반환신청을 받은 날부터 30일 안에 처리하여야 한다.

제55조【보세지역, 보세공장, 보세창고, 보세전시장의 설립운영】대외경제교류를 발전시키기 위하여 보세지역, 보세공장, 보세창고, 보세전시장을 설립, 운영한다. 보세지역, 보세공장, 보세창고, 보세전시장의 설립, 운영질서를 정하는 사업은 내각이 한다.

제56조【보세기간】보세기간에는 보세물자에 관세를 부과하지 않는다. 보세기간은 보세공장, 보세창고에서는 2년으로 하며 보세전시장에서는 세관이 정한 기

간으로 한다.

제57조 【보세기간의 연장】 부득이한 사정으로 보세기간을 연장받으려는 짐임자는 보세기간이 끝나기 10일 전에 보세기간연장신청문건을 해당 세관에 내야 한다. 세관은 보세기간을 6개월까지 연장하여 줄 수 있다.

제58조 【보세물자의 반출입담보】 보세물자를 가공, 포장, 조립하기 위하여 보세지역 밖으로 내가려는 경우에는 관세액에 맞먹는 담보물 또는 담보금을 세관에 맡겨야 한다. 세관은 보세물자가 정해진 기간 안에 반입되면 담보물 또는 담보금을 돌려준다. 그러나 보세물자가 정해진 기간 안에 반입되지 않으면 세관에 맡긴 담보물 또는 담보금을 관세로 처리할 수 있다.

제59조 【보호관세, 반투매관세, 보복관세의 부과조치】 중요공업부문과 나라의 자원을 보호할 필요가 있을 경우에는 일정한 기간 특별보호관세, 반투매관세, 보복관세 같은 조치를 취할 수 있다. 특별보호관세, 반투매관세, 보복관세의 부과대상과 세률, 부과기간을 정하는 사업을 내각이 한다.

제60조 【선박톤세의 부과】 우리 나라 항에 나드는 다른 나라 배, 다른 나라 국적을 가진 우리 나라 소유의 배, 우리 나라 국적을 가진 다른 나라 소유의 배는 선박톤세를 납부하여야 한다. 선박톤세는 외국선박대리기관이 납부한다.

제61조 【세관료금의 납부】 기관, 기업소, 단체와 공민은 세관검사료, 세관짐보관료 같은 세관료금을 제때에 납부하여야 한다. 세관료금을 정하는 사업은 해당 기관이 한다.

제5장 세관사업에 대한 지도통제

제62조 【지도통제의 기본요구】 세관사업에 대한 지도통제를 강화하는 것은 국가의 세관정책을 정확히 집행하기 위한 중요담보이다. 국가는 세관사업에 대한 지도체계를 바로세우고 통제를 강화하도록 한다.

제63조 【세관사업에 대한 지도와 복종】 세관사업에 대한 통일적인 장악과 지도는 중앙세관지도기관이 한다. 중앙세관지도기관은 아래 세관들의 사업을 정상적으로 정확히 장악지도하여야 한다. 모든 세관은 중앙세관지도기관에 복종한다.

제64조 【비상설관세심의위원회의 설치】 국가의 관세정책을 정확히 집행하기 위하

여 비상설관세심의위원회를 둔다. 비상설관세심의위원회는 내각의 지도 밑에 사업한다.

제65조【세관의 협조의뢰】세관은 밀수행위를 조사, 단속하거나 또는 관할하고있던 짐, 운수수단이 없어졌거나 기술감정이 필요한 경우 해당 법기관, 국경경비기관, 전문감정기관, 과학연구기관에 협조를 의뢰할 수 있다. 협조를 의뢰받은 기관은 제때에 필요한 방조를 주어야 한다.

제66조【련관기관일군협의회와 합의된 문제의 처리】국경교두와 국경철도역 같은 데서는 세관과 통행검사소, 수출입품검사검역소, 무역지사일군들이 정기적을 모여 세관사업과 관련하여 제기되는 문제를 집체적으로 협의하여야 한다. 협의회는 세관장이 주관하며 합의된 문제들은 세관장의 지휘 밑에 처리한다.

제67조【관세납부문건, 면세물자의 보관, 리용, 처리정형조사】세관은 해당 기관, 기업소, 단체의 관세납부문건을 검열할 수 있으며 필요에 따라 관세가 면제된 물자의 보관, 리용, 처리정형을 조사할 수 있다.

제68조【세관사업에 대한 감독통제】세관사업에 대한 감독통제는 중앙세관지도기관과 해당 감독통제기관이 한다. 중앙세관지도기관과 해당 감독통제기관은 세관수속과 검사, 관세의 부과와 납부정형을 정상적으로 감독통제하여야 한다.

제69조【연체료의 부과】세관은 관세, 선박톤세, 세관료금을 정한 기일 안에 납부하지 않았을 경우 그에 해당한 연체료를 부과할 수 있다.

제70조【억류, 몰수, 벌금, 중지처벌】짐, 운수수단, 국제우편물, 휴대품을 비법적으로 우리 나라에 들여오거나 다른 나라로 내가는 경우에는 억류, 몰수, 벌금, 업무활동중지 같은 처벌을 줄 수 있다.

제71조【행정적 또는 형사적 책임】이 법을 어겨 엄중한 결과를 일으킨 기관, 기업소, 단체의 책임있는 일군과 개별적 공민에게는 정상에 따라 행정적 또는 형사적 책임을 지운다.

제72조【신소와 그 처리기간】세관사업과 관련하여 의견이 있을 경우에는 중앙세관지도기관 또는 해당 기관에 신소할 수 있다. 신소는 접수한 날부터 30일 안에 료해처리하여야 한다.

토지임대법

주체82(1993)년 10월 27일 최고인민회의 상설회의 결정 제40호로 채택
주체88(1999)년 2월 26일 최고인민회의 상임위원회 정령 제484호로 수정보충
주체97(2008)년 8월 19일 최고인민회의 상임위원회 정령 제2842호로 수정보충
주체100(2011)년 11월 29일 최고인민회의 상임위원회 정령 제1995호로 수정보충

제1장 토지임대법의 기본

제1조 【토지임대법의 사명】 조선민주주의인민공화국 토지임대법은 외국투자가와 외국투자기업에 필요한 토지를 임대하고 임차한 토지를 리용하는 질서를 세우는 데 이바지한다.

제2조 【토지임차자】 다른 나라의 법인과 개인은 토지를 임대받아 리용할 수 있다.

제3조 【임차자의 토지리용권과 그 한계】 토지임차자는 토지리용권을 가진다. 임대한 토지에 있는 천연자원과 매장물은 토지리용권의 대상에 속하지 않는다.

제4조 【토지임대차계약의 당사자】 토지임대는 중앙국토환경보호지도기관의 승인밑에 한다. 토지임대차계약은 해당 도(직할시)인민위원회 국토환경보호부서가 맺는다.

제5조 【토지리용권의 출자】 우리 나라의 기관, 기업소, 단체는 합영, 합작기업에 토지리용권을 출자할 수 있다. 이 경우 해당 토지를 관리하는 도(직할시)인민위원회의 승인을 받아야 한다.

제6조 【토지의 임대기간】 토지임대기간은 50년 안에서 계약당사자들이 합의하여 정한다.

제7조 【토지에 대한 임차자의 재산권】 임대한 토지의 리용권은 임차자의 재산권으로 된다.

제8조 【임차한 토지의 리용】 임차한 토지는 우리 나라 토지관련법규와 토지임대차계약에 따라 리용한다.

제2장 토지의 임대방법

제9조【토지의 임대방법】토지의 임대는 협상의 방법으로 한다. 특수경제지대에서는 입찰과 경매의 방법으로도 토지를 임대할 수 있다.

제10조【토지임대기관이 제공할 자료】토지를 임대하는 기관은 토지임차희망자에게 다음과 같은 자료를 제공한다.

1. 토지의 위치와 면적, 지형도
2. 토지의 용도
3. 건축면적, 토지개발과 관련한 계획
4. 건설기간, 투자의 최저한계액
5. 환경보호, 위생방역, 소방과 관련한 요구
6. 토지임대기간
7. 토지개발상태

제11조【협상】협상을 통한 토지의 임대는 다음과 같이 한다.

1. 임차희망자는 제공된 토지자료를 연구한 다음 기업창설승인 또는 거주승인 문건사본을 첨부한 토지리용신청문건을 토지를 임대하는 기관에 낸다.
2. 토지를 임대하는 기관은 토지리용신청문건을 받은 날부터 20일 안에 신청자에게 승인여부를 알려준다.
3. 토지를 임대하는 기관과 임차희망자는 토지의 면적, 용도, 임대목적과 기간, 총투자액과 건설기간, 임대료와 그밖의 필요한 사항을 내용으로 하는 토지임대차계약을 맺는다.
4. 토지를 임대한 기관은 토지임대차계약에 따라 토지리용권을 넘겨주는 값을 받은 다음 토지리용증을 발급하고 등록한다.

제12조【입찰】입찰을 통한 토지의 임대는 다음과 같이 한다.

1. 토지를 임대하는 기관은 토지의 자료와 입찰장소, 입찰 및 개찰날자, 입찰절차를 비롯한 입찰에 필요한 사항을 공시하거나 입찰안내서를 지정한 대상자에게 보낸다.
2. 토지를 임대하는 기관은 응찰대상자에게 입찰문건을 판다.
3. 토지를 임대하는 기관은 입찰과 관련한 상담을 한다.

4. 입찰자는 정한 입찰보증금을 내고 봉인한 입찰서를 입찰함에 넣는다.

5. 토지를 임대하는 기관은 경제, 법률부문을 비롯한 관계부문의 성원을 망라하여 입찰심사위원회를 조직한다.

6. 입찰심사위원회는 입찰서를 심사, 평가하며 토지개발 및 건설과 임대료조건을 고려하여 락찰자를 결정한다.

7. 토지를 임대하는 기관은 입찰심사위원회가 결정한 락찰자에게 락찰통지서를 발급한다.

8. 락찰자는 락찰통지서를 받은 날부터 30일 안에 토지를 임대하는 기관과 토지임대차계약을 맺고 해당한 토지리용권값을 지불한 다음 토지리용증을 발급받고 등록한다. 사정에 의하여 계약체결을 연기하려 할 경우에는 정한 기간이 끝나기 10일 전에 토지를 임대하는 기관에 신청하여 30일간 연장받을 수 있다.

9. 락찰되지 못한 응찰자에게는 락찰이 결정된 날부터 5일 안에 해당 사유를 통지하며 입찰보증금을 돌려준다. 이 경우 입찰보증금에 대한 리자를 지불하지 않는다.

10. 락찰자가 정한 기간 안에 토지임대차계약을 맺지 않은 경우에는 락찰을 무효로 하며 입찰보증금을 돌려주지 않는다.

제13조 【경매】 경매를 통한 토지의 임대는 다음과 같이 한다.

1. 토지를 임대하는 기관은 토지자료, 토지경매날자, 장소, 절차, 토지의 기준값 같은 경매에 필요한 사항을 공시한다.

2. 토지를 임대하는 기관은 공시한 토지의 기준값을 기점으로 하여 경매를 붙이고 제일 높은 값을 제기한 임차희망자를 락찰자로 정한다.

3. 락찰자는 토지를 임대하는 기관과 토지임대차계약을 맺은 다음 토지리용증을 발급받고 등록한다.

제14조 【임차한 토지의 리용, 보충계약】 토지임차자는 토지를 임대차계약에서 정한 용도에 맞게 리용하여야 한다. 토지용도를 변경하려는 토지임차자는 토지를 임대한 기관과 용도를 변경하는 보충계약을 맺어야 한다.

제3장 토지리용권의 양도와 저당

제15조【토지리용권의 양도, 저당과 그 기간】 토지임차자는 토지를 임대한 기관의 승인을 받아 임차한 토지의 전부 또는 일부에 해당한 리용권을 제3자에게 양도(판매, 재임대, 증여, 상속)하거나 저당할 수 있다. 토지리용권을 양도하거나 저당하는 기간은 토지임대차계약에 정해진 기간 안에서 남은 리용기간을 넘을 수 없다.

제16조【토지리용권의 양도조건】 토지임차자는 임대차계약에서 정한 토지리용권을 넘겨주는 값의 전액을 물고 계약에 지적된 투자몫을 투자하여야 임차한 토지의 리용권을 판매, 재임대, 증여 또는 저당할 수 있다.

제17조【토지리용권의 양도범위】 토지리용권을 양도할 경우에는 토지리용과 관련한 권리와 의무, 토지에 있는 건축물과 기타 부착물도 함께 넘어간다.

제18조【토지리용권의 판매】 토지리용권의 판매는 다음과 같이 한다.

1. 토지리용권의 판매자와 구매자는 계약을 맺고 공증기관의 공증을 받는다.
2. 토지리용권의 판매자는 계약서사본을 첨부한 토지리용권판매신청문건을 토지를 임대한 기관에 내여 승인을 받는다.
3. 토지리용권의 판매자와 구매자는 해당 토지를 임대한 기관에 토지리용권명의변경등록을 한다.

제19조【임대한 토지의 우선구매권】 토지임차자가 토지리용권을 판매하는 경우 토지를 임대한 기관은 우선적으로 그것을 구매할 수 있는 권리를 가진다.

제20조【임차한 토지의 재임대】 토지임차자는 임차한 토지를 재임대할 수 있다. 이 경우 토지임대차계약서사본을 첨부한 재임대신청서를 토지를 임대한 기관에 내여 승인을 받아야 한다.

제21조【토지리용권의 저당】 토지임차자는 은행 또는 기타 금융기관으로부터 대부를 받기 위하여 토지리용권을 저당할 수 있다. 이 경우 토지에 있는 건축물과 기타 부착물도 함께 저당된다.

제22조【토지리용권의 저당계약체결】 토지리용권을 저당하는 경우 저당하는 자와 저당받는 자는 토지임대차계약의 내용에 맞게 저당계약을 맺어야 한다. 이 경우 저당받는 자는 저당하는 자에게 토지의 임대차계약서 또는 양도계약서사본,

토지리용증사본, 토지의 실태자료를 요구할 수 있다.

제23조 【토지리용권의 저당등록】 토지리용권을 저당받은 자와 저당한 자는 저당계약을 맺은 날부터 10일 안으로 토지를 임대한 기관에 토지리용권저당등록을 하여야 한다.

제24조 【저당토지의 처분】 토지리용권을 저당받은 자는 저당한 자가 저당기간이 끝난 다음에도 채무를 상환하지 않거나 저당계약기간 안에 기업을 해산, 파산하는 경우 저당계약에 따라 저당받은 토지리용권, 토지에 있는 건축물과 기타 부착물을 처분할 수 있다.

제25조 【처분한 저당토지의 리용】 토지리용권을 저당받은 자가 처분한 토지리용권, 토지에 있는 건축물과 기타 부착물을 가진 자는 공증기관의 공증을 받고 해당 등록기관에 명의변경등록을 하며 토지임대차계약에 맞게 토지를 리용하여야 한다.

제26조 【저당토지의 재저당 및 양도금지】 토지리용권을 저당한 자는 저당계약기간 안에 저당받은 자의 승인 없이 저당한 토지리용권을 다시 저당하거나 양도할 수 없다.

제27조 【토지리용권저당등록의 취소】 채무상환이나 기타 원인으로 토지저당계약이 소멸되는 경우 저당받은 자와 저당한 자는 10일 안으로 토지리용권저당등록을 취소하는 수속을 하여야 한다.

제4장 토지임대료와 토지사용료

제28조 【토지임대료의 지불의무】 토지임차자는 정해진 데 따라 토지임대료를 물어야 한다. 토지임대료는 해당 토지임대기관에 문다.

제29조 【토지개발비】 토지를 임대하는 기관은 개발한 토지를 임대할 경우 임차자로부터 토지개발비를 토지임대료에 포함시켜 받는다. 토지개발비에는 토지정리와 도로건설 및 상하수도, 전기, 통신, 난방시설건설에 지출된 비용이 속한다.

제30조 【토지임대료의 지불기간】 토지임차자는 토지임대차계약을 맺은 날부터 90일 안에 토지임대료의 전액을 물어야 한다. 토지종합개발대상 같이 많은 면적의 토지를 임차하였을 경우에는 토지임대기관이 승인한 기간 안에 토지임대료를

나누어 물 수 있다.

제31조 【리행보증금의 지불의무】 협상, 경매를 통하여 토지를 임차한 자는 임대차 계약을 맺은 날부터 15일 안으로 토지임대료의 10%에 해당한 리행보증금을 내야 한다. 리행보증금은 토지임대료에 충당할 수 있다.

제32조 【토지임대료의 미납에 대한 연체료】 토지임대기관은 임차자가 토지임대료를 정한 기간 안에 물지 않았을 경우 그 기간이 지난날부터 매일 미납금의 0.05%에 해당한 연체료를 물린다. 연체료를 련속 50일간 물지 않을 경우에는 토지임대차계약을 취소할 수 있다.

제33조 【토지사용료의 지불의무】 외국투자기업과 외국투자은행은 해당 재정기관에 토지사용료를 해마다 물어야 한다. 장려대상에 대하여서는 토지사용료를 10년까지 낮추어주거나 면제하여 줄 수 있다.

제5장 토지리용권의 반환

제34조 【토지리용권의 반환과 잔존가치보상】 토지리용권은 계약에서 정한 임대기간이 끝나면 토지임대기관에 자동적으로 반환된다. 이 경우 해당 토지에 있는 건축물과 부착물도 무상으로 반환된다. 토지임대기간이 40년 이상인 경우 그 기간이 끝나기 10년 안에 준공한 건축물에 대하여서는 해당한 잔존가치를 보상하여 줄 수 있다.

제35조 【토지리용권등록취소수속】 토지임차자는 임대기간이 끝나면 토지리용증을 해당 발급기관에 반환하고 토지리용권등록취소수속을 하여야 한다.

제36조 【토지임대기간의 연장】 토지임대기간을 연장하려는 토지임차자는 그 기간이 끝나기 6개월 전에 토지를 임대한 기관에 토지리용연기신청서를 내여 승인을 받아야 한다. 이 경우 토지임대차계약을 다시 맺고 해당한 수속을 하며 토지리용증을 재발급받아야 한다.

제37조 【임차한 토지의 반환비용과 정리】 토지임차자는 임대기간이 끝난 경우 토지를 임대한 기관의 요구에 따라 건축물과 설비, 부대시설물을 자기 비용으로 철거하고 토지를 정리하여야 한다.

제38조 【토지리용권의 취소】 토지리용권은 임대기간 안에 취소되지 않는다. 부득

이한 사정으로 임대기간 안에 토지리용권을 취소하려는 경우 토지임대기관은 6개월 전에 토지임차자와 합의하고 같은 조건의 토지로 교환해주거나 해당한 보상을 하여준다.

제6장 제재 및 분쟁해결

제39조 【벌금, 회수, 원상복구, 계약무효】 토지리용증이 없이 토지를 리용하였거나 승인 없이 토지의 용도를 변경하였거나 토지리용권을 양도, 저당한 경우에는 벌금을 물리고 토지에 건설한 시설물을 회수하거나 토지를 원상복구시키며 양도 및 저당계약을 취소시킨다.

제40조 【토지리용권의 취소】 임차자가 토지임대차계약에서 정한 기간 안에 총투자액의 50% 이상을 투자하지 않았거나 계약대로 토지를 개발하지 않았을 경우에는 토지리용권을 취소할 수 있다.

제41조 【신소와 그 처리】 토지임차자는 받은 제재에 대하여 의견이 있을 경우 20일 안에 제재를 준 기관의 상급기관에 신소할 수 있다. 신소를 접수한 기관은 30일 안으로 료해처리하여야 한다.

제42조 【분쟁해결】 토지임대와 관련한 의견상이는 당사자들 사이에 협의의 방법으로 해결한다. 협의의 방법으로 해결할 수 없을 경우에는 조정, 중재, 재판의 방법으로 해결한다.

외국인투자기업로동법

주체98(2009)년 1월 21일 최고인민회의 상임위원회 정령 제3053호로 채택
주체100(2011)년 12월 21일 최고인민회의 상임위원회 정령 제2047호로 수정보충
주체104(2015)년 8월 26일 최고인민회외 상임위원회 정령 제651호로 수정보충

제1장 외국인투자기업로동법의 기본

제1조 【외국인투자기업로동법의 사명】 조선민주주의인민공화국 외국인투자기업로동법은 로력의 채용, 로동과 휴식, 로동보수, 로동보호, 사회보험 및 사회보장, 종업원의 해임에서 제도와 질서를 엄격히 세워 기업의 경영활동을 보장하며 기업에 종사하는 종업원의 권리와 리익을 보호하는 데 이바지한다.

제2조 【로력채용원칙】 외국인투자기업은 우리 나라 로력을 기본으로 채용한다. 그러나 필요한 경우에는 일부 관리인원이나 특수한 직종의 기술자, 기능공을 다른 나라 로력으로 채용할 수 있다. 16살 아래의 미성인은 채용할 수 없다.

제3조 【로동조건의 보장원칙】 외국인투자기업은 종업원에게 안전하고 문화위생적인 로동조건을 보장하며 그들의 생명과 건강을 보호한다.

제4조 【로동보수지불원칙】 외국인투자기업은 종업원에게 로동보수를 정확히 지불하며 로동보수액을 체계적으로 늘인다. 종업원은 성별, 년령에 관계없이 같은 로동에 대하여서는 같은 보수를 받는다.

제5조 【사회보험 및 사회보장원칙】 외국인투자기업은 우리 나라 공민인 종업원이 사회보험 및 사회보장에 의한 혜택을 받도록 한다.

제6조 【타사업동원 금지원칙】 외국인투자기업의 로력은 자연재해 같은 부득이한 사유를 제외하고 기업의 생산경영활동과 관련이 없는 다른 사업에 동원시키지 않는다.

제7조 【지도기관】 외국인투자기업의 로력관리사업에 대한 통일적인 장악과 지도는 중앙로동행정지도기관이 한다.

제8조 【적용대상】 이 법은 합영기업, 합작기업, 외국인기업 같은 외국인투자기업에 적용한다. 우리 나라 로력을 채용하려는 외국투자은행과 외국기업에도 이 법을 적용한다.

제2장 로력의 채용 및 로동계약의 체결

제9조【로력보장기관】외국인투자기업에 필요한 로력을 보장하는 사업은 기업소
재지의 로동행정기관이 한다. 기업소재지의 로동행정기관이 아닌 다른 기관, 기
업소, 단체는 외국인투자기업의 로력보장사업을 할 수 없다.

제10조【로력보장신청】로력을 보장받으려는 외국인투자기업은 로력보장신청서를
기업소재지의 로동행정기관에 내야 한다. 로력보장신청서에는 채용할 로력자수
와 성별, 년령, 업종, 기술기능급수, 채용기간, 로동보수관계 같은 것을 구체적
으로 밝힌다.

제11조【로력모집 및 보장】로력보장신청을 받은 로동행정기관은 30일 안으로 기
업이 요구하는 로력을 보장하여야 한다. 기업의 로력을 다른 지역에서 보장하
려 할 경우에는 해당 지역의 로동행정기관과 합의한다.

제12조【로력채용】외국인투자기업은 해당 로동행정기관이 보장한 로력을 종업원
으로 채용하여야 한다. 그러나 채용기준에 맞지 않는 대상은 채용하지 않을수
있다.

제13조【외국인로력채용】외국인투자기업은 다른 나라 로력을 채용하려 할 경우
투자관리기관에 외국인로력채용문건을 내야 한다. 외국인로력채용문건에는 이
름, 성별, 년령, 국적, 거주지, 지식정도, 기술자격, 직종 같은 사항을 정확히 밝
혀야 한다.

제14조【로동계약의 체결과 리행】외국인투자기업은 기업의 직업동맹조직과 로동
계약을 맺고 리행하여야 한다. 로동계약에는 로동시간, 휴식, 로동조건, 생활조
건, 로동보호, 로동보수지불, 상벌문제 같은 것을 밝힌다.

제15조【로동계약의 효력】외국인투자기업은 직업동맹조직과 맺은 로동계약문건
을 기업소재지의 로동행정기관에 내야 한다. 로동계약은 맺은 날부터 효력을
가진다.

제16조【로동계약의 변경】로동계약은 당사자들이 합의하여 변경할 수 있다. 이
경우 기업소재지의 로동행정기관에 변경사항을 알려주어야 한다.

제3장 로동과 휴식

제17조【로동시간】종업원의 로동시간은 주 48시간, 하루 8시간으로 한다. 외국인투자기업은 로동의 힘든 정도와 특수한 조건에 따라 로동시간을 정해진 시간보다 짧게 정할 수 있다. 계절적영향을 받는 부문의 외국인투자기업은 년간 로동시간범위에서 실정에 맞게 로동시간을 달리 정할 수 있다.

제18조【로동시간의 준수】외국인투자기업은 종업원에게 정해진 로동시간 안에 로동을 시켜야 한다. 부득이한 사유로 로동시간을 연장하려 할 경우에는 직업동맹조직과 합의한다. 종업원은 로동시간을 정확히 지켜야 한다.

제19조【일요일, 명절일의 휴식보장】외국인투자기업은 종업원에게 명절일과 일요일에 휴식을 보장하여야 한다. 부득이한 사정으로 명절일과 일요일에 로동을 시켰을 경우에는 1주일 안으로 대휴를 주어야 한다.

제20조【정기휴가, 보충휴가의 보장】외국인투자기업은 종업원에게 해마다 14일간의 정기휴가를 주며 중로동, 유해로동을 하는 종업원에게는 7~21일간의 보충휴가를 주어야 한다.

제21조【산전, 산후휴가의 보장】외국인투자기업은 임신한 녀성종업원에게 정기 및 보충휴가외에 산전 60일, 산후 180일간의 산전산후휴가를 주어야 한다.

제4장 로동보수

제22조【로동보수의 내용】외국인투자기업은 종업원의 로동보수를 정한 기준에 따라 정확히 지불하여야 한다. 종업원에게 주는 로동보수에는 로임, 가급금, 장려금, 상금이 속한다.

제23조【월로임최저기준의 제정】외국인투자기업 종업원의 월로임최저기준을 정하는 사업은 중앙로동행정지도기관 또는 투자관리기관이 한다. 월로임최저기준은 종업원이 로동과정에 소모한 육체적 및 정신적힘을 보상하고 생활을 원만히 보장할 수 있게 정하여야 한다.

제24조【로임기준의 제고】외국인투자기업은 기업의 생산수준과 종업원의 기술기능숙련정도와 로동생산능률이 높아지는데 맞게 로임기준을 점차 높여야 한다.

제25조【휴가비의 지불 및 계산】외국인투자기업은 정기휴가, 보충휴가산전산후휴

가를 받은 종업원에게 휴가일수에 따르는 휴가비를 지불하여야 한다. 정기 및 보충휴가비는 휴가전 3개월간의 로임을 실가동일수에 따라 평균한 하루로임액에 휴가일수를 적용하여 계산한다. 산전산후휴가비의 지불규모와 방법은 중앙로동행정지도기관이 내각의 승인을 받아 정한다.

제26조【생활보조금】외국인투자기업은 종업원이 기업의 책임으로 또는 양성기간에 일하지 못하였을 경우 일하지 못한 날 또는 시간에 한하여 일당 또는 시간당 로임액의 60% 이상에 해당한 보조금을 주어야 한다.

제27조【휴식일로동에 따르는 가급금】외국인투자기업은 부득이한 사정으로 명절일과 일요일에 종업원에게 로동을 시키고 대휴를 주지 못하였을 경우 일한 날또는 시간에 한하여 일당 또는 시간당 로임액의 100%에 해당한 가급금을 주어야 한다.

제28조【연장작업, 야간작업에 따르는 가급금】외국인투자기업은 종업원에게 로동시간외의 낮연장작업을 시켰거나 로동시간안의 밤작업을 시켰을 경우 일한 날또는 시간에 한하여 일당 또는 시간당 로임액의 50%에 해당한 가급금을 주어야 한다. 로동시간외의 밤연장작업을 시켰을 경우에는 일당 또는 시간당 로임액의 100%에 해당한 가급금을 주어야 한다.

제29조【상금의 지불】외국인투자기업은 결산리윤의 일부로 상금기금을 조성하고 일을 잘한 종업원에게 상금을 줄 수 있다.

제30조【로동보수의 지불】외국인투자기업은 종업원에게 로동보수를 정해진 날자에 전액 화폐로 주어야 한다. 로동보수를 주는 날이 되기 전에 사직하였거나 기업에서 나가는 종업원에게는 해당 수속이 끝난 다음 로동보수를 주어야 한다.

제5장 로동보호

제31조【로동안전, 산업위생조건보장】외국인투자기업은 로동안전시설과 고열, 가스, 먼지 등을 막고 채광, 조명, 통풍 등을 잘 보장하는 산업위생조건을 갖추며 그것을 끊임없이 개선완비하여 로동재해와 직업성질환을 미리 막으며 종업원이 안전하고 문화위생적인 일터에서 일할 수 있도록 하여야 한다.

제32조【로동안전교양】외국인투자기업은 종업원에게 로동안전기술교육을 준 다

음 일을 시켜야 한다. 로동안전기술교육기간과 내용은 업종과 직종에 맞게 자체로 정한다.

제33조【위험개소 제거】외국인투자기업은 생산 및 작업조직에 앞서 로동안전상태를 구체적으로 알아보고 종업원의 생명과 건강을 해칠수 있는 위험개소들을 제때에 없애야 한다. 생산과정에 사고위험이 생겼을 경우에는 즉시 생산을 멈추고 위험개소를 정비한 다음 생산을 계속하여야 한다.

제34조【로동안전조치】외국인투자기업은 생산과정에 가스, 먼지, 고열, 습도, 방사선, 소음, 진동, 전기마당 같은 유해로운 요소들이 허용기준을 초과하지 않도록 하여야 한다. 위험요소가 있는 작업현장에는 안전주의표식을 하며 로동재해 발생에 대처할 수 있는 보호수단을 갖추어놓아야 한다.

제35조【녀성종업원의 보호】외국인투자기업은 녀성종업원을 위한 로동보호시설을 충분히 갖추어주어야 한다. 임신하였거나 젖먹이어린이를 키우는 녀성종업원에게는 연장작업, 밤작업을 시킬 수 없다.

제36조【탁아소, 유치원운영】외국인투자기업은 실정에 맞게 종업원의 자녀를 위한 탁아소, 유치원을 꾸리고 운영할 수 있다.

제37조【로동보호물자의 공급】외국인투자기업은 종업원에게 로동보호용구와 작업필수품, 영양식료품, 보호약제, 해독제약, 피부보호제, 세척제 같은 로동보호물자를 제때에 충분히 공급하여야 한다.

제38조【사고의 처리 및 사고심의】외국인투자기업은 작업과정에 종업원이 사망하였거나 부상, 중독 같은 사고가 발생하였을 경우 제때에 해당한 치료대책을 세우며 기업소재지의 로동행정기관에 알려야 한다. 기업소재지의 로동행정기관과 외국인투자기업, 해당 기관은 사고심의를 조직하고 사고원인을 밝히며 필요한 대책을 세워야 한다.

제6장 사회보험 및 사회보장

제39조【사회보험 및 사회보장에 의한 혜택】외국인투자기업에서 일하는 우리 나라 종업원이 병, 부상 같은 원인으로 로동능력을 잃었거나 일할 나이가 지나 일하지 못하게 되었을 경우에는 국가의 사회보험 및 사회보장에 의한 혜택을

받는다. 사회보험 및 사회보장에 의한 혜택에는 보조금, 년금의 지불과 정양, 휴양, 견학 같은 것이 속한다.

제40조【보조금, 년금의 계산】 사회보험 및 사회보장에 의한 보조금, 년금은 해당 법규에 따라 계산한다.

제41조【사회보험기금의 조성】 사회보험 및 사회보장에 의한 혜택은 사회보험기금에 의하여 보장된다. 사회보험기금은 외국인투자기업과 종업원으로부터 받는 사회보험료로 조성한다.

제42조【사회보험료의 납부】 외국인투자기업과 종업원은 달마다 해당 재정기관에 사회보험료를 납부하여야 한다. 사회보험료의 납부비률은 중앙재정지도기관이 정한다.

제43조【문화후생기금의 조성 및 리용】 외국인투자기업은 결산리윤의 일부로 종업원을 위한 문화후생기금을 조성하고 쓸 수 있다. 문화후생기금은 종업원의 기술문화수준의 향상과 군중문화체육사업, 후생시설운영 같은 데 쓴다.

제7장 종업원의 해임

제44조【종업원의 해임의 기본요구】 외국인투자기업은 로력채용기간이 끝나기전이나 일할 나이가 지나기 전에는 정당한 리유 없이 종업원을 내보낼수 없다. 종업원을 내보내려고 할 경우에는 직업동맹조직과 합의하여야 한다.

제45조【종업원의 해임사유】 종업원을 내보낼수 있는 경우는 다음과 같다.
 1. 질병, 부상으로 자기의 현 직종이나 다른 직종에서 일할 수 없게 되었을 경우
 2. 기업의 경영이나 기술조건의 변동으로 로력이 남을 경우
 3. 로동규률을 위반하여 엄중한 사고를 일으켰을 경우
 4. 기술기능수준의 부족으로 자기 직종에서 일할 수 없을 경우
 5. 기업의 재산에 막대한 손실을 주었을 경우

제46조【종업원해임에 대한 합의 및 통지】 외국인투자기업은 종업원을 내보내려고 할 경우 직업동맹조직과 합의한 다음 사전에 당사자와 기업소재지의 로동행정기관에 알려주어야 한다.

제47조【종업원을 해임시킬수 없는 사유】 다음의 경우에는 종업원을 내보낼 수 없다.

1. 병, 부상으로 치료받고 있는 기간이 1년이 되지 못하였을 경우

2. 산전, 산후휴가, 어린이에게 젖먹이는 기간일 경우

제48조【종업원의 사직】종업원은 다음과 같은 경우 사직할 것을 제기할 수 있다.

1. 병이 생겼거나 가정적인 사정으로 일할 수 없게 되었을 경우

2. 기술기능이 부족하여 맡은 일을 수행할 수 없게 되었을 경우

3. 대학, 전문학교, 기능공학교에 입학하였을 경우

제8장 제재 및 분쟁해결

제49조【벌금 및 기업활동의 중지】이 법을 어겨 엄중한 결과를 일으킨 기업에게는 벌금을 물리거나 기업활동을 중지시킬 수 있다.

제50조【신소와 그처리】외국인투자기업은 이 법의 집행과 관련하여 의견이 있을 경우 해당 기관에 신소할 수 있다. 신소를 접수한 기관은 30일 안으로 료해처리하여야 한다.

제51조【분쟁해결】이 법의 집행과 관련하여 생긴 의견상이는 당사자들 사이에 협의의 방법으로 해결한다. 협의의 방법으로 해결할 수 없을 경우에는 조정, 중재, 재판의 방법으로 해결한다.

대외경제계약법

주체84(1995)년 2월 22일 최고인민회의 상설회의 결정 제52호로 채택
주체88(1999)년 2월 26일 최고인민회의 상임위원회 정령 제483호로 수정보충
주체97(2008)년 8월 19일 최고인민회의 상임위원회 정령 제2842호로 수정보충

제1장 대외경제계약법의 기본

제1조 【대외경제계약법의 사명】 조선민주주의인민공화국 대외경제계약법은 대외경제계약의 체결과 리행에서 규률과 질서를 엄격히 세워 계약당사자들의 권리와 리익을 보호하며 세계 여러 나라들 경제적 협조와 교류를 확대 발전시키는데 이바지한다.

제2조 【대외경제계약의 분류】 대외경제계약에는 무역, 투자, 봉사와 관련한 계약이 속한다.

제3조 【대외경제계약의 당사자】 대외경제계약의 우리측 당사자로는 공화국의 해당 기관, 기업소, 단체가 된다.

제4조 【대외경제계약의 체결과 리행원칙】 국가는 대외경제계약의 체결과 리행에서 평등과 호혜, 신용의 원칙을 지키도록 한다.

제5조 【조약과 국제관례의 존중원칙】 국가는 대외경제와 관련하여 다른 나라와 맺은 조약과 국제관례를 존중하도록 한다.

제6조 【계약체결과 책임원칙】 국가는 대외경제계약당사자들이 권리능력의 범위에서 계약을 맺으며 그 리행과정에 생긴 채무에 대하여 해당 채무자가 책임지도록 한다.

제7조 【계약의 체결과 리행에 대한 감독통제기관】 대외경제계약의 체결과 리행에 대한 감독통제는 중앙무역지도기관이 한다. 계약대상에 따라 해당 기관도 감독통제할 수 있다.

제8조 【대외경제계약법의 규제대상】 조선민주주의인민공화국 대외경제계약법은 대외경제계약의 체결, 리행에 대한 절차와 방법을 규제한다. 이 법에 규제하지 않은 사항은 공화국의 해당 법규에 따른다.

제2장 대외경제계약의 체결

제9조【계약체결범위와 신용상태의 확인】계약당사자는 승인된 업종, 지표, 수량의 범위에서 계약을 맺어야 한다. 이 경우 상대편 계약당사자의 법인등록과 재산, 리행담보 같은 신용상태를 확인하여야 한다.

제10조【표준계약서에 의한 계약체결】계약은 중앙무역지도기관이 만든 표준계약서에 따라 맺는다. 그러나 표준계약서의 일부 내용을 달리 정하려 하거나 표준계약서가 없는 경우에는 계약내용을 계약당사자들이 협의하여 정할 수 있다.

제11조【계약체결의 승인대상】공화국령역 안에 외국투자기업을 창설하거나 다른 나라에 투자하는 것과 관련한 계약, 거래액이 많거나 국가적 의의를 가지는 계약의 체결은 중앙무역지도기관 또는 해당기관의 승인을 받는다. 이 경우 해당 계약을 맺기 전에 계약서초안을 중앙무역지도기관 또는 해당 기관에 내고 합의를 받아야 한다.

제12조【계약의 체결방식】계약체결은 계약당사자들이 참가하여야 한다. 경우에 따라 계약당사자들의 참가 없이 한편 당사자가 제의하고 상대편 당사자가 승낙하는 방법으로도 계약을 체결할 수 있다.

제13조【계약의 체결형식】계약체결은 서면으로 한다. 팍스나 전자우편 같은 통신수단으로 맺은 계약도 서면계약으로 인정한다.

제14조【계약의 효력】계약은 다음과 같은 때에 효력을 가진다.

1. 계약당사자들이 계약서에 수표한 때
2. 계약서에 지적한 계약효력발생조건이 이루어진 때
3. 승인을 받아야 하는 계약은 해당 기관이 승인한 때

제15조【위임, 위탁계약】계약은 위임 또는 위탁의 방법으로도 맺을 수 있다.

제16조【계약서의 부록과 계약전문서의 효력】상품목록, 기술자료 같은 것은 계약서의 부록으로 첨부한다. 계약을 맺기 전의 합의나 통신교환문서 같은 문서는 계약이 맺어진 때부터 효력을 가지지 못한다.

제17조【계약서의 수표】계약서에는 계약당사자의 대표자 또는 그 대리인이 수표한다.

제18조【효력을 가지지 못하는 계약】나라의 안전에 저해를 주거나 경제적리익에 손해를 주는 계약, 기만이나 강요로 맺은 계약은 효력을 가지지 못한다.

제3장 대외경제계약의 리행

제19조【계약리행기간, 계약내용의 준수의무】계약당사자는 정한 기간에 계약의무를 리행하여야 한다. 상대편 계약당사자의 동의 없이는 계약내용을 변경시켜 리행할 수 없다.

제20조【계약당사자의 권리】계약당사자는 상대편 계약당사자가 계약내용과 다르게 리행하는 경우 그에 대하여 거절하거나 정확한 리행을 요구할 수 있으며 자기의 계약상 의무리행을 보류할 수 있다.

제21조【어찌할 수 없는 사유에 의한 계약리행의 중지】계약을 리행하는 과정에서 자연재해, 봉쇄, 급성전염병발생 같은 어찌할 수 없는 사유가 생긴 경우에는 계약의무리행의 일부 또는 전부를 중지할 수 있다. 이 경우 어찌할 수 없는 사유의 발생과 내용, 범위를 곧 상대편 계약당사자에게 알리고 그것을 증명하는 공증문건을 보내야 한다. 어찌할 수 없는 사유로 계약리행이 지연된 기간은 그만큼 연장된다.

제22조【상대방의 허물에 의한 계약리행의 중지】계약당사자는 상대편 계약당사자가 계약의무이행을 태공하거나 계약을 리행할 능력이 부족한것 같은 사유로 계약을 리행할 수 없을 경우 그 리행을 중지할 수 있다. 이 경우 상대편 계약당사자에게 계약리행을 중지한 데 대하여 알려야 한다.

제23조【중지되였던 계약의무의 리행】계약리행을 중지한 계약당사자는 어찌할 수 없는 사유가 해소되었거나 상대편 계약당사자사 계약리행을 담보하는 데 따라 계약의무리행을 계속하여야 한다.

제24조【계약의무리행에 대한 동의】계약의무를 리행하지 못한 계약당사자는 그 의무를 계속 리행하려 할 경우 상대편 계약당사자의 동의를 받아야 한다.

제25조【계약리행기간의 변경】계약리행기간은 계약당사자들의 합의에 따라 늘리거나 줄일 수 있다.

제4장 대외 경제계약의 양도와 변경, 취소

제26조【계약의 양도】계약당사자는 상대편 계약당사자의 동의를 받아 자기의 계약상권리와 의무의 일부 또는 전부를 제3자에게 양도할 수 있다. 계약의 양도

기간은 계약리행기간의 남은 기간으로 한다.

제27조 【계약내용의 변경】 계약내용은 계약당사자들이 합의하여 일부 변경할 수 있다. 계약내용의 변경에는 수정, 삭제, 보충이 속한다.

제28조 【계약의 취소경우】 계약은 다음과 같은 경우에 취소할 수 있다.

1. 정한 기일에 계약을 리행할 수 없거나 그 리행이 불가능한 경우

2. 계약당사자가 리유 없이 계약의무리행을 중단하거나 완전히 포기한다는 것을 선언한 경우

3. 계약위반으로 계약체결의 목적을 달성할 수 없거나 커다란 경제적 손실을 입은 경우

4. 계약을 리행하지 못한데 대하여 시정할 기간을 주었으나 그 기간에 리행하지 못한 경우

5. 어찌할 수 없는 사유가 계약리행기간 이상 지속되는 경우

6. 이밖에 계약에서 정한 취소조건이 발생한 경우

제29조 【계약의 취소범위】 계약의 취소는 계약을 어겼거나 리행하지 못한 정도에 따라 전부 또는 일부를 할 수 있다. 이 경우 상대편 계약당사자에게 미리 알려야 한다.

제30조 【계약취소에 대한 권고】 계약을 승인한 기관은 해당 계약이 효력을 가진 때부터 6개월 이상 리행하지 않을 경우 그 계약을 취소 할 수 있다.

제31조 【계약에서 손해보상, 청산, 분쟁해결조항의 효력】 계약이 취소된 경우 손해보상, 청산 및 분쟁해결과 관련한 조항의 효력은 상실되지 않는다.

제32조 【계약의 양도, 변경, 취소형식과 절차】 계약의 양도, 변경, 취소는 서면으로 한다. 계약을 양도, 변경, 취소하려 할 경우에는 그 계약을 승인한 기관의 허가를 받는다.

제5장 대외경제계약위반에 대한 책임과 분쟁해결

제33조 【보상청구권과 보상의무】 계약을 어긴 계약당사자는 그에 대하여 책임진다. 계약위반으로 손해를 입은 계약당사자는 보상청구권을 가지며 손해를 입힌 계약당사자는 보상의무를 진다.

제34조【위약금 또는 손해보상】계약을 위반한 계약당사자는 계약에서 정한대로 위약금을 물거나 해당한 손해를 보상하여야 한다. 손해보상을 화폐, 현물, 재산권으로 하거나 가격조절 또는 자체 비용으로 허물을 없애는 방법으로도 할 수 있다.

제35조【손해보상청구기간】손해배상청구는 계약에서 정한 손해보상청구기간에 한다. 계약에 손해보상청구기간을 정하지 않은 경우에는 해당 나라와 맺은 조약에 따르며 그것이 없을 경우에는 민사시효기간에 할 수 있다.

제36조【보증조건이 설정된 계약대상의 손해보상청구기간】보증조건이 설정된 계약대상의 허물에 대한 손해보상청구는 보증기간에 하거나 계약에서 정한 기간에 한다. 보증기간에 계약대상의 허물을 발견하였으나 그것을 완전히 확증할 수 없을 경우에는 상대편 계약당사자에게 그 사유를 먼저 알리고 허물이 확증된 다음 손해보상청구를 할 수 있다. 허물을 확증하는 기간이 보증하는 기간을 초과할 경우에는 손해보상청구기간은 확증하는 기간만큼 연장된다.

제37조【손해보상청구서의 제기】손해보상을 받으려는 계약당사자는 손해보상청구서를 상대편 계약당사자에게 내야 한다. 손해보상청구서에는 계약서번호와 계약대상, 손해의 형태와 범위, 보상청구근거, 요구조건을 밝히고 해당검사기관의 확인문건 또는 공증문건을 첨부하여야 한다.

제38조【손해보상과 그 거절】손해보상청구서를 받은 계약당사자는 정한 기간에 손해보상을 청구한 상대편 계약당사자에게 손해를 보상하거나 그 보상을 거절하는 통지를 하여야 한다. 손해보상청구거절은 보상청구기간 또는 민사시효기간이 지났거나 보상청구근거가 명백하지 못하였거나 혹은 허물을 보여줄 데 대한 요구에 응하지 않았거나 허물있는 계약대상물을 마음대로 처리한 것 같은 경우에 한다.

제39조【리자, 연체료】계약당사자는 계약서에 지적한 계약금과 손해보상금, 위약금 같은 것을 정한기간에 물지 않았을 경우 늦어진 일수에 해당한 리자 또는 연체료를 물어야 한다.

제40조【계약위반에 대한 책임면제】어찌할 수 없는 사유로 계약의 일부 또는 전부를 리행하지 못하였거나 해당 나라와 맺은 조약에서 책임면제사유를 규정하였을 경우에는 계약위반에 대한 책임에서 면제된다.

제41조【손해를 막을 의무, 보상받을 수 없는 손해】계약 당사자는 손해가 생기거나 커지는 것을 제때에 막아야 한다. 고의 또는 과실로 생긴 손해는 보상받을 수 없다.

제42조【분쟁해결】계약과 관련한 의견상이는 협의의 방법으로 해결한다. 협의의 방법으로 해결할 수 없을 경우에는 조선민주주의인민공화국이 정한 중재절차에 따라 해결한다. 당사자들의 합의에 따라 제3국의 중재기관에 제기하여 해결할 수도 있다.

대외경제중재법

주체88(1999)년 7월 21일 최고인민회의 상임위원회 정령 제875호로 채택
주체97(2008)년 7월 29일 최고인민회의 상임위원회 정령 제2806호로 수정보충
주체103(2014)년 7월 23일 최고인민회의 상임위원회 정령 제92호로 수정보충

제1장 대외경제중재법의 기본

제1조 【대외경제중재법의 사명】 조선민주주의인민공화국 대외경제중재법은 대외경제분쟁해결에서 제도와 질서를 엄격히 세워 분쟁사건을 정확히 심리해결하고 분쟁당사자들의 권리와 리익을 보호하는 데 이바지한다.

제2조 【용어의 정의】 이 법에서 용어의 정의는 다음과 같다.

1. 대외경제중재란 당사자들 사이의 중재합의에 따라 대외경제활동과정에 발생한 분쟁을 재판소의 판결이 아니라 중재부의 재결로 해결하는 분쟁해결제도이다.

2. 중재합의란 당사자들 사이의 계약 또는 그밖의 경제법률관계에서 이미 발생하였거나 앞으로 발생할 수 있는 분쟁을 중재의 방법으로 해결하기로 한 약속이다.

3. 중재부란 대외경제분쟁사건의 취급처리를 맡은 단독중재원 또는 3명의 중재원으로 구성된 중재원집단이다.

4. 재결이란 대외경제분쟁사건을 심리하고 중재부가 내린 결정이다.

5. 외국적요소란 당사자들 가운데 어느 일방이 다른 나라의 법인, 개인이거나 업무장소, 거주지, 주소지 또는 분쟁 재산이나 중재장소 같은 것이 다른 나라와 련관되는 조건들이다.

6. 중재위원회란 대외경제분쟁해결사업을 조직하고 중재과정에 제기되는 문제를 해결하는 상설중재기관이다.

7. 재판기관이란 최고재판소 또는 해당 도(직할시)재판소, 시(구역), 군인민재판소, 특별재판소이다.

8. 해당 기관이란 재판기관 밖의 권한있는 국가기관이다.

9. 조정이란 분쟁해결을 위하여 제3자가 조정인이 되어 당사자들이 서로 화해 또는 타협하도록 노력하는 행위이다.

제3조【중재위원회, 대외경제중재의 특성】대외경제분쟁의 해결은 조선국제무역중재위원회, 조선해사중재위원회, 조선콤퓨터쏘프트웨어중재위원회 같은 중재위원회가 한다. 조선국제무역중재위원회는 무역, 투자, 봉사와 관련한 분쟁을, 조선해사중재위원회는 해상경제활동과정에 발생하는 분쟁을, 조선콤퓨터쏘프트웨어 중재위원회는 콤퓨터쏘프트웨어와 관련한 분쟁을 심리해결한다. 대외경제중재에는 지역관할과 심급을 두지 않으며 중재부가 내린 재결을 최종결정으로 한다.

제4조【대외결제중재로 해결하는 분쟁】대외경제중재로 심리해결하는 분쟁은 다음과 같다.
1. 외국적 요소와 함께 당사자들 사이의 중재합의가 있는 대외경제활동과정에 발생한 분쟁
2. 권한있는 국가기관이 대외경제중재절차로 해결하도록 중재위원회에 위임한 분쟁

제5조【중재의 당사자】대외경제중재의 당사자로는 해당 기관, 기업소, 단체와 외국인투자기업이 된다. 경우에 따라 공민도 당사자로 될수 있다.

제6조【분쟁해결원칙】대외경제분쟁해결에서는 객관성, 과학성, 공정성, 신속성을 보장하며 허물있는 당사자에게 책임을 지우도록 한다.

제7조【통지의 효력】당사자들이 달리 합의하지 않은 한 통지의 효력은 당사자에게 직접 전달되었거나 그의 업무장소 또는 거주지, 우편주소에 전달되었을 경우 접수된 것으로 한다. 그러나 당사자의 주소를 알 수 없을 경우에는 마지막으로 알려진 업무장소, 거주지, 우편주소로 통지가 발송되었을 경우에만 접수된 것으로 한다.

제8조【의견제기권과 그 효력】당사자가 중재와 관련한 합의 또는 이 법에 어긋나게 중재가 진행되고 있다는 것을 알면서도 즉시 또는 정해진 기간 안에 의견을 제기하지 않아 중재사건의 취급이 계속 진행되었을 경우에는 의견제기권을 포기한 것으로 한다.

제9조【중재사건의 이관】이 법 제4조에 규정한 중재사건이 재판기관 또는 해당 기관에 제기되었거나 당사자들이 중재합의를 하고도 재판기관에 소송을 제기하

였을 경우에는 사건을 해당 중재위원회에 넘겨준다. 중재합의가 무효할 경우에는 앞항을 적용하지 않는다.

제10조【중재부의 독자성보장】국가는 대외경제중재사건의 취급과 처리에서 중재부의 독자성을 철저히 보장하도록 한다. 이 법에 정한 경우를 제외하고는 중재사건의 취급과 처리에 간섭할 수 없다.

제11조【국제적인 교류와 협조】국가는 대외경제중재활동에서 국제법과 국제관례를 존중하며 국제기구, 다른 나라들과의 협조와 교류를 발전시키도록 한다.

제2장 중재합의

제12조【중재합의와 그 방법】당사자들은 대외경제활동과정에 발생할 수 있는 분쟁을 중재의 방법으로 해결할 데 대하여 합의할 수 있다. 중재합의는 해당 계약서에 중재조항을 포함시키거나 계약서와 별도로 중재합의문건을 만드는 방법으로 한다. 중재합의는 분쟁이 발생한 후에도 할 수 있다.

제13조【중재합의의 형식】당사자들은 중재합의를 서면으로 하여야 한다. 당사자가 수표한 문건이나 당사자들 사이에 주고받은 서신, 팍스, 전자우편 같은데 중재의사와 관련한 내용이 반영되여 있을 경우와 중재합의가 구두 또는 행동 그밖의 수단이나 형식으로 되여 있다 하더라도 그 내용이 기록되여있거나 증거에 의하여 확인되였을 경우에는 중재합의로 인정한다.

제14조【서면합의가 없어도 중재합의로 인정하는 경우】당사자일방의 중재합의제기에 상대방당사자가 부인하지 않을 경우, 피고가 원고의 중재제기를 부인하지 않고 항변서를 제출하였을 경우에는 서면합의가 없어도 중재합의로 인정할 수 있다.

제15조【중재합의의 무효사유】다음의 경우 중재합의는 효력을 가지지 못한다.

1. 중재합의가 법이 정한 중재관할범위를 벗어났을 경우
2. 중재합의 당시 당사자가 행위무능력자일 경우
3. 강요에 의하여 중재합의를 하였을 경우

제16조【중재합의와 보존조치와의 관계】중재제기를 하기전이나 사건취급단계에서 당사자일방이 중재위원회, 중재부 또는 재판기관, 해당 기관에 제기하는 재산보

존조치, 수속중지 같은 림시조치를 취해줄 데 대한 신청과 그에 대한 승인은 중재합의에 어긋나지 않는다.

제17조【중재제기조건】중재제기조건은 다음과 같다.

  1. 중재합의가 있어야 한다.

  2. 구체적인 청구사실과 근거가 있어야 한다.

  3. 중재위원회의 관할에 속하는 분쟁이여야 한다.

  중재위원회는 1항의 조건을 갖추지 못한 중재제기를 접수하지 말아야 한다.

제18조【중재제기방법과 접수 및 부결통지】중재신청은 중재제기서와 중재위원회가 정한 첨부문건을 중재위원회에 제출하는 방법으로 한다. 중재위원회는 중재제기문건을 받은 날부터 5일 안에 그것을 검토하고 중재제기를 승인하였을 경우에는 접수통지서를 각 당사자들에게 보내며 부결하였을 경우에는 리유를 밝힌 부결통지서를 신청당사자에게 보내야 한다.

제19조【대리인에 의한 중재제기】당사자는 대리인을 통하여 중재제기를 하거나 항변할 수 있다. 대리인으로는 공화국공민이나 외국인이 될 수 있다. 이 경우 대리인은 중재위원회 또는 중재부에 대리위임장을 내야 한다.

제3장 중재부

제20조【중재부의 구성】중재부의 중재원수는 당사자들이 합의하여 정할 수 있다. 당사자들의 합의가 없을 경우에는 중재위원회가 중재원수를 1명 또는 3명으로 정한다.

제21조【중재원의 선정절차】중재원의 선정절차는 당사자들이 합의하여 정할 수 있다. 당사자들의 합의가 없을 경우에는 다음의 절차로 중재원을 선정한다.

  1. 중재부를 3명의 중재원으로 구성하려 할 경우에는 당사자들이 각각 1명의 중재원을 선정한 다음 선정된 2명의 중재원이 15일 안에 책임중재원을 선정하며 당사자들이 중재원을 선정하지 않거나 선정된 2명의 중재원이 책임중재원을 선정하지 못하였을 경우에는 중재위원회가 선정한다.

  2. 중재부를 중재원 1명으로 구성하는 경우 당사자들이 정해진 기간 안에 중재원 선정에 대한 합의를 하지 못하면 당사자일방의 요구에 따라 중재위원회

가 중재원을 선정한다.

당사자들은 2항에 따라 중재위원회가 내린 결정에 대하여 의견을 제기할 수 없다.

제22조【중재원선정에서 중재위원회의 의무】중재위원회는 중재원을 선정할 경우 당사자들의 요구 또는 이 법에 규정한 중재원의 자격에 근거하여 공정하고 독자적인 중재원을 선정하여야 한다.

제23조【중재원의 자격】중재원으로는 다음의 성원이 될수 있다.

1. 중재위원회의 성원
2. 분쟁사건을 심리해결할 수 있는 능력을 가진 법 또는 경제부문의 일군
3. 변호사, 판사로 일한 경력이 있는 일군
4. 중재분야에서 널리 알려진 해외동포 또는 외국인

제24조【중재원의 배제사유】중재원으로 선정된자는 선정된 때부터 사건의 취급처리가 끝날 때까지 자기의 공정성과 독자성에 대하여 의심이 제기될 수 있는 모든 사유를 중재위원회와 당사자들에게 제때에 통지하여야 한다. 자기의 공정성과 독자성에 대하여 의심받을 사유가 있거나 이 법에 정해진 자격 또는 당사자들 사이에 합의한 자격을 갖추지 못한 중재원은 배제될 수 있다.

제25조【중재원의 배제절차】당사자들은 중재원의 배제절차에 대하여 합의할 수 있다. 당사자들 사이의 합의가 없을 경우 중재원을 배제하려는 당사자는 이 법 제24조에 규정된 중재원의 배제사유를 알게 된 날부터 10일 안에 해당 리유를 밝힌 중재원배제신청문건을 중재부에 보내야 한다. 배제신청을 받은 중재원이 사임하지 않거나 상대방당사자가 배제신청에 동의하지 않을 경우 중재부는 배제신청을 승인하거나 부결하는 결정을 하여야 한다. 당사자들이 합의한 배제절차나 앞항의 절차에 따라 중재원이 배제되지 않을 경우 배제신청자는 중재부의 배제신청부결통지를 받은 날부터 15일 안에 중재위원회에 배제신청을 다시 제기할 수 있다. 당사자들은 중재원배제신청과 관련한 중재위원회의 결정에 대하여 의견을 제기할 수 없으며 중재원은 자기에 대한 배제신청이 제기된 기간에도 해당 사건을 취급하고 재결을 내릴 수 있다.

제26조【중재원의 사임, 교체사유】중재원이 스스로 사임하는 경우와 당사자들의 합의 또는 중재위원회의 결정으로 중재원을 교체하는 경우는 다음과 같다.

1. 중재원이 자기 사업을 할 수 없는 법적 또는 실제적인 사유가 있을 경우

2. 중재원이 정당한 리유 없이 사건해결을 지연시킬 경우

제27조【중재원을 다시 선정하는 절차】중재원이 배제, 사임, 교체되는 경우 다른 중재원의 선정은 배제, 사임, 교체되는 중재원의 선정에 적용하였던 절차에 따른다.

제28조【중재부의 권한】중재부는 중재합의의 존재여부, 효력과 관련하여 제기된 의견, 증거를 분쟁해결과 판단의 기초로 삼을 것인가와 증거의 타당성, 중재부의 관할권에 대하여 결정할 권한을 가진다. 중재합의의 존재여부와 효력에 대하여 결정할 경우 중재부는 계약서의 중재조항을 다른 조항의 효력과 별개로 보아야 한다. 분쟁과 관련한 계약이 무효한 것으로 결정되어도 중재조항의 효력에는 영향을 주지 않는다.

제29조【중재부와 관련한 의견제기】당사자들은 중재부가 관할권이 없다는데 대한 의견을 첫 항변서의 제출기간 안에 제기하여야 한다. 이 경우 자기가 중재원을 선정하였거나 그 선정에 관여하였다 하더라도 의견을 제기할 수 있다. 중재부가 권한범위를 벗어나 사업하는 데 대한 의견은 사건취급기간 안에 해당 사유가 나타난 즉시 제기하여야 한다. 중재부는 분쟁당사자들의 의견제기가 정당한 사유로 늦어졌을 경우 그 의견을 받아들일 수 있다.

제30조【중재부와 관련하여 제기된 의견처리】중재부는 이 법 제29조에 규정된 의견에 대하여 별도로 먼저 결정하거나 재결에 포함시켜 결정할 수 있다. 중재부가 별도로 관할권을 가지고 있다고 결정하는 경우 의견이 있는 당사자는 해당 결정을 통지받은 날부터 15일 안에 중지위원회에 결정을 다시 해줄 것을 제기할 수 있으며 제기된 의견과 관련하여 중재위원회가 내린 결정에 대하여서는 의견을 제기할 수 없다. 중재위원회가 제기된 의견을 처리하는 기간에도 중재부는 해당 사건의 취급을 계속하거나 재결을 내릴 수 있다.

제31조【림시조치】중재위원회 또는 중재부는 분쟁해결과 관련하여 재산보존조치, 수속중지 같은 림시조치에 대하여 결정할 수 있다. 이 경우 당사자에게 림시조치에 해당한 담보제공을 요구할 수 있다. 당사자가 림시조치결정을 집행하지 않을 경우 중재부는 재판기관 또는 해당 기관에 그 집행을 의뢰할 수 있다. 재판기관 또는 해당 기관은 림시조치의뢰를 받은 날부터 10일 안에 해당한 조

치를 취하고 그 결과를 중재부에 알려주어야 한다.

제32조 【림시조치의 해제, 취소】 중재위원회 또는 중재부는 림시조치에 대한 결정과 그 집행이 필요없게 되었거나 잘못되였다는 것이 증명되였을 경우 즉시 그것을 취소하거나 중지하도록 하여야 한다.

제4장 중재절차

제33조 【당사자들의 지위】 당사자들은 분쟁사건의 취급과 처리에서 동등한 지위를 가지며 자기의 주장사실을 충분히 진술할 수 있다.

제34조 【중재절차의 결정】 중재절차는 당사자들이 합의하여 정할 수 있다. 당사자들 사이의 합의가 없을 경우에는 이 법의 절차에 따른다.

제35조 【중재장소】 중재장소는 당사자들이 합의하여 정한다. 당사자들의 합의가 없을 경우에는 중재부가 당사자들의 편의, 사건해결의 전반상황을 고려하여 중재장소를 정한다. 중재부는 당사자들 사이에 다른 합의가 없는 한 중재장소 밖의 필요한 장소에서 중재원들의 협의, 증인이나 감정인 기타 사건관련자들과 사실확증, 재산이나 문건의 조사 같은 것을 할 수 있다.

제36조 【중재의 시작일】 당사자들의 합의가 없는 한 중재는 피신청자가 중재접수통지서를 받은 날부터 시작된다.

제37조 【중재언어】 당사자들은 중재언어에 대하여 합의할 수 있다. 당사자들 사이에 합의가 없을 경우에는 중재부가 중재언어를 결정하며 중재부의 결정이 없을 경우에는 조선어로 한다. 정해진 중재언어는 당사자들의 문건, 중재심리, 재결, 결정과 그밖의 통지에도 사용된다.

제38조 【청구와 항변】 원고는 당사자들이 합의하였거나 중재부가 정한 기간 안에 자기의 청구사실과 분쟁내용, 요구사항을 주장하여야 하며 피고는 그에 대한 항변을 하여야 한다. 당사자들은 자기의 주장을 증명할 수 있는 증거문건이나 증거물을 제출할 수 있으며 사건취급기간 안에 자기의 청구내용, 항변내용을 수정하거나 보충할 수 있다. 중재부는 당사자들의 청구내용 또는 항변내용의 수정, 보충이 부당하여 사건해결이 지연된다고 인정하는 경우 그에 대하여 승인하지 않을 수 있다.

제39조【중재심리방식의 결정】중재부는 중재심리를 구두로 할 것인가, 문건으로 할 것인가를 결정하여야 한다. 이 경우 당사자들과 합의하여야 한다.

제40조【당사자의 의무불리리행에 대한 처리】원고가 정당한 리유 없이 청구문건을 제출하지 않을 경우에는 사건취급을 중지하고 결속을 하며 피고가 충분한 리유 없이 항변서를 제출하지 않을 경우에는 사건취급을 계속한다. 앞항의 경우 피고가 항변서를 제출하지 않은 사실은 원고의 주장에 대한 인정으로 되지 않는다. 중재부는 원고와 피고 가운데서 어느 일방이 정당한 리유 없이 중재심리에 참가하지 않거나 증거를 제출하지 않을 경우 중재심리를 하고 제출된 증거에 기초하여 재결을 내릴 수 있다. 당사자들 사이에 다른 합의가 있거나 중재부가 정당한 리유가 있다고 인정할 경우에는 앞항을 적용하지 않는다.

제41조【감정인, 증인】당사자들 사이에 다른 합의가 없는 한 중재부는 감정을 위하여 감정인을 지정하고 그에게 필요한 자료를 제공하거나 당사자들이 감정과 관련한 문서, 물건 등을 감정인에게 제출하도록 요구할 수 있다. 당사자일방의 요구 또는 중재부가 필요하다고 인정할 경우에는 감정인, 증인을 중재심리에 참가시켜 답변하게 할 수도 있다.

제42조【증거조사의 의뢰】중재부는 당사자의 신청 또는 필요에 따라 증거조사를 하거나 재판기관이나 해당기관에 증거조사를 의뢰할 수 있다. 당사자도 중재부의 승인을 받아 증거조사를 의뢰할 수 있다. 증거조사를 의뢰할 경우에는 의뢰문건에 필요한 사항을 밝힌다.

제43조【증거조사결과의 통지】증거조사를 의뢰받은 기관은 15일 안에 증거조사를 한 다음 증인심문조서등본이나 감정조서등본, 검증조서등본 같은 증거조사문건을 중재위원회를 통하여 중재부에 보내야 한다.

제44조【맞중재】피고는 접수된 중재사건에 대하여 맞중재를 신청할 수 있다. 맞중재는 기본중재와 직접 관련되는 것이여야 하며 중재심리가 끝나기 전에 제기하여야 한다. 중재위원회는 맞중재로 중재사건처리가 지연된다고 인정할 경우 맞중재신청을 접수하지 않을 수 있다.

제5장 재결

제45조【재결의 준거법】 재결의 준거법은 당사자들이 합의하여 정한다. 당사자들 사이에 재결의 준거법과 관련한 합의가 없으면 중재부는 분쟁사건과 가장 밀접한 련관이 있고 적용가능하다고 인정하는 법을 적용하여야 한다. 이 경우 계약 조건과 국제관례를 고려하여 결정하거나 재결을 내려야 한다.

제46조【중재부의 의사결정방법】 중재원 3명으로 구성된 중재부의 의사결정은 다수가결로 한다. 당사자들의 합의 또는 중재부성원들의 합의가 있을 경우에는 책임중재원이 의사결정을 한다.

제47조【화해】 당사자들은 중재사건취급처리의 임의의 단계에서 언제든지 서로 화해할 수 있다. 중재부는 당사자들이 화해하였을 경우 사건처리를 결속하고 화해결정을 하여야 한다. 화해결정은 해당 사건에 대하여 재결과 같은 효력을 가진다.

제48조【조정】 대외경제분쟁은 조정의 방법으로도 해결할 수 있다. 조정결정은 해당 사건에 대하여 재결과 같은 효력을 가진다.

제49조【재결문의 작성형식】 재결문은 서면으로 작성한다. 재결문에는 중재원의 수표가 있어야 하며 3명의 중재원으로 구성된 중재부의 재결문에는 과반수중재원의 수표가 있어야 한다.

제50조【재결문의 내용】 재결문에는 재결의 근거로 되는 사유와 재결문의 작성날자, 중재장소 같은 것을 밝힌다. 재결은 재결문에 밝혀진 날자, 장소에서 내린 것으로 한다.

제51조【재결문의 발송】 재결이 내려지면 중재위원회는 재결문등본을 당사자들에게 발송하거나 직접 주어야 한다.

제52조【중재의 종결】 중재는 재결 또는 다음의 경우 중재부의 결정으로 끝난다.

1. 원고가 중재제기를 취소하였을 경우
2. 원고와 피고가 중재를 끝내는데 합의하였을 경우
3. 중재부가 중재를 계속하는 것이 불필요하거나 불가능하다고 인정하는 경우

중재부는 원고가 중재제기를 취소하였거나 피고가 동의하지 않으며 분쟁을 끝까지 해결하는 것이 피고에게 정당한 리익이 있다고 인정할 경우에는 중

재사건취급을 끝내지 말아야 한다. 중재부의 사업은 이 법 제54조와 제59조의 경우를 제외하고는 중재의 종결과 함께 끝난다.

제53조【재결문의 정정, 해석 및 추가재결의 신청】다음의 경우 당사자들은 기간을 달리 정하지 않는 한 재결문을 받은 날부터 30일 안에 재결문의 정정이나 해석 또는 추가재결을 신청할 수 있다.

1. 재결문에서 계산상 또는 문구상 결함 같은 것을 정정하려 할 경우
2. 재결문의 일부 내용에 대한 해석이 필요할 경우
3. 청구는 하였으나 재결문에 포함되지 않은 문제에 대한 추가재결을 요구할 경우

중재부는 일방당사자가 재결문에 대한 정정이나 해석 또는 추가재결을 신청하였을 경우 그에 대하여 상대방당사자에게 통지하여야 한다.

제54조【재결문의 정정, 해석 및 추가재결】중재부는 재결문에 대한 정정, 해석신청이 정당하다고 인정되면 30일 안에 정정이나 해석을 해주어야 한다. 이 경우 해석문은 재결문의 한 부분으로 된다. 추가재결신청이 정당할 경우에는 45일 안에 추가재결을 내려야 한다. 부득이한 경우 중재부는 중재위원회의 동의를 받아 재결문의 정정, 해석 또는 추가재결기간을 연장할 수 있다. 재결문의 정정과 해석, 추가재결의 형식은 이 법 제49조와 제50조에 따른다.

제6장 재결의 효력 및 취소제기

제55조【재결의 효력발생일】재결의 효력은 재결문을 작성한 날부터 발생한다.

제56조【재결에 대한 취소제기】재결에 의견이 있는 당사자는 그것을 취소시켜줄데 대한 의견을 제기할 수 있다. 재결의 취소제기는 재판기관에 한다.

제57조【재결의 취소제기사유】재결의 취소제기는 다음의 사실을 증명하였을 경우에만 할 수 있다.

1. 당사자가 중재합의당시 준거법에 따라 무능력자라는 사실
2. 중재합의가 당사자들이 지정한 법 또는 당사자들이 지정하지 않았을 경우에는 공화국의 법에 따라 효력이 없다는 사실
3. 당사자가 중재원의 선정 또는 중재절차에 대하여 적절한 통지를 받지 못하

였거나 부득이한 사유로 항변을 할 수 없었다는 사실

4. 재결이 중재합의의 대상이 아닌 분쟁을 대상으로 하였거나 중재합의의 범위를 벗어났다는 사실
5. 중재부의 구성 또는 중재절차가 이 법에 따르는 당사자들의 합의에 어긋나거나 당사자들의 합의가 없을 경우 이 법에 위반된다는 사실

제58조 【재결취소신청의 유효기간】 재결취소신청의 유효기간은 당사자들이 재결문이나 그 정정문, 해석문, 추가재결문을 받은 날부터 2개월간으로 한다. 유효기간이 지났거나 재결에 대하여 재판기관의 집행판정이 확정된 후에는 재결의 취소신청을 제기할 수 없다.

제59조 【재결의 취소와 관련한 재판기관의 조치】 재판기관은 재결의 취소신청을 접수한 날부터 2개월 안에 처리하여야 한다. 재결의 취소신청이 정당할 경우에는 중재심리를 다시 하도록 통지하며 재결의 취소사유가 재결에 직접적인 영향을 미치지 않을 경우에는 해당 사유를 퇴치하는데 필요한 조치를 취하도록 중재위원회에 요구할 수 있다.

제7장 재결의 집행

제60조 【재결의 집행】 당사자는 재결문에 지적된 기간 안에 재결을 정확히 집행하여야 한다. 재결문에 재결집행기간이 정해져있지 않을 경우에는 즉시 집행하여야 한다.

제61조 【재결의 집행신청】 책임있는 당사자가 재결문에 지적된 의무를 제때에 리행하지 않거나 불성실하게 리행할 경우 상대방당사자는 직접 또는 중재위원회를 통하여 재판기관이나 해당기관에 재결집행을 신청할 수 있다. 재결집행신청문건에는 재결문의 등본을 첨부한다.

제62조 【재결의 집행, 제재조치】 재판기관 또는 해당 기관은 재결집행신청을 받은 날부터 30일 안에 신청문건을 검토하고 판정, 결정으로 재결을 집행시켜야 한다. 당사자가 재결을 집행하지 않을 경우에는 은행돈자리동결, 반출입물자의 수속중지, 재산의 억류 및 몰수, 벌금부과, 경영활동중지, 출입국중지 같은 조치를 취할 수 있다.

제63조【해당 나라의 재판기관에 집행신청】재결에 따라 집행하여야 할 재산이 공화국령역 밖에 있을 경우에는 해당 나라의 재판기관에 재결집행을 신청할 수 있다.

제64조【다른 나라 중재부가 내린 재결의 승인과 집행】다른 나라의 중재부가 내린 재결의 승인과 집행은 공화국의 해당 법규에 따른다.

제65조【다른 나라 중재부가 내린 재결의 집행거부사유】다음의 사실이 증명되였을 경우에는 다른 나라의 중재부가 내린 재결의 집행을 거부할 수 있다.

1. 당사자가 중재합의 당시 준거법에 따라 무능력자이거나 중재합의가 당사자들이 지정한 법 또는 당사자들이 지정하지 않았을 경우에는 중재심리를 한 나라의 법에 따라 효력이 없다는 사실

2. 당사자가 중재원의 선정 또는 중재절차에 대하여 적절한 통지를 받지 못하였거나 부득이한 사유로 항변을 할 수 없었다는 사실

3. 재결이 중재합의의 대상이 아닌 분쟁을 대상으로 하였거나 중재합의의 범위를 벗어났다는 사실

4. 중재부의 구성 또는 중재절차가 당사자들의 합의에 따르지 않았거나 합의가 없었을 경우 중재심리를 한 나라의 법에 따르지 않았다는 사실

5. 재결이 아직 당사자에게 영향이 미치지 않으나 재결을 내린 나라의 재판기관 또는 그 나라의 법에 의하여 취소 또는 집행정지되여있다는 사실

6. 해당 분쟁이 재결을 내린 나라의 법에 의하여 중재절차로 해결할 수 없다는 사실

7. 재결의 집행이 공화국의 주권과 안전, 사회질서에 저해를 준다는 사실

찾아보기

집필진 소개

최재웅 변호사

법무법인(유한) 바른의 파트너 변호사(사법연수원 제38기)로서 M&A, 국제거래, 중국법무 등의 업무를 주로 담당하고 있다. 중국인민대학교에서 석사학위를 받고, 중국 현지 로펌에서 근무한 경력이 있는 '중국통'으로서 현재 북한투자팀의 실무책임을 맡고 있다. 중국 로펌들과 긴밀한 업무 협조를 통해 북한투자와 관련된 최신 정보들을 수집하여 북한 관련 연구를 진행하고 있다. 한편, 법무법인(유한) 바른 이머징마켓연구회를 설립하여 각 분야의 전문가들과 교류하며 중국, 베트남, 인도네시아, 러시아, 중앙아시아, 북한 등 이머징마켓에 대한 지속적인 연구도 진행하고 있다. 현재 통일부 교류협력 법제도 자문회의 자문위원과 법무부 해외진출 중소기업 법률자문단 자문위원으로 활동하고 있다.

한태영 변호사

사법연수원(제41기)을 수료하고 CJ 주식회사에서 6년간 법무실/재무실(재무전략)의 핵심 보직을 거치며, 기업의 생리와 법적 문제에 대해 특별한 경험을 쌓아왔다. 현재는 법무법인(유한) 바른 기업자문팀에서 기업 관련 자문업무를 담당하고 있으며, 대기업에서의 조직생활과 법적 이슈 해결에 대한 경험을 바탕으로 컴플라이언스, 기업인수합병, 경영권 분쟁 영역에서 주요한 역할을 하고 있다. 러시아어 능력(명덕외국어고등학교 러시아어과 졸업)을 기반으로 북한과 러시아 및 중앙아시아를 거쳐 유럽으로 진출하는 길을 만들어 가고자 한다.

김용우 변호사

사법연수원(제41기)을 수료하고 대한법률구조공단에서 공익법무관으로 근무하며 법률구조 및 기획업무를 담당하였으며, 태안기름유출사건으로 인한 국제유류오염보상기구(IOPC)를 상대로 한 소송에서 피해민들을 소송 대리하였다. 법무법인(유한) 바른에서 한국철도공사, 롯데건설, 삼성증권 등 다수 기업을 소송 대리하였고, 부동산, 건설 및 금융 분야를 주로 담당하고 있다. 베트남어와 베트남 법제를 연구하면서 '북한의 베트남식 개방모델과 북한 개방의 시사점'을 발표하였고, 향후 북한 경제개방에 참고할 방향 등을 연구하고자 한다. 현재 서울지방변호사회 회보편집위원을 겸하고 있다.

최지훈 외국변호사

국경 없는 변호사가 되겠다는 목표로 한동국제법률대학원(HILS)에서 미국법을 전공하고 법무법인(유한) 바른의 기업자문팀의 워싱턴 D.C. 변호사로 재직 중이다. 기업인수합병, 국제거래계약, 컴플라이언스, 노동법 등에 중점을 둔 기업자문을 비롯해 국제소송 및 국제중재 등 분쟁해결을 인바운드와 아웃바운드 모든 방향에서 수행하고 있다. 실향민이었던 조부모가 다시 밟지 못한 북한의 고향땅을 찾아가보겠다는 목표를 가지고 있다.

장은진 변호사

연세대학교 법학전문대학원(변시 6회)을 졸업한 후 법무법인(유한) 바른에서 기업인수합병, 경영권 분쟁 등의 업무를 주로 담당하고 있다. 최근에는 외국기업을 대리하여 외국인투자 및 외국환거래 등 국제거래 업무를 처리하면서 외국기업의 북한투자에 대하여 관심을 가지고 관련 연구를 계속하고 있다.

이지연 변호사

서울대학교 법학전문대학원(변시 7회)을 졸업한 후 법무법인(유한) 바른에서 주로 분쟁해결업무를 담당하고 있다. 러시아와 중앙아시아 지역에 특별한 관심을 가지고 연구를 하고 있으며, 언젠가 서울에서 기차를 타고 평양을 거쳐 모스크바로 여행하는 것을 꿈꾸고 있다.

북한투자법제해설

초판발행	2018년 11월 30일
지은이	법무법인(유한) 바른 북한투자팀 최재웅 외 5인
펴낸이	안종만
편 집	이승현
기획/마케팅	조성호
표지디자인	김연서
제 작	우인도·고철민
펴낸곳	(주) **박영사**
	서울특별시 종로구 새문안로3길 36, 1601
	등록 1959. 3. 11. 제300-1959-1호(倫)
전 화	02)733-6771
f a x	02)736-4818
e-mail	pys@pybook.co.kr
homepage	www.pybook.co.kr
ISBN	979-11-303-3271-0 93360

정 가   25,000원